中华民俗

王如 杨承清◎编著

全鉴

中国纺织出版社有限公司

国家一级出版社
全国百佳图书出版单位

内 容 提 要

　　《中华民俗全鉴》选编了大量活跃于中国各民族生活中的风俗习惯。每个人都有自己的姓氏与名字，这是我们的前辈赐予我们的，它有怎样的来源、寄托，规避了哪些自古流传下来的起名禁忌？当我们长大准备结婚时，我们的婚礼要遵循哪些习俗？诞生于劳动人民生产实践中的二十四节气，指导着人们的农事安排，同时，在每一个节气都会举行富有地域风情和民族风情的仪式、活动……这些习俗有着悠久的历史，极大地增添了人们生活的乐趣，它们有着怎样的来源，寄托着什么样的情感和美好愿望？

　　本书用与中华民俗相关的典籍记载或诗文谚语带领读者走进中华民俗这个广博灿烂的世界，帮助大家解决关于民俗的疑问，通过了解中华民俗、践行中华民俗、享受中华民俗，我们的生活会变得更加丰富多彩。

图书在版编目（CIP）数据

　　中华民俗全鉴 / 王如，杨承清编著. --北京：中国纺织出版社有限公司，2022.7（2023.9重印）
　　ISBN 978-7-5180-9596-4

　　Ⅰ. ①中… 　Ⅱ. ①王… 　②杨… 　Ⅲ. ①风俗习惯—介绍—中国 　Ⅳ. ①K892

　　中国版本图书馆CIP数据核字（2022）第096721号

责任编辑：段子君 　责任校对：高 涵 　责任印制：储志伟

中国纺织出版社有限公司出版发行
地址：北京市朝阳区百子湾东里 A407 号楼 　邮政编码：100124
销售电话：010—67004422 　传真：010—87155801
http://www.c-textilep.com
中国纺织出版社天猫旗舰店
官方微博 http://weibo.com/2119887771
北京华联印刷有限公司印刷 　各地新华书店经销
2022 年 7 月第 1 版 　2023年9月第2次印刷
开本：710×1000 　1/16 　印张：20
字数：220 千字 　定价：48.00 元

　　古老的华夏文明为什么能够成为完整地保留下来？中华民族为什么历经几千年岁月的洗礼而愈发充满生机和活力？显而易见，这要归因于生生不息的中华民族精神和中国文化。而在中国文化的传承中，往往都是透过种种鲜活的民俗事象渗透到人们的生活中，一代传一代。

　　民俗是一种原始而又古老的文化现象，它一般是指广泛流传于民间的各种风俗和习惯，是老百姓日常生活中眼见可及、耳闻有声、触之有形的文化形式。中华大地广袤，民族众多，风俗习惯各不相同，由此带来了丰富多彩的民俗文化和别具特色的民俗风情，所以我国素有"十里不同风，五里不同俗"的说法。中国民俗传承了几千年，已经包罗万象，它涵盖姓氏生肖、节气时令、工艺游艺文化、民间传说故事、服饰文化、婚葬文化、民居建筑、祭祀信仰、交往礼仪等。又因为中国民族众多，每个民族都有自己独特的传统习俗，这样，就使中国的民俗文化变得异彩纷呈，斑斓多姿。千百年来，我们民族的传统风俗早已扎根于人们的思想深处，存活在人们的日常行为中，反映在人们日常平凡而琐碎的生活中……在如今看来，了解和践行这些传统民俗不仅能丰富我们的生活，还可以帮助我们正确理解和对待传统民俗文化，保持并传承良好的民风民俗习惯。

如今，随着国家的快速发展，中华传统文化也开始复兴，中国文化、中国精神已被越来越多的世界各国人民所认知、认同，中国民俗也日益受到世人的关注。因此，《中华民俗全鉴》用和中华民俗相关的典籍记载或诗文谚语，带领读者们走进中华民俗这个广博灿烂的世界，让大家了解中华民俗、践行中华民俗、享受中华民俗，通过深入了解和传承，我们的生活会变得更加丰富多彩。

编著者

2021 年 12 月

目录

第1章　家族传承篇

◎ 姓氏：天子建德，因生以赐姓 / 2

◎ 《百家姓》：赵钱孙李，周吴郑王 / 5

◎ 修家谱：谱牒，身之本也 / 8

◎ 人名：婚生三月而加名 / 13

◎ 字与号：号谓尊其名，更为美称焉 / 16

◎ 行辈：有尊卑长幼之序也 / 18

◎ 妻冠夫姓：妇人，从人者也 / 20

◎ 家训：整齐门内，提撕子孙 / 22

◎ 家风：宁为百夫长，胜作一书生 / 27

第2章　交往礼俗篇

◎ 中国礼：经国家，定社稷 / 32

◎ 行走礼：游毋倨，立毋跛 / 33

◎ 见面礼：稽首、顿首、空首、振动 / 36

◎ 坐姿：正襟危坐 / 39

◎ 座次：食不二味，居不重席 / 42

◎ 宴饮座次：亲四方之宾客 / 46

◎ 餐食：大抵豆饭藿羹 / 48

第3章　节日风俗篇

◎ 春节：总把新桃换旧符 / 52

◎ 元宵节：火树银花合 / 55

◎ 春龙节：二月二日新雨晴 / 59

◎ 清明节：百草千花寒食路 / 62

◎ 端午节：粽包分两髻，艾束着危冠 / 66

◎ 七夕节：坐看牵牛织女星 / 69

◎ 中元节：饿节囚徒亦得解脱 / 72

◎ 中秋节：月到中秋分外明 / 74

◎ 重阳节："登高节""菊花节" / 77

◎ 冬至节：冬至阳气起 / 81

◎ 腊八节：腊八粥、腊八蒜 / 84

◎ 除夕：爆竹声声除旧岁 / 87

◎ 下元节和寒衣节：或解厄，或荐亡 / 90

第4章　诞生礼俗篇

◎ 诞生礼：三日始负子，男射女否 / 94

◎ 满月：满月睡扁担，到老腰不弯 / 98

◎ 百日：倚着柳，坐着斗 / 101

◎ 抓周：此小儿之盛礼也 / 104

◎ 儿童穿戴：穿上虎头鞋，力气踢死虎 / 106

◎ 男子成人礼：男子二十而冠 / 109

◎ 女子笄礼：女子许嫁，笄而字 / 114

◎ 生日或做寿：萱草长春庆古稀 / 118

第5章 婚姻礼俗篇

◎ 媒人：娶妻如何？匪媒不得 / 126

◎ 相亲：两亲相见，谓之相亲 / 130

◎ 说媒：地上无媒不成婚 / 133

◎ 迎亲：上午接亲，晚上拜堂 / 136

◎ 拜堂：我家新妇宜拜堂 / 139

◎ 入洞房：春宵一刻值千金 / 141

◎ 闹洞房：增添热闹气氛 / 143

第6章 节气文化篇

◎ 传统历法和纪年：天干地支两相配 / 148

◎ 二十四节气：来自混元前 / 150

◎ 立春：春朝大于年朝 / 152

◎ 雨水、惊蛰："种稻""冒鼓" / 156

◎ 春分、清明：春分有雨到清明 / 158

◎ 谷雨："谷雨赏牡丹""单斩蝎子精" / 161

◎ 立夏：立夏得食李，能令颜色美 / 164

◎ 小满、芒种：麦黄农忙，绣女出房 / 167

◎ 夏至：要嬉夏至日 / 169

◎ 小暑、大暑：头伏饺子二伏面 / 173

◎ 立秋、处暑："贴秋膘""猛将令箭" / 176

◎ 白露、秋分："秋兴""昼夜平分" / 180

◎ 寒露、霜降："秋钓边""迎霜降" / 183

◎ 立冬："养冬""立冬食蔗不齿痛" / 186

◎ 小雪、大雪："寒菜""炒米""夜作" / 189

◎ 冬至：冬至大如年 / 191

◎ 小寒、大寒：过了大寒，又是一年 / 196

第7章　居住环境篇

◎ 选址：左青龙，右白虎 / 200

◎ 门向：开吉方旺方 / 203

◎ 房前屋后：门前不栽鬼拍手 / 205

◎ 民居布局：民居定矣，事已成矣 / 207

◎ 乔迁：吉地也要良辰催 / 210

第8章　信仰祈福篇

◎ 三星：天上三吉星 / 216

◎ 五福：五福临门 / 220

◎ 门神：贴在门上守住家 / 222

◎ 灶神：上天白人罪状 / 225

◎ 月神：西瓜月饼敬老天 / 228

◎ 土地神：土地之主也 / 230

第 9 章　文娱礼俗篇

◎ 斗鸡：芥羽张金距 / 234

◎ 斗蟋蟀：人挑拨虫双斗 / 237

◎ 放风筝：纸花如雪满天飞 / 240

◎ 荡秋千：绿杨影里戏秋千 / 243

◎ 踩高跷：双枝长倍其身 / 247

第 10 章　乡土传统篇

◎ 农耕：才了蚕桑又插田 / 250

◎ 捕鱼：渔家开户相迎接 / 252

◎ 采摘：采菊东篱下 / 254

◎ 种植：孟春之月，盛德在木 / 257

◎ 赶集：必于其日聚 / 260

第11章　古老工艺篇

◎ 刺绣：黼黻文章 / 266

◎ 绣花鞋：平头鞋子小双鸾 / 269

◎ 中国结：亲结其缡，九十其仪 / 272

◎ 荷包：做得荷包各式殊 / 275

◎ 竹编：斫竹编青篮 / 279

◎ 剪纸：二七、二八贴花花 / 282

◎ 泥塑：泥塑金涂各有神 / 285

第12章　丧葬礼俗篇

◎ 丧葬：事死如事生 / 290

◎ 挽歌：君子作歌，维以告哀 / 294

◎ 报丧：丧不报孝不吊 / 297

◎ 送葬：客送葬车千馀乘 / 301

◎ 落葬：众生必死，死必归土 / 303

◎ 做七：每逢七天一祭 / 305

◎ 居丧：旦夕哀临 / 306

第1章　家族传承篇

姓氏：天子建德，因生以赐姓

原典

天子建德，因生以赐姓。

——春秋·左丘明《左传·隐公八年》

姓者，统其祖考之所自出；氏者，别其子孙之所自分。

——北宋·刘恕《通鉴外纪》

姓者，生也，以此为祖，令之相生，虽不及百世，而此姓不改。族者，属也，享其子孙共相连属，其旁支别属，则各自为氏。

——春秋·左丘明《国语·周语》

姓氏之称，自太史公始混而为一，《本纪》于秦始皇则曰"姓赵氏"，于汉高祖则曰"姓刘氏"，是也。

——清·顾炎武《日知录》

男女同姓，其生不蕃。

——春秋·左丘明《左传》

同姓不婚，恶不殖也。

——春秋·左丘明《国语·晋语》。

人各却步立，不敢询姓氏，及移烛烛之，则倩扶也。一座哗然，此亦风流之韵事，承平之佳话。

——清·王韬《瀛壖杂志》

　　"天子建德，因生以赐姓。"这表明"姓"的本意是"生"，因此人们普遍认为，姓最初是代表有共同血缘关系的种族称号，简称族号。作为族号，它不是个别人或个别家庭的，而是整个氏族部落的称号。据文献记载，我们的祖先最初使用姓的目的是"别婚姻""明世系""别种族"。它产生的时间大约在原始社会的氏族公社时期。

　　据传说，姓的最早起源与原始民族的图腾崇拜有关。氏族部落不但对图腾奉若神明，禁止食、杀、冒犯，而且把它作为本氏族统一的族号。在原始部落中，图腾、族名和祖先名常常是一致的。久而久之，图腾的名称就演变成同一氏族全体成员共有的标记——姓。

　　姓的形成除与图腾关系密切外，还与女性分不开。那时是母系氏族社会，只知母，不知父。所以"姓"是由"女"和"生"组成，这就说明最早的姓，是跟随母亲的姓。

　　现代社会，我们通常把姓又称作姓氏，但是在远古时代，姓和氏是两

个概念，它们是含意不同、各有所指的两个单音词。姓字的古形字是由"人"和"生"组成的，意为人所生，因生而为姓。秦国刻石《诅楚文》中，始见姓字为"女"字和"生"字的组合字，这一字形最终被汉代人许慎定形，成为会意字。氏字的出现，早在甲骨文中就有。清代文字学家朱骏声在其名著《说文通训定声》中，释"氏"字本意为木本，是植物之根，为象形字，后来被转注为姓氏的氏，取木之根本之意。所以，清初学者顾炎武在《日知录》中说："姓氏之称，自太史公始混而为一，《本纪》于秦始皇则曰'姓赵氏'，于汉高祖则曰'姓刘氏'，是也。"

姓氏合流之后，从古到今，中国人使用的姓氏中十之八九可以说是由姓派生出来的氏演变来的。总之，姓为氏之本，氏由姓所出。商周以前，姓用以区别婚姻，故有同姓、异姓、庶姓之说。氏用以区别贵贱，贵者有氏，而贫贱者有名无氏。氏同而姓不同，婚姻可通；同姓不可通婚。"礼不娶同姓"，"父母同姓，其出不蕃"（《左传》），"同姓不婚，恶不殖也"（《国语》）。有人认为，里面隐含了朴素的优生学。

姓氏起源的形式很多，并且在不断发展，同姓异源或异姓同源等，情况十分复杂。姓氏起源主要有：以国为姓氏、以居地为姓氏、以封邑为姓氏、以部族为姓氏、以官职为姓氏、以爵号为姓氏、以字名为姓氏、以谥为姓氏、以技艺为姓氏、以顺序为姓氏、以任所为姓氏、以物事为姓氏、以动植物或其他自然物为姓氏、赐姓、冒姓和改姓等。

随着朝代的更替，民族的融合，不少姓氏已湮没在历史的长河中，一些新的姓氏则在时代的进程中产生。在从古至今的数千个姓氏中，有不少稀奇古怪的奇僻姓氏，若稍加收集，分门别类，则情趣盎然，回味无穷。

《百家姓》：赵钱孙李，周吴郑王

原典

如市井间所印《百家姓》，（王）明清尝详考之，以是两浙钱氏有国时小民所著，何则？其首云："赵钱孙李"，盖钱氏奉正朔，赵本朝国姓，所以钱次之；孙乃忠懿（钱）之正妃；又其次，则江南李氏。

——宋·王明清《玉照新志》

赵钱孙李，周吴郑王，冯陈褚卫，蒋沈韩杨，朱秦尤许，何吕施张，孔曹严华，金魏陶姜，戚谢邹喻，柏水窦章，云苏潘葛，奚范彭郎，鲁韦昌马，苗凤花方，俞任袁柳，酆鲍史唐，费廉岑薛，雷贺倪汤，滕殷罗毕，郝邬安常，乐于时傅，皮卞齐康，伍余元卜，顾孟平黄，和穆萧尹，姚邵湛汪，祁毛禹狄，米贝明臧，计伏成戴，谈宋茅庞，熊纪舒屈，项祝董梁，杜阮蓝闵，席季麻强，贾路娄危，江童颜郭，梅盛林刁，钟徐邱骆，高夏蔡田，樊胡凌霍，虞万支柯，昝管卢莫，经房裘缪，干解应宗，丁宣贲邓，郁单杭洪，包诸左石，崔吉钮龚，程嵇邢滑，裴陆荣翁，荀羊於惠，甄麴家封，芮羿储靳，汲邴糜松，井段富巫，乌焦巴弓，牧隗山谷，车侯宓蓬，全郗班仰，秋仲伊宫，宁仇栾暴，甘钭厉戎，祖武符刘，景詹束龙，叶幸司韶，郜黎蓟薄，印宿白怀，蒲邰从鄂，索咸籍赖，卓蔺屠蒙，池乔阴郁，胥能苍双，闻莘党翟，谭贡劳逄，姬申扶堵，冉宰郦雍，郤璩（qú）桑桂，濮牛寿通，边扈燕冀，郏浦尚农，温别庄晏，柴瞿阎充，慕连茹习，宦艾鱼容，向古易慎，戈廖庾终，暨居衡步，都耿满弘，匡国文寇，广禄阙东，殴殳沃利，蔚越夔隆，师巩厍聂，晁勾敖融，冷訾辛阚，那简饶空，曾毋沙乜，养鞠须丰，巢关蒯相，查后荆红，游竺权逯，盖益桓公，万俟司马，上官欧阳，夏侯诸葛，闻人东方，赫连皇甫，尉迟公羊，澹台公冶，宗政濮阳，淳于单于，太叔申屠，公孙仲孙，轩辕令狐，钟离宇文，长孙慕容，鲜于闾丘，司徒司空，亓官司寇，仉督子车，颛（zhuān）孙端木，巫马公西，漆雕乐正，壤驷公良，拓拔夹谷，宰父谷梁，晋楚闫法，汝鄢涂钦，段干百里，东郭南门，呼延归海，羊舌微生，岳帅缑亢，况后有琴，梁丘左丘，东门西门，商牟佘佴，伯赏南宫，墨哈谯笪，年爱阳佟，第五言福，百家姓终。

——北宋·佚名《百家姓》

民俗探源

《百家姓》是中国独有的文化现象，流传至今，影响极深。它所辑录的姓氏，体现了中国人对宗脉与血缘的强烈认同感。姓氏文化或谱牒文化，是中国文化的重要组成部分。中国人是世界上"寻根意识"最强的族群。

《百家姓》在历史的衍化中，为人们寻找宗脉源流，建立血亲意义上的归属感，帮助人们认识传统的血亲情结，提供了重要的文本依据。它是中国人认识自我与家族来龙去脉不可缺少的文化文献。2009年，《百家姓》被中国世界纪录协会收录为中国最早的姓氏书。

《百家姓》有一千多年的历史，自公元10世纪北宋朝代起在中国广为流传。但是，是谁创造了《百家姓》？这个问题直到今天还是个谜。此外还有，《百家姓》的开头为什么是赵钱孙李，这里面有着什么蹊跷？南宋时期学者王明清经过考证认为："如市井间所印《百家姓》，（王）明清尝详考之，以是两浙钱氏有国时小民所著，何则？其首云：'赵钱孙李'，盖钱氏奉正朔，赵本朝国姓，所以钱次之；孙乃忠懿（钱）之正妃；又其次，则江南李氏。"他判断《百家姓》"似是两浙钱氏有国时小民所著"。所谓"有国"，据史书记载，吴越在宋太祖开国后，还存在一段时间，至宋太宗兴国二年才率土归降。由此推测这本书是北宋初年问世的。也许正是由于《百家姓》在宋朝以前就开始流传，所以就把宋朝赵家的皇姓位列第一，把自己的钱姓位居第二，至于第三个孙姓，是来自吴越王的正妃孙氏，最后一个"李"字，是南唐的统治者李后主的姓氏。这就是《百家姓》"赵钱孙李"次序的由来。

现在看来，《百家姓》的次序不是依各姓氏人口实际排列，而是因为读来顺口，易学好记。《百家姓》原收集姓氏411个，后增补到504个，其中单姓444个，复姓60个。《百家姓》与《三字经》《千字文》并称"三百千"，是中国古代幼儿的启蒙读物。

修家谱：谱牒，身之本也

谱牒，身之本也。

——俗语

尊祖故敬宗，敬宗故收族，收族故宗庙严。

——西汉·戴圣《礼记》

谱牒独记世谥，其辞略。

——西汉·司马迁《史记》

收，不离散也。宗道既尊，故族无离散。

——元·陈澔《陈澔集》

民俗探源

盛世修谱，家谱族谱作为与国家史志、地方史志并称为重要历史载体，编修的意义极为重大。

古人云："谱牒，身之本也。"意思是谱能告诉你，你是谁，你从哪来。人们常说："我们都是炎黄子孙。"但你并不知道其中的由来，通过修谱追根溯源，你就会知道你从哪里来了。

在我国，有不少家族为了延续自己的姓氏与人口情况，都有一部姓氏流传的记载——家谱。家谱又称族谱、宗谱、家乘、谱牒、家传、房谱、支谱、谱系等，是一种记录家族迁徙、发展的事迹和家族人物的世系、传记的书，是以特殊形式组织、编写的家族生活史。

关于中国家谱的起源问题，历来就有几种说法：一说起源于周代，一说起源于战国秦汉时期，一说起源于宋代，更有一说起源于周以前的甲骨文、金文家谱甚至更以前的口头家谱和结绳家谱。笔者认为，根据历代文献记载和本世纪殷墟出土的骨文字考证，中国家谱起源于商、周时期比较可信。

一部家谱中，从这个家族的兴起、繁衍、分派、迁徙，到家族的历代英贤、家规家训、祠堂宗庙、诗文著作，纵横几百年，上下数千人，内容丰富，包罗甚多，充分反映了各方面的关系，具有很大的文献价值。

家谱是同宗共祖的血亲团体记载本族世系和相关事迹、反映本家族繁衍发展过程的历史图籍，向来有"记录先世，弘扬家史""敦宗睦族，凝聚血亲"的功能。

那么，家谱到底是怎样的史书？它的定义是什么？它的历史发展又如何呢？

一部较完整的家谱，通常由以下几个部分组成：谱名、谱序、凡例、姓氏源流、世系考、世系表、人物传记、祠堂、坟茔、家规家训、恩荣录、像赞、艺文、纂修人名、领谱字号等。

在我国现存的古籍中，记载周代以前世系最为完整、最为权威的是西汉司马迁的《史记》。

中国家谱在起源阶段是相当简略的，一般只记载世系人名，而几乎不涉及其他任何事情，司马迁谓之"谱牒独记世谥，其辞略"。另外，家谱还只记父系兄弟世系，而不记妻、子和姐妹，充分反映了中国社会此时父系已占了绝对统治地位。但就是这些简略的记载，到周代时已成为宗法制度的身份证明，用来"奠系世，辨昭穆"，记载血缘亲近和嫡庶长幼，其政治功能已初露端倪。周代还建立了一套相当完善的史官修谱制度，同时在朝廷设立专官负责全国所有贵族家谱的记载和管理，这也是我国官修家谱的开始。

除官修家谱外，汉代时期已出现比较成熟的私人家谱。汉代私修家谱有三种形式。第一种是自序家谱。这种家谱一般是撰者自己叙述自己的家世，也有根据谱主自述而记录的。第二种是专门家谱，这是与自序家谱区别而言的。这种家谱有的载于正史列传中，是纯粹的叙述世系的文字；有的则是专门记载本家族人任官情况的"官谱"。第三种是碑刻家谱，即将家谱刻在石碑上予以保存，如《三老碑》《孙叔敖碑》《鲜于璜碑》《赵宽碑》等。

魏晋南北朝时期，门阀制度和九品中正制开始畅行，是中国家谱极盛时期。隋唐时期，是继魏晋南北朝后第二个发展高峰期，中国家

谱进入持续发展阶段。宋代中国家谱进入了转型期。到了元、明、清三代，中国家谱日渐成熟，尤其是清代，修谱成了宗族生活中最重要、最隆重的活动之一，有的宗族三十年一修，有的宗族六十年一修，因而涌现出大量的私修家谱，几乎占现有家谱数量的 70% 以上。

此后，民间修谱之风越来越盛行。家谱的发展也从最初简单的世系记录发展到体例精当、内容翔实的家族史料汇编，从寥寥几语发展到洋洋几十万言，最终成为能和正史、方志比肩的史料，为我国传统文化宝库中镶嵌了一颗耀眼的明珠。

中国家谱经过几千年的发展，名称多种多样，种类丰富多彩，分类方法如下。

1. 根据家谱记载材料的不同分类

（1）口头家谱。是通过口耳相传的形式流传下来的家谱。这也是文字产生之前或没有本民族文字时人们记录家谱世系的一种形式。

（2）结绳家谱。是用结绳的方法来记载世系，记录家族内每个成员的情况。

（3）甲骨、金文谱。指刻在甲骨或青铜器上的家谱。这是先秦时期尤其是商、周两代通行的记载家谱的方法。

（4）碑谱。指刻石碑上的家谱。这在中国家谱的发展史上是极为常见并相当流行的。碑谱还有一特殊却很常见的形式——墓碑。

（5）纸谱。指写在或印在纸上的家谱。这是现存家谱的最主要类型。

（6）塔谱。指刻在石塔上的家谱。此形式较为少见，著名者有山西省临县崔家坪保存的刻于明嘉靖十六年（公元 1537 年）的石塔家谱。

（7）布谱。指写在布上的家谱。

2.根据家谱记载范围的大小分类

（1）房（支）谱。记载一房或一支世系的家谱。

（2）家谱、族谱、宗谱。三者在实际内容上并无多少区别，均指记载某一家族或某一宗族迁徙、发展和族内人物世系、传记的书，但有一点，它们都是和房（支）谱相对而言的，是房（支）谱的集成。

（3）统谱。是打破地域界限把分布于各地的同族各宗、支统贯于一的家谱，也称作统宗世谱、会谱、通宗谱、统宗正脉、大成谱、通谱等。如《张氏统宗谱世谱》《太原王氏通谱》等。

（4）异姓统谱。是将许多姓氏统贯于一谱，这种谱称之为异姓统谱。如明凌迪知编著有《古今万姓统谱》。

3.根据家谱内容侧重点的不同分类

（1）祠谱。专门记载家族祠堂及与祠堂相关内容的家谱。一般记录祠堂规模、结构、祭文、列位先祖生平、牌位位置等。

（2）坟谱。专门记载家族坟茔相关内容的家谱。一般记录历代祖先坟茔的位置、座向、祭祖礼仪、守坟规约等。

（3）碑传集。专门记载家族历代祖先墓碑碑文、传状的家谱。

人名：婚生三月而加名

原典

名，自命也。从口从夕，夕者，冥也，冥不相见，故以口自名。

——汉·许慎《说文解字》

婚生三月而加名。

——西周·周公旦《周礼》

古者名以正体，字以表德。

——清·王应奎《柳南随笔》

尊其名更为美称焉。

——西周·周公旦《周礼》

民俗探源

姓氏产生之后，名也产生了。"名"的产生也是在氏族社会时期，同时也是人的个体意识逐渐觉醒的必然结果。《说文解字》对"名"这样解释："名，自命也。从口夕，夕者，冥也，冥不相见，故以口自名。"意为，黄昏后，天暗黑不能相认识，各以代号称。这便是名的由来。这多少有些传说意味。人们发现使用"名"的便利性，便逐渐通行起来，使得人皆有名，并对命"名"讲究起来。实际上，名的出现是私有制经济出现后的必然产物。

古时天下为公，一个部落一个名号，黄帝、炎帝、共工、蚩尤都是部落名。

据《周礼》称"婚生三月而加名"，婴儿出生三个月后由父亲取名，我们现在所看见最早的名是商代人的名。当时的习惯，崇尚以天干为名。如太乙、成汤（天乙）、太丁、盘庚、帝辛（纣）、外丙、仲壬、太甲、武丁（盘庚曾孙）等。

小名指人在幼儿时期所起用的名字。小名又称乳名、奶名、幼名或小字。一般由父母或亲戚为孩子起，它表达了父母或长辈对孩子的爱，是正名之外的昵称。

我国取小名的习惯起源很早。在上古时期，人们都在孩子出生后不久取名，其目的只求能与别人区分开来，而不大讲究名字是否典雅。如周公之子名禽，孔子之子名鲤，春秋时魏公子名虮虱，汉代司马相如名犬子。

至于人们为何喜欢为孩子取小名，而且至今不废的问题，在民俗学上的解释是：第一，借用身边周围的金石、花鸟、鱼虫，甚至是禽兽之名，随口叫成，琅琅上口，好记好叫。如顾恺之小名虎头，赵丹小名锁儿，等等。第二，缘排行而命名或出于迷信特意取用的，像阿三阿四、阿猫阿狗、铁蛋柱子之类，既有亲昵怜爱，又有卑贱、易"养活"的意思。第三，讨个吉利口彩，如家宝、来福、喜儿等，直言不讳地表达了起名者的美好愿望。

"小名"一般只在家庭和亲朋好友之间使用。但"小名"却是我们"尊姓大名"的前身。因为，自秦汉以后，我国士族阶层便开始"讳小名"，认为不雅，有贻笑大方的嫌疑。故另立了"正名"，以供社交场合使用。

在古代，上至帝王将相下至黎民百姓，人人都有小名。如魏武帝曹操小名阿瞒，南朝宋武帝刘裕小名寄奴，北朝魏太武帝拓跋焘小名狒狸伐，北周文帝宇文泰小名黑獭，宋孝宗赵奋小名小羊，明太祖朱元璋小名重八。上述这些无不都是称孤家寡人的帝王。

此外，由于封建社会上层阶级的女性成员长期生活在家庭闺阁之中，很少在外面抛头露面，因此小名更加流行，只是这种小名仅在家庭中使用，又称为"闺名"。如汉高后吕雉的小名"娥姁"，汉武帝外祖母的小名"臧儿"，汉武帝陈皇后的小名"阿娇"，唐寿昌公主的小名"虫娘"等。

至于一些圣贤名臣，也都有小名。如孔子小名丘，王献之小名官奴，陶渊明小名溪狗，谢灵运小名客儿，王安石小名獾郎。男人如此，女人也不例外。如明代女画家马月娇小名元儿，等等。从这些名字可以看出古人取小名时带有很大的随意性。

现代人取小名，情况更加普遍。其中包括一些名人的小名，如蔡元培小名阿培，阎锡山小名万喜子，郭沫若小名文豹。郭沫若还自己说过小名的来源。他在《少年时代》一书中写道："我母亲说我受胎的时候，梦见一只小豹子突然咬着她左手的虎口，便一觉醒了。所以，我的乳名叫文豹。"

由于小名一般只在家庭内部使用，所以不仅古人不重视，现代人也很随意。如"小毛""小狗""小花""小囡"等一些似乎登不得大雅之堂的名字，目前在城乡各地的学龄前儿童中仍有使用。

字与号：号谓尊其名，更为美称焉

原典

男子二十冠而字，女子十五笄而字。

——西汉·戴圣《礼记》

号谓尊其名，更为美称焉。

——西周·周公旦《周礼·春官·大祝》

古者名以正体，字以表德。

——清·王应奎《柳南随笔》

民俗探源

我们今天的中国人，大多只有一姓一名。但在古代，人们的姓名远没有这么简单。在通常的情况下，除了姓和名以外，还有字（表字）、号等。

《礼记·曲礼》上说："男子二十冠而字"，"女子十五笄而字"。就是说不管男女，只有到了成年才取字，取字的目的是为了让人尊重他，供他人称呼。一般人尤其是同辈和属下只许称尊长的字而不能直呼其名。

字与名有密切关系，字往往是名的补充或解释，这叫"名字相应"，互为表里，故字又称作"表字"。

唐宋以后，由于理学加强，一些繁文缛节越来越多，读书人之间在称呼上也大做文章，称字，是为了表尊敬，但时间长了之后，渐感称字还不够恭敬，于是又有了比字更表恭敬的号。

号也叫别称、别字、别号。名、字是由尊长代取，而号则不同，号初为自取，称自号；后来，才有别人送上的称号，称尊号、雅号等。

古人刚生下不久就有了名，长大以后要取字，两者相连，通称名字。关于二者的作用，清朝人王应奎曾说："古者名以正体，字以表德。"意思是说，名是用来区分彼此的，字则是表示德行的。二者性质不同，用途也不大一样。一般说来，古时候，名是阶段性的称呼，小时候称小名，大了叫大名。等有了字，名就成了应该避讳的东西，相称时也只能称字而不称名。

名与字在多数情况下共同构成一个人的代号，尽管用途不尽相同，二者之间还是有联系的。古人大多因名取字，名与字内容毫不相干的情况几乎见不到。如三国时的名将张飞，字翼德，在这个名字中，"飞"是名，"翼德"则是对"飞"的解释，因为"飞"就是"翼之德"（翅膀扇动而造就的功德）。又如唐代诗人白居易，字乐天，名与字之间也有联系，即"居易"是因，"乐天"是果，只有居处安宁，才能知命而乐天。

古人除有名、字外，又多取号以代替名字。号是一种固定的别名，又称"别号"。早在周朝时，人们就已经开始取号。对此，《周礼》解释说，号为"尊其名更为美称焉"，意思是说，号是人在名、字之外的尊称或美称。早期的号具有这一特点，有号的人多是那些圣贤雅士。如老子别号广成子、范蠡别号鸱夷子皮等。先秦时期有名字又有号的人并不太多，至秦汉魏晋南北朝时，取号的人仍不是很多，名载史籍者仅有陶潜别名五柳先生、葛洪别号抱朴子等数人。但是，到了隋唐时期，伴随着封建国家的强盛和文化的高度发达，在名、字之外另取别号的人也逐渐多了起来。如李白号青莲居士、杜甫号少陵野老、白居易号香山居士，皆属此类。

所以，我国古人的称谓远比现代人复杂，他们有姓名，又有字、号。这种姓名字号的并存，既适应了当事人不同年龄阶段和不同情况下的需要，也为中国的姓名文化增添了丰富的内涵。

行辈：有尊卑长幼之序也

原典

所以官序贵贱各得其宜也，所以示后世有尊卑长幼之序也。

——西汉·戴圣《礼记·乐记》

故尚贤使能，则主尊下安；贵贱有等，则令行而不流；亲疏有分，则施行而不悖；长幼有序，则事业捷成而有所休。

——春秋·荀子《荀子·君子篇》

民俗探源

字辈谱又称昭穆、字派、行派、派序，即用以表明同祖为宗家族世系血缘秩序的命名字辈序列。中国是一个农业社会，聚族而居、同父为家，安土重迁的大环境下，而衍生出来的有效地维护血缘秩序道德价值观，形成长幼有序、孝悌仁爱的道德观念，履行个人在血缘等级关系中被确认的权利和义务。"字辈谱"正是这一血缘秩序的象征。

汉族人的姓与名，是由一字姓与二字名所构成。姓为祖先固有血缘关系的继承；名字中的第一字(如蒋周泰中的"周"字)是作为家族辈分的象征，须按字辈谱所定；通常名字中的第二字(如蒋周泰中的"泰"字)，则按父母意愿自由选取。因字辈谱为同宗支族人严格遵守，大家皆按字辈谱取名，所以这类名字在民间又称"族名""谱名"。

字辈谱所选之字，一般是由开基祖(始迁祖)或饱学之士厘订的，并被写入家谱，具有宗支群体共享的权威性，后世子孙按照字辈谱取名，一辈一字，世次分明地传承下去。即使家族分迁，散居各方，或年代久远，支派浩繁，世系庞杂，只要按照一辈一字的字辈谱规则取名，都可保证同宗血脉的一气贯通，世系井然而不致紊乱。

字辈谱大多含有"忠孝传家""宁国安邦""克勤克俭""光大家业"等内容，也有一些字辈谱是按阴阳五行编定的。

字辈命名源于唐宋，创于明，盛于清，是我国上至皇室、下至黎民百姓，乃至百工巧匠、僧尼道士都以字辈取名的一种重要方式，也是我国姓名文化中重要的内容之一。排行字辈的起名习俗在中国历史上影响大，范围广。一般家族都要在撰修家谱中通过辈分的划定，达到"辨尊卑、序长幼"的目的。因此，辈分谱更是人们自认为成其一族的主要标志，它既可使族人能够清楚地确知自己在族中的地位，又可明白长幼尊卑的伦常之分，符合伦常秩序的宗族组织原则。近些年，随着民间寻根热的兴起，一些地方的人在编修新家谱的同时，又修订或延续了新的字辈谱。

妻冠夫姓：妇人，从人者也

原典

妇人，从人者也，幼从父兄，嫁从夫，夫死从子。

——西汉·戴圣《礼记·郊特牲》

姓名格内，如妇女不便填写者，妇人得以姓氏、女子得以长次等字代之。

——清·光绪三十四年（1908年）《调查户口章程》

民俗探源

关于姓氏，在我国还有一种奇特的现象，女子嫁人后要改夫家的姓氏。也就是说，已婚妇女都有两个姓氏，即人们所熟悉的"妻从夫姓"。

"妻从夫姓"的习俗大致在汉魏之际构成雏形，到南朝末期蔚成风气。究其原因，估计同世家大族式的家族组织逐渐形成有直接的因果关系，特别是到了东晋南朝时期，以庄园为范围的同宗聚居已经是战乱年代中求得家族生存和发展的主要形式，作为增进家族共同体内一切成员之凝聚力的办法之一，把妻冠夫氏作为一种称谓原则确定下来，显然是必要的，而其副作用必然是妻子对夫家人身依附的关系进一步加强。

我们经常听说的"李氏、王氏，阿李、阿王……"这就是五代以后已婚妇女留在私簿籍上的"称谓"。不过，这种"称谓"只有在依附丈夫的前提条件下才能被认定，如果丈夫已故或因其他原因需要她们以法人资格或独立人身份出现于公共场合、官私文件（如案牍、契约）中时，由于众多人同用一个姓氏的现象普遍存在，这种过于简化的称谓显然难以起到识别作用。相应的解决办法就是把丈夫的姓氏加在妻子的姓氏前面，如"王刘氏""赵江氏""周李氏"文例，既标明已婚身份，又提示她是某姓成员及其母家的姓氏，可谓一石三鸟。所谓"妻从夫姓"的称谓习俗，正是在这种既成历史条件下为适合一定需要而产生。明初谱学家宋濂曾写了不少"贞妇烈妇"传记，标题俱为《郑节妇黄氏传》《王节妇汤氏传》《周节女刁传》《谢节妇传》《宋烈妇传》等，正是循此文例。

近代以后，风气渐开，特别是戊戌维新带动了女权运动的兴起，势必促成女子称谓习俗又有变化。清光绪三十四年(1908)民政部所拟《调查户口章程》第十六条规定："姓名格内，如妇女不便填写者，妇人得以姓氏、女字待以长次等字代。"宣统元年(1909)民政部奏订的《京师调查户口施行细则》第三十五条，又有相同的规定。可知当时妇女已经有以完整的姓名登记在册者，但多数还是称李氏、王李氏等。

由"妻从夫姓"到"妻冠夫姓"，其间的确有沿袭传统的轨迹可寻，但两者仍有一定的区别。"妻从夫姓"的社会基础是封建家族体制，与之相适应的则是"在家从父、出嫁从夫、夫死从子"的所谓"三从"伦理观念。"妻冠夫姓"不仅在构词方式上摒弃了反映"三从"伦理观的"从"字，而且在实践中也一定程度地认可了辛亥革命以来、特别是国民革命以来广大妇女致力人格解放的部分成果。

妻从夫姓习俗的产生、发展和形成，主要和中国家族制度的衍变发生联系，等待形成传统后，又对妻冠夫姓的法律制定造成习惯性影响。随着家族制度的彻底解体，目前仅存在于中国台湾、香港、澳门地区和一部分海外侨胞中，如范徐丽泰、陈方安生、陈冯富珍就是耳熟能详的几位巾帼英才。

家训：整齐门内，提撕子孙

原典

业以整齐门内，提撕子孙。

——北齐·颜之推《颜氏家训》

夫君子之行，静以修身，俭以养德。非淡泊无以明志，非宁静无以致远。夫学须静也，才须学也，非学无以广才，非志无以成学。淫慢则不能励精，险躁则不能治性。年与时驰，意与日去，遂成枯落，多不接世，悲守穷庐，将复何及！

——三国·诸葛亮《诫子书》

黎明即起，洒扫庭除，要内外整洁；既昏便息，关锁门户，必亲自检点。一粥一饭，当思来处不易；半丝半缕，恒念物力维艰。宜未雨而绸缪，毋临渴而掘井。自奉必须俭约，宴客切勿留连。器具质而洁，瓦缶胜金玉；饮食约而精，园蔬胜珍馐（xiū）。勿营华屋，勿谋良田。

三姑六婆，实淫盗之媒；婢美妾娇，非闺房之福。奴仆勿用俊美，妻妾切忌艳妆。祖宗虽远，祭祀不可不诚；子孙虽愚，经书不可不读。居身务期质朴；教子要有义方。勿贪意外之财，勿饮过量之酒。

与肩挑贸易，勿占便宜；见贫苦亲邻，须多温恤。刻薄成家，理无久享；伦常乖舛（chuǎn），立见消亡。兄弟叔侄，须多分润寡；长幼内外，宜法属辞严。听妇言，乖骨肉，岂是丈夫；重资财，薄父母，不成人子。嫁女择佳婿，毋索重聘；娶媳求淑女，毋计厚奁（lián）。

见富贵而生谗容者，最可耻；遇贫穷而作骄态者，贱莫甚。居家戒争讼，讼则终凶；处世戒多言，言多必失。毋恃势力而凌逼孤寡，勿贪口腹而恣杀生禽。乖僻自是，悔误必多；颓惰自甘，家道难成。狎（xiá）昵恶少，久必受其累；屈志老成，急则可相依。轻听发言，安知非人之谮诉，当忍耐三思；因事相争，安知非我之不是，须平心遭暗想。

施惠勿念，受恩莫忘。凡事当留余地，得意不宜再往。人有喜庆，不可生妒忌心；人有祸患，不可生喜幸心。善欲人见，不是真善；恶恐人知，便是大恶。见色而起淫心，报在妻女。匿怨而用暗箭，祸延子孙。

家门和顺，虽饔飧（yōng sūn）不继，亦有余欢；国课早完，即囊橐（tuó）无余，自得至乐。读书志在圣贤，为官心存君国。守分安命，顺时听天。为人若此，庶乎近焉。

——清·朱柏庐《朱子治家格言》

民俗探源

运用家训教诫家人、子弟在我国已有三千多年的历史。端蒙养、重家教是中华民族的优良传统。在我国古代家庭教育的实施过程中，"家训"占有十分重要的地位。

由于中国传统政治思想、伦理思想特别强调修身、齐家与治国、平天下的密切联系，以"整齐门内，提撕子孙"为目的的家训，历来受到人们的重视，并成为中华民族传统文化宝库中最具特色的部分。

每一个时代总会需要一大批的时代精英去支撑。于是，无论哪一个时代总会有时代精英应运而生。而有趣的是，这些精英又往往会形成一个家族集团，时代相传。难道在冥冥当中真的存在"龙生龙，凤生凤"的宿命？然而仔细分析我们就不难发现，这种精英集团的衍生是一种精英教化在这个集团文化传承的最终结果。也就是所谓的"家风"使然。家风是一个家庭、家族在世代累居、繁衍生息的过程中所形成的较为稳定的生活作风、传统习惯和道德面貌。举凡一时国家精英、名门望族无不看重自己处世思想、应世经务、学习态度对子孙的传承，而这种传承则需要一种载体，这种载体就是家训。

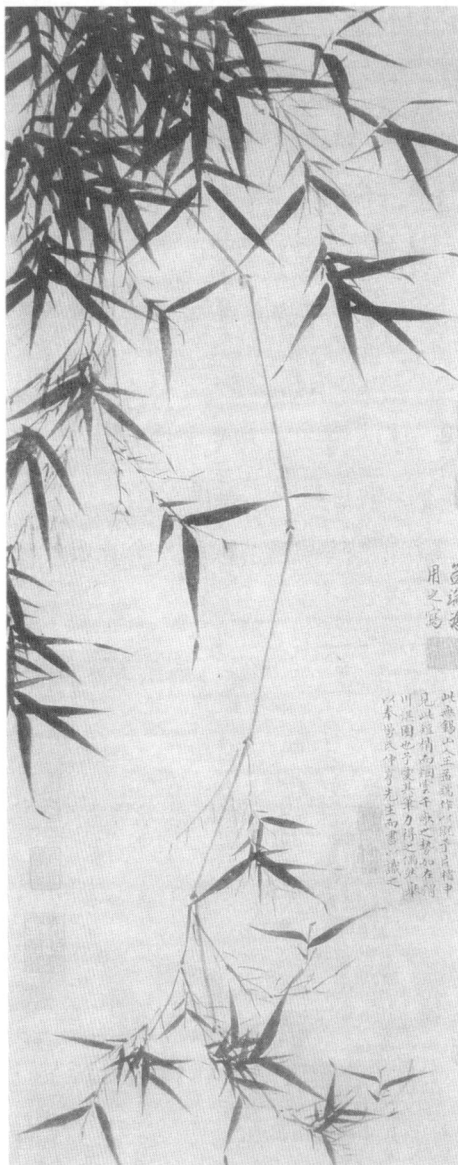

教育之施，首重童蒙。"童蒙养正，圣功也"。从童稚时期即施以中华民族通天彻地的中正智慧教育，是一种神圣功业。而家训，正是实现这种神圣功业的载体。古语说："遗儿千秋富贵，莫若良言一句"——这就是家训在古代教育当中的地位。许多时代精英都要求子弟继承本家族的清白家风，"富贵苟求终近祸，汝曹切勿坠家风"（陆游《示子孙》）。良好的家庭环境、健康向上的家庭氛围显然有利于人们优良品德的形成。而在家风的传承当中，家训起着不可替代的作用。

综观古今，中国的精英人物几乎每一个人都受到了家训的浸淫。无论这种家训是有形的文字还是无形的言传身教，都对这些叱咤风云、改写中国历史的人物起到了极大的教育作用。不管是古代像苏轼、曾国藩这样在中国历史上留下了恢弘轨迹的名宦大臣，还是现代诸如鲁迅、宋嘉树这样的巨擘名流，他们都曾受到家训的巨大影响。那么这些大家名门的家训终究有什么奥妙呢？为什么它足以影响身后的无数代人呢？

其实，教育子女的资源不外乎以下两种：所处时代的影响和从自身经历中总结的经验。遵循第一种方式的人自然是芸芸众生，他们大多没有自己的见解，时代需要什么，就把自己的子女塑造成什么样子；而遵循第二种教育方式的人往往是各方面的成功人士或者自身经历及其丰富的人，他们眼界很宽，交际面很广，自身的经历也丰富多样，教育子女的时候自身就是一个榜样，所以这种教育成功的可能性比较大。当这种成功教育再延伸，代代相传，就变成了现在所谓的世家教育。

细品中国传统家训，其思想精髓就是儒家精髓的聚集。由于儒家政治、伦理思想特别强调修、齐、治、平的统一，把"修身"视作"齐家""治国""平天下"的前提，这样教育样式下培养出来的孩子往往是德才兼备的，既具备做人立品的"修身"之德，又具备经天纬地的理干之才——这不是所有父母的期望吗？反观现代教育，过于强调对孩子实用技能的教育，而作为"齐家、治国、平天下"的根本"修身"却受到了不应有的冷落。这种舍本求末的作法为我们带来了什么？喧嚣的时代和功利的氛围给了孩子们太多的"时代性格"：自私、懒惰、厌学、偏执、好斗……当一个令家长头疼的孩子出现在人们面前的时候，我们所能做的似乎只有无奈的叹息。

只有在这个时候，我们才会把目光投向曾经哺育了我们五千年文明绵延不息的国学。于是，在许多处于开放最前沿的城市，雨后春笋一样出现了众多教授国学的私塾。当背诵传统经典的朗朗读书声再次响彻华夏大地乃至整个华人圈时，人们才不得不惊叹传统教育旺盛的生命力和强大的影响力。

放眼历史，这些曾经哺育无数历史精英的家训曾经是中国历代名门望

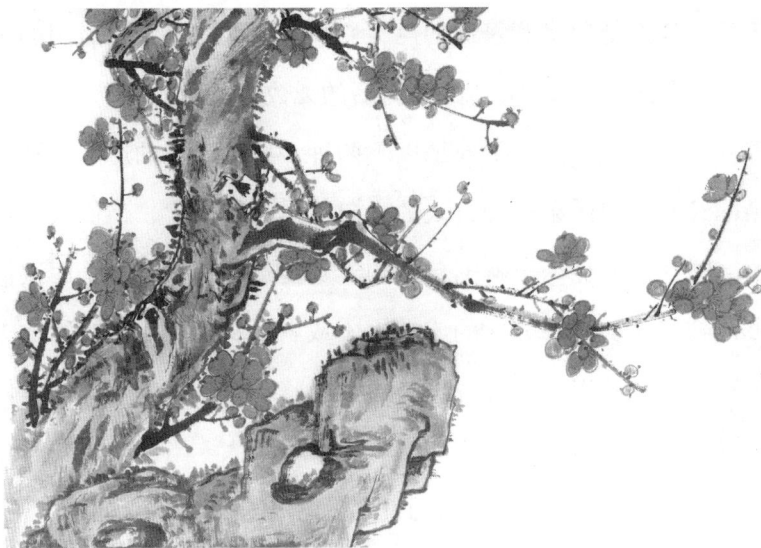

族童蒙时期的必修课，它不但可以励志、劝勤、勉学、诲戒、明德，而且可以启迪童蒙，矫正孩子们一生的人生方向。渐渐地，这些家训以成文的名言、名篇和不成文的口头民谚存在于传统历史文化之中。不可否认，在家训当中存在着过分强调封建意识，忽视人的主体意识和创造潜能的糟粕。但如果剔除这些糟粕，我们就会发现，传统家训的绝大部分内容已经积淀为整个民族的人生智慧，透射出永恒的理性之光。

家风：宁为百夫长，胜作一书生

原典

养尔逢多难，常忧学已迟。辟疆为上相，何必待从师。

——唐·韦庄《勉儿子》

宁为百夫长，胜作一书生。

——唐·杨炯《从军行》

官罢囊空两袖寒，聊凭卖画佐朝餐。最惭吴隐查钱薄，赠尔春风几笔兰。

——清·郑燮《为二女适袁氏者作》

民俗探源

受中华传统文化美德的熏陶和影响，良好的家风家教自古以来就为我们这个文明古国千家万户所崇尚、所践行。今天，我们可以从唯美的古诗文中找到一些名家们正气充盈、淳朴厚重的家风家教。

古诗文中的家风家教，大都体现在诗作者写给晚辈和家人的诗文和家训之中，其内容不外乎围绕为人处世、孝老爱亲、勤俭持家、和睦邻里、治学读书等方面。

家庭是人生的第一个课堂，父母是孩子的第一任老师。古代一些进步开明的文人贤达深谙家教对于子女成长成人的重要性，而家教首当引导子女懂得做人之本，知晓大义，从小培养报国之志和家国情怀。一生坎坷的晚唐诗人韦庄在他的《勉儿子》诗中写道："养尔逢多难，常忧学已迟。辟疆为上相，何必待从师。"

这是韦庄鼓励儿子在战乱之时投笔从戎、报效国家而作的一首小诗。体现了韦庄心系国事、胸怀天下的家国情怀。诗文所表达的中心思想都是希望子女处理好家事与国事、学业与国运之间的关系。在韦庄眼里，个人学业与报效国家这等大事相比，孰轻孰重，不言而喻。这对于涉世不深的子女长大成人之后做人做事、确立正确的人生观，无疑起着正面而积极的引导作用。初唐诗人杨炯在《从军行》中"宁为百夫长，胜作一书生"的诗句，或许正是古时一介书生渴望从军报国，奔赴疆场杀敌建功豪情壮志的生动写照。

清廉做人、勤俭持家是中华民族家风建设的传统美德。清人郑燮在《为二女适袁氏者作》的诗文中写道："官罢囊空两袖寒，聊凭卖画佐朝餐。最惭吴隐夋钱薄，赠尔春风几笔兰。"

身为"康熙秀才、雍正举人、乾隆进士"的郑板桥，一身正气，两袖清风。在爱女出嫁时居然无钱置办嫁妆，仅以一幅兰竹图相赠，并在上面题了这首诗。贫困如斯却气节如此！作为封建社会士大夫，郑板桥这种清廉朴素操持子女婚姻大事的做法，对子女的成长影响是大有裨益的。如此家风育人传世，令后人钦敬不已。

孝老爱亲从来都是好家风中最重要、最基本的方面，百善孝为先，孝为德之本。在中华民族的传统美德中，尽孝从来都是做人行为准则的一个基本道德规范。在这方面，大家耳熟能详的古诗文可以罗列许多。"今之孝者，是谓能养。至于犬马，皆能有养；不敬，何以别乎？"是孔老夫子振聋发聩的千年一问；"老吾老以及人之老，幼吾幼以及人之幼"是孟子对以"孝"和"爱"建立和谐人际关系的谆谆劝勉；"但能行孝向尊亲，总得扬名于后世"是白居易将能否孝敬父母作为衡量个人品行优劣的标准；"谁言寸草心，报得三春晖"更是孟郊感恩父母犹如春晖普泽大地般养育之恩的真情表达。

　　教育子女勤学苦读历来是家风家教中一个不可或缺的方面。古诗文中有关这方面的内容实在不少。大诗人杜甫在写给次子《又示宗武》诗中，字里行间体现着一位父亲希望晚辈潜心求学的殷殷期许："觅句新知律，摊书解满床。试吟青玉案，莫羡紫罗囊。假日从时饮，明年共我长。应须饱经术，已似爱文章。十五男儿志，三千弟子行。曾参与游夏，达者得升堂。"

　　诗中杜甫要求儿子宗武严谨治学、刻苦求知的教诲溢于言表。杜甫作为一代诗歌宗师，对儿子的期望是饱览经书，读诗做文，学有所成，教育鼓励儿子自觉传承家族优秀的诗歌传统，成为自己的诗歌传人。其实早在宗

武几岁时，杜甫就在《宗武生日》诗中曰："诗是吾家事，人传世上情。熟精文选理，休觅彩衣轻。"杜甫给宗武指出学习作诗的路径，就是"熟精文选理"。诗人把自己一生写诗作文的心得倾囊传授，诗文的字字句句可谓情真意切，苦口婆心。

陆游的《冬夜读书示子聿》是大家耳熟能详的一首好诗，这是一首哲理诗，饱含了诗人深邃的教育思想理念和科学的学习方法，告诫孩子不能死读书，要学以致用，身体力行。诗中写道："古人学问无遗力，少壮工夫老始成。纸上得来终觉浅，绝知此事要躬行。"

诗的文字虽然朴实，内涵却极为丰富。但凡读到这首诗的读者，大都能从诗中得到启发，教育作用不言自明，而注重学用结合的学习方法也无疑是科学有效的学习方法。

类似这种在家庭中营造读书求知良好家风的古诗文还有许多。古人重视家风家教的经典诗句灿若繁星，浩如烟海，以上或许只是其中的冰山一角。品读重温这些诗句，对于当今我们培养一代新人、感悟修身齐家、培育文明新风、构建和谐社会等，无疑有着积极的意义。

第2章 交往礼俗篇

中国礼：经国家，定社稷

原典

人无礼则不生，事无礼则不成，国家无礼则不宁。

——春秋·荀子《荀子·修身》

礼，经国家，定社稷，序民人，利后嗣者也。

——春秋·左丘明《左传·隐公十一年》

民俗探源

中华民族被称为"礼仪之邦"。自古崇尚投桃报李，礼尚往来。礼仪渗透到生活的方方面面。古人认为："人无礼则不生，事无礼则不成，国家无礼则不宁。"可见礼仪和兴邦治国息息相关。

从古人对礼的界定看，《左传·隐公十一年》所谓"礼，经国家，定社稷，序民人，利后嗣者也"。礼是日常生活的准则，是社会秩序，是典章制度；《左传·昭公二十五年》中说："礼，上下之纪，天地之经纬也，民之所以生也。"礼是天地法则在人类社会的体现，是区分文明和野蛮的界标，礼约束着人的道德行为。《左传·文公十五年》载："礼以顺天，天之道也"，礼体现了人们对天地的敬畏、对德行的追求、对和谐的渴盼、对上下尊卑关系的规范。

《礼记》中说："礼尚往来，往而不来，非礼也。来而不往，亦非礼也。"是指人与人之间都要以礼相待，才能保持社会和谐。如果只往不来，或只来不往，就不符合礼的要求。礼本身就是社会道德约束。

《礼记》中说："人有礼，则天安，无礼则危。故曰：礼者不可不学也。"人懂礼仪，就身心安定，社会和谐；无礼约束，社会就会动荡。所以，人要知礼、学礼。可见，礼能调节社会和谐。

《礼记》中说："夫礼者，自卑而尊人。虽负贩者，必有尊也。"古人认为，人懂礼仪就会谦卑并尊重他人。即使是一个背担子的商贩，也有值得尊敬的地方。这些体现了礼仪原则中的互谦互让、互尊互敬思想。

"富贵而知好礼，则不骄不淫。贫贱而知好礼，则志不慑"。富贵知礼不骄不淫，贫贱知礼意志坚定。可见不论富贵贫贱，知礼是一种道德约束。

行走礼：游毋倨，立毋跛

原典

两脚进曰行，徐行曰步，疾行曰趋，疾趋曰走。奔，变也，有急变，奔赴之也。

——东汉·刘熙《释名》

室中谓之时（来回走动），堂上谓之行，堂下谓之步，门外谓之趋，中庭谓之走，大路谓之奔。

——《尔雅》

不积跬步，无以至千里。

——春秋·荀子《劝学》

游毋倨，立毋跛，坐毋箕，寝毋伏。

——西汉·戴圣《礼记·曲礼》

后上朝，太公拥篲，迎门却行。上大惊，下扶太公。

——汉·班固《汉书·高帝纪下》

疾趋则欲发，而手足毋移。

——西汉·戴圣《礼记·玉澡》

矩步引颈，俯仰廊庙，束带矜庄，徘徊瞻眺。

——南北朝·周兴嗣《千字文》

道路，男子由右，妇人由左，车从中央。父之齿随行，兄之齿雁行，朋友不相逾。

——西汉·戴圣《礼记·王制》

民俗探源

行走的姿势是站姿的延续动作，是在站姿的基础上展示人的动态美。

关于行走之礼，古人讲究"行不中道，立不中门"的原则。就是走路不能走在路中间，应靠边行走；站立不能站在门中间，表示礼敬，又能避让行人。"站如松，坐如钟，行如风，卧如弓"，古人对行的要求是快而有力。古人又常行"趋礼"，意为地位低的人从地位高的人面前走过，要低头弯腰小步快走，对尊者表示礼敬，即"趋礼"。"见尊长时要趋"，"遭先生于道，趋而进"，"先生与之言则对，不与之言则趋而退"。如触龙拜见赵太后就要小步走，即"徐趋"。

古人认为，行走礼节强调的应是人际关系的和谐。行走是生活中的重要动作，历来受到重视。《释名》载："两脚进曰行，徐行曰步，疾行曰趋，疾趋曰走。奔，变也，有急变奔赴之也。"古人行走很讲究，分"行""步""趋""先""奔"等不同类别。"行"是正常速度走；"步"是慢走；"趋"是快步行走，即今天的小跑；"走"是跑；"疾趋"是快跑；"奔"是飞跑。

荀子《劝学》："不积跬步，无以至千里。"两脚行一次为一步，而现在的一步，古代叫"跬"（半步）。"跬"在古代是指走半步。所以，行千里也是从跬步开始的。《尔雅》曰："室中谓之时（来回走动），堂上谓之行，堂下谓之步，门外谓之趋，中庭谓之走，大路谓之奔。"古人对不同地点、不同交际场合的行走方式是有规定的。例如，堂中来回走，堂上大步走，堂下踱步走，门外小步走，中庭跑着，大路急奔。《礼记·曲礼上》曰："帷薄之外不趋，堂上不趋，执玉不趋。堂上接武，堂下布武。室中不翔，并坐不横肱。授立不跪，授坐不立。"古人规定了"不趋"的场合，也规定了"堂上""堂下""室中"的走路方式，还规定了人交际时的礼仪。

《礼记·曲礼》说："游毋倨，立毋跛，坐毋箕，寝毋伏。"古人对走路的神情是有严格规定的，古人要求走路时不要显出傲慢的神情；站着不要偏重一只脚；坐着不要伸开双腿；睡觉不要趴着。《史记·平原君列传》："毛遂按剑历阶而上。"古人迎客时上台阶都要上一级一并脚。"历阶"就是一级一并脚的习俗。

据《汉书·高帝纪下》记载："后上朝，太公拥彗，迎门却行。上大惊，下扶太公。"史书中"却行"指倒退着走。迎客之时，"凡与客人者，每门让于客……拾级聚足，连步以上。上于东阶，则先右足；上于西阶，则先左足。"意思是凡与客人一起进屋内，每入一道门时都要让客人先进。主客上台阶时都一级一并脚。上东阶的要先抬右脚，上西阶的要先抬左脚。

《礼记·王制》记载："道路，男子由右，妇人由左，车从中央。父之齿随行，兄之齿雁行，朋友不相逾。"这里规定的是在道路上行走的次序习俗。男子靠右走，女子靠左走，车子中间走。遇到和父亲一样辈分年龄的人，要跟在后边走；遇到和兄长一样年龄的，要并行且稍后；和友人一起走路，不要抢行。

古人还规定了女子行走的礼仪。古礼要求女子走路要有规矩。要抬头挺胸，身体要挺拔，头颈要挺直。一低头一抬头，要如同在朝庙中一样庄重。穿着要齐整，行走时要目视前方。在平时行走时，直行则快步，身体不能摇摆，手肘是不能摇摆的，脚步要平直。"行容惕惕、庙中齐齐"规定了在宗庙中容态要庄重严肃。

如今，无论是在日常生活中还是在社交场合，走路往往是最引人注目的身体语言，所以，一定要遵守相关礼仪，表现出一个人的风度和活力。

见面礼：稽首、顿首、空首、振动

原典

一曰稽首，二曰顿首，三曰空首，四曰振动……贾公彦疏：一曰稽首，其稽，稽留之字；头至地多时，则为稽首也。此三者（空首、顿首、稽首）正拜也。稽首，拜中最重，臣拜君之拜。

——西周·周公旦《周礼·春官·大祝》

班固居有顷，闻上过，朱儒皆号泣顿首。

———汉·班固《汉书·东方朔传》

动，读为董，书亦或为董。振董，以两手相击也。振动，战栗变动之拜。

———西周·周公旦《周礼》郑玄如注

郦生不拜，长揖。

———西汉·司马迁《史记·高祖本纪》

民俗探源

古代见面礼也是很有讲究的。古代人见面时不握手，但有着不同的见面礼节。

古人的"三叩九拜"即见面的大礼。九拜是古代行礼的九种拜礼。即稽首、顿首、空首、振动、吉拜、凶拜、奇拜、褒拜、肃拜。

古代臣子见皇上礼：朝聘、朝觐是周代诸侯朝见天子的礼制。诸侯朝见天子，"春见曰朝，秋见曰觐"。春秋两季朝见天子，合称为朝觐。

稽首是古代臣子拜见君王的礼节。行稽首礼时，施礼者屈膝跪地，左手按右手，拱手于地，头也缓缓至于地，手在膝前，头在手后。头在地必须停留一段时间。稽首是九拜中最隆重的礼节。一般是臣子拜君王的礼节。如《周礼·春官·大祝》曰："一曰稽首，二曰顿首，三曰空首，四曰振动……贾公彦疏：一曰稽首，其稽，稽留之字；头至地多时，则为稽首也。此三者（空首、顿首、稽首）正拜也。稽首，拜中最重，臣拜君之拜。"

顿首是一种正礼。通常用于下对上及平辈间的敬礼。如官僚间的拜迎、拜送，民间的拜贺、拜望、拜别等。古人有时常用于书信中，在信开头或末尾出现，以表尊敬。如《汉书·东方朔传》有"班固居有顷，闻上过，朱儒皆号泣顿首"。

空首是古代行礼的一种形式，也叫"拜手"。为古代男子跪拜礼的一种。跪下后两手拱合，俯头至手与心口平而不至地，所以称"拜手"。如《穆天子传》曰："天子赐许男骏马十六，许男降，再拜空首，乃升平坐。"

振动礼节不仅要"顿首"，还要双手相击，哭天喊地，浑身战栗不已，对丧者的悲痛哀悼。振动是丧礼中最隆重的礼节。如《周礼》郑玄注记载："动，读为董，书亦或为董。振董，以两手相击也。振动，战栗变动之拜。"

吉拜是古代守丧的礼俗。守丧三年后，见到丧家行吉拜礼。这种礼节是先"空首"拜，再"顿首"拜。如郑玄注："吉拜，拜而后稽颡。"

凶拜是古代居丧期间的礼节。居丧三年后，丧家行的答谢礼。这一礼节讲究先"顿首"拜，再"空首"拜，表示对宾客的悲痛和感谢。如《礼记·檀弓上》记载："拜而后稽颡，颓乎其顺也。稽颡而后拜，顾乎其至也。三年之丧，吾从其至者。"

奇拜是单腿下地拜。奇即一数，"奇拜"拜一次。

褒拜是拜两次或以上的拜礼。郑玄注《周礼》："褒读为报，报拜，再拜是也。"

肃拜是古代女子跪拜礼的一种。拜时跪双膝后，两手先到地，再拱手，同时低下头去，到手为止，故又称"手拜"。清代段玉裁注："凡不跪不为拜，跪而举其首，惟下其手，是曰肃拜。汉人曰揖拜。""肃启""谨肃"等古代用语即来自"肃拜"，表示恭敬。

除"九拜"外，揖拜之礼也很重要。"揖""长揖""拱""拜""再拜""拜手"等礼仪也是古人重要的礼俗。

如《孔雀东南飞》中有："上堂拜阿母，阿母怒不止。""拜"必先跪坐，跪是用以行拜礼的。《鸿门宴》载："谨使臣良奉白璧一双，再拜献大王足下。"《孔雀东南飞》中有"再拜还入户","再拜"即拜两次，表示礼节隆重。《史记·高祖本纪》记载："郦生不拜，长揖。"在古代"揖"是不必跪的，只是拱手礼。拜和揖比，拜比揖的礼节重。

《论语》中有："子路拱而立。""拱"是古代一种相见礼，两手抬至胸前，相合表示敬意。李白《梦游天姥吟留别》有："安能摧眉折腰事权贵，使我不得开心颜！"这里的"折腰"即拜揖。鞠躬下拜，表示屈辱之意。如《晋书·陶潜传》载：陶渊明曾为彭泽县令，州郡派督邮巡视至县，县吏劝陶束带迎见，他感叹道："吾不能为五斗米折腰，拳拳事乡里小人邪！"后来引申为倾倒、崇拜。如《沁园春·雪》中的"江山如此多娇，引无数英雄竞折腰"。

坐姿：正襟危坐

原典

长跪读素书，书中竟何如？

——汉·佚名《饮马长城窟行》

软草承趺（fū）坐，长松响梵声。空居法云外，观世得无生。

——唐·王维《登辨觉寺》

宋忠、贾谊瞿然而悟，猎缨正襟危坐。

——西汉·司马迁《史记·日者列传》

坐，作为一种举止，有着美与丑、优雅与粗俗之分。正确规范的礼仪坐姿要求端庄而优美，给人以文雅、稳重、自然大方的美感。

入坐也是古人讲究的重要礼仪。

古人的坐姿一般分为三种：趺坐，即盘腿而坐，左脚放在右腿上，右脚放在左腿上，类似诸佛的坐姿；箕踞，即两腿前伸，两膝微曲而坐，全身形状像簸箕，一种傲慢无礼的坐姿；跽，即跪坐，两膝着地，臀部压在后屈的腿、脚上，上身挺直，是一种礼貌的坐姿。在正式场合或与尊长相坐，要讲究坐姿，还要正襟危坐，即坐时腰身端正，表示对别人的尊重。讲究坐姿是古人的习俗，也是古人的一种修养和风范。坐姿体现了古人的一种文化和精神。

王维《登辨觉寺》："软草承趺坐，长松响梵声。空居法云外，观世得无生。"诗中"趺坐"应是佛门坐法，是在寺院的坐姿。全称为"结跏趺坐"。这种坐姿，人形体稳固、端庄，能心安气缓，便于入定。释迦牟尼在菩提树下降魔成道时，就是趺坐法，也称"降魔坐"。"一日趺坐，定去，忘记讲经"，"趺坐"体现了佛家修行的坐姿。

沈钧儒《趺坐》："举世嚣嚣我适静，棕床趺坐作心观。""棕床趺坐作心观"足见其追求恬淡和豁达的内心及趺坐静心、锻炼养生的人生态度。苏轼《众妙堂广州何道士》："道人晨起开东轩，趺坐一醉扶桑暾。"可见苏轼的达观人生态度。

古人要求妇人不能有"箕"这种坐姿。所以《礼记·曲礼上第一》中有："坐毋箕。"箕踞是不合礼节的轻慢坐姿，是对同坐者的不尊重。《荆轲刺秦》有"柯自知事不就，依柱而笑，箕踞以骂之"，是荆轲刺秦失败大骂秦王的坐姿。箕踞而坐，并倚靠柱子，以示轻蔑，是很轻慢无礼的举止了。

《史记·田叔列传》载："赵王张敖自持案进食，礼恭甚，高祖箕踞骂之。"刘邦箕踞骂人，以示轻蔑。

当然，箕踞有时也是不拘小节的表现，有时也是不拘礼法的桀骜。如《韩诗外传》载："孟子妻独居，踞。孟子入户视之，白其母曰：'妇无礼，去之（等于说休了她）。'母曰：'何也？'曰：'踞。'"这里的"踞"并非有意，不是凌人傲物。这里箕踞是不拘小节的表现，是不合礼仪的坐法。《世说新语·任诞》载："卫君长（卫永）为温公（名峤）长史，温公甚善之。每率尔提酒脯就卫，箕踞相对弥日。卫往温许（处）亦尔。"古代礼教甚严。这里的箕踞带有一点反抗性。

跪是坐直身子。诗中长跪是妻子怀念久征在外的丈夫，丈夫来信，惊喜得直起了身。如《史记·留侯世家》载："良尝闲从容步游下邳圯（音夷。意桥）上，有一老父，衣褐，至良所，直堕其履圯下，顾谓良曰：'孺子，下取履！'良鄂（同愕）然，欲殴之。为其老，强忍，下取履。父曰：'履我！'良业（已经）为取履，因长跪履之。"张良要给老人穿鞋，就要坐直身子。跽是将要站起身的准备姿势。为要请教对方，对对方表示敬意而跽。跽又叫长跪，是上身耸

起，身子便长了。如《范雎列传》载："秦王屏左右，宫中虚无人。秦王跽而请曰：'先生何以幸教寡人？'"

古人平时闲坐，也讲究坐相。平日端正姿式，是要保持士大夫的风度。据说宋代司马光平时是很讲究坐姿的，平日也要讲究正襟危坐。《史记·日者列传》载："宋忠、贾谊瞿然而悟，猎缨正襟危坐。"史书记载了宋忠、博士贾谊听卜者讲解卜筮，不由得肃然起敬，于是收揽冠带，正一正衣襟，端正地坐好，表示尊敬。《赤壁赋》载："苏子愀然，正襟危坐而问客曰：'何为其然也？'"苏轼容色忧愁，整理好衣襟，坐端，询问客人，为什么弹奏这样悲伤的音乐？这里危坐表示严肃。《宋史·张存列传》曰："凡与宾友相接，常垂足危坐。"宋朝的礼部尚书张存从做官到终老，常正襟而坐，以至于司马光敬佩他，在为他撰写墓志铭时也加上了一笔，赞扬他的坐姿。

座次：食不二味，居不重席

原典

昔阖（hé）庐食不二味，居不重席。

——春秋·左丘明《左传·哀公元年》

为人子者……坐不中席。

——西汉·戴圣《礼记·曲礼上》

席不正，不坐。

——春秋·孔子弟子及其再传弟子《论语·乡党》

席南乡（向）北乡，以西方为上；东乡西乡，以南方为上。

——西汉·戴圣《礼记·曲礼上》

职事之暇，终日敛膝危坐。

——明·刘宗周《人谱类记》

于是有缚广武君而致戏下者，（韩）信乃解其缚，东乡坐，西乡对，师事之。

——西汉·司马迁《史记·淮阴侯列传》

将上堂，声必扬；户外有二屦，言闻则入，言不闻则不入。侍坐于长者，屦不上于堂。

——西汉·戴圣《礼记·曲礼上》

民俗探源

古人坐在地上，有时给地上铺上席子，"席地而坐"。睡时，也铺张席子，睡在席子上。"寝不安席""择席之病"指的就是这个意思。坐时在大席子上再铺一张小席，谓之重席。《左传·襄公二十三年》："季氏饮大夫酒，臧纥为客。既献，臧孙命北面重席，新樽絜之，召悼子，降逆之，大夫皆起。"这里为悼子设重席，即设特别的座位，突出他的重要。对于君侯贵族来说只铺一张席子算俭朴的了。

据说一张席子，独坐时以中为尊，既为人子，即使独坐也只能靠边。"群居五人，则长者必异席。"一张席子只能坐四人，四人中的尊者应居席端（合坐以端为上），多了一个人，不能尊卑挤在一起，于是请其中的尊者到另一张席上去独坐（坐时要居中）。已经坐在席上，如果有尊者进来或离席走到跟前来，就用"避席"的办法自表谦卑，而且要伏地。避席伏即离开席子在地面上伏，膝席则原地不动以膝着地，也就是长跪，虽然也是表示敬重，但其程度差多了，所以引得魏其侯的好友灌夫恼怒。避席又叫违席。

席子在室堂中要放正，即席的四边要与室堂的边、壁平行。直席也就是正席，表示心情的郑重严肃。正席是指席子的四边与墙壁平行。正席是为了表示庄重，这是古代礼的要求。

古代尊者在堂，则卑者在庭。古代宾客是受尊重的，所以凡以宾主之礼相待就上堂，而宾客的从者也须站在庭中。

古人在室内很讲究座次。因为奥在四隅中最尊，所以在室内以坐西向东的位置为最尊。其次是坐北向南，再次是坐南向北，坐东向西的位置最卑。如《礼记·曲礼上》载："席南乡（向）北乡，以西方为上；东乡西乡，以南方为上。"就几个人同一张席上而言，与上述的室内摆席的尊卑次第相合。《史记·魏其武安侯列传》载："（武安侯）尝召客饮，坐其兄盖侯南乡，自坐东乡，以为汉相尊，不可以兄故（缘故）私桡（曲，指不守规矩）。"武安侯自坐东乡，其兄长坐南乡，是不能因兄长的缘故而不守古代座位规矩的。古代座次讲究尊卑等级。《史记·淮阴侯列传》载："于是有缚广武君而致戏下者，（韩）信乃解其缚，东乡坐，西乡对，师事之。"韩信亲自为广武君解开绑绳，让他东乡坐，自己西乡侍，以示尊敬。

古人的一些规矩，被儒家吸收并被写进经典，都神秘化了。《礼记·曲礼上》曰："将上堂，声必扬；户外有二屦，言闻则入，言不闻则不入。侍坐于长者，屦不上于堂。"上堂之前必先扬声，是让室内的人有所准备。如果有人在私语，可以不被碰见。"户外有二屦言闻乃入"道理和上句说的是一样的，听到室内的谈话声，说明室内二人没有谈机密事，便可以进去，否则便有窃听之嫌，弄得双方尴尬。"屦不上于堂"也是对的。如"长者在堂而侍者屦贱，故脱于阶下，不着上堂；若长者在室则侍者得着屦上堂，而不得人室"。屦不上堂、人室，是不分鞋的高贵与卑贱的。鞋上带着泥土，会使堂室地面不洁，古人席地而坐，衣服会被弄脏；堂上室内坐着许多人，身边放着一堆鞋，不雅。在通常情况下是不能穿鞋上殿堂的。屦不上堂、入室这种特殊的条例为后代帝王所沿用，直至隋唐大臣上殿还是要脱屦的。如《资治通鉴》载："春，正月，丁未朔，隋恭帝诏唐王剑履上殿，赞拜不名（向皇帝行礼时不自称名）。"

古代座次以左为尊，空着左边的位置以待宾客称"虚左"。成语"虚左以待"就是指留待左边的位置给对方，表示对对方的尊重。

古代贵族们铺席才是正常的，不铺席是非礼的。如《晏子春秋·内篇谏下》载："（齐）景公猎休，坐地而食。晏子后至，左右灭葭而席（拔倒芦苇权且当席）。公不说，曰：'寡人不席而坐地，二三子（指随行的大臣）莫席，而子独搴草而坐之，何也？'晏子对曰：'臣闻介胄坐陈（阵）不席，狱讼不席，尸在堂上不席（尸：代表死者受祭的人。这句是说在丧事期间不席），三者皆忧也。故不敢以忧侍坐。'"齐景公打猎休息时坐地上吃饭。晏子到后，扯了些芦苇垫着坐下。景公不高兴地说："我都不用铺席子直接坐地上，其他各位也没有谁坐席子上，而先生偏偏拔草垫着坐，为什么呢？"晏子回答说："我听说披着铠甲戴着头盔坚守阵地的士兵坐不垫席；狱中囚犯坐不垫席；神主在堂上，丧事期间不垫席。这三种都是使人忧愁的事情。因此，我不敢用忧愁的态度陪同您坐着。"景公说："好！"于是令人铺下垫席说："大夫都坐席子上，我也铺席而坐。"

古代铺席而坐是一种社会行为规范。晏子不敢违背这种社会行为规范，所以垫席而坐。晏子这种做法是对社会行为规范的尊重，也是对在座人的尊重。

贵族也不是处处铺席的。古人打仗时，不席；狱讼不席；"忧"事，不设席。诸侯相见于路，不直接坐在地上，只能以带为席。如《公羊传·昭公二十五年》载："昭公于是嗷然而哭，诸大夫皆哭。既哭，以人为菑，以幦（mì）为席，以鞍为几，以遇礼相见。"就是指忧事不设席，诸侯相见于路，以带为席。

入坐礼节，反映了传统社会的秩序。座次有主次尊卑之分。尊者上坐，卑者末坐。室内座次，东向西席为尊位，一般贵客坐；主人一般坐西向东席作陪，年长者在南向北席，陪酒一般在北向南席。入坐饮食时身体靠近食案；不饮食时，身体靠后，即"虚坐尽后"。有贵客光临，立刻起身致意。

古时官场座次尊卑有别，十分严格。官高为尊居上位，官低为卑处下位。古人官场尚右，以右为尊，"左迁"即表示贬官。

皇帝聚会群臣，座位一定是坐北向南的，所以称王称帝叫作"南面"，称臣叫作"北面"。室东西长而南北窄，室内最尊的座次是坐西面东，其次是坐北向南，再次是坐南面北，最卑是坐东面西。

宴饮座次：亲四方之宾客

原典

以飨（xiǎng）燕之礼，亲四方之宾客。

——西周·周公旦《周礼·春官·大宗伯》

夫礼之初，始诸饮食。

——西汉·戴圣《礼记·礼运》

民俗探源

宴食礼仪是中国礼仪和文化的核心，是应当遵循的社会规范，也是饮膳宴筵方面的社会规范与典章制度。饮食礼仪体现了古人文明教养与交际准则。《礼记·礼运》："夫礼之初，始诸饮食。"据记载，最早的食礼与远古的祭神仪式直接相关。《礼记·礼运》有描述：先民把黍米和猪肉块放在烧石上烤炙而献食；并在地上凿坑当作酒樽用手掬捧而献饮；又用茅草扎成长槌敲击土鼓，来表示对鬼神的敬畏和祭祀。后来食礼从人与神鬼的沟通延伸到人与人的交际，奠定了古代饮食礼制的基石。

飨宴是先秦人饮食礼仪的讲究。飨燕之礼分为飨礼和燕礼两种，虽然都是用酒宴招待宾客的礼仪，但在先秦时候，飨、燕是有严格区别的。古时王者待宾，有飨、食、燕三种礼节。飨礼最重，要有太牢、有酒，以表示肃敬，还要行九献或七献、五献之礼；食礼主要是饭，无牢无酒；燕礼，是以饮酒为主的。唐杜佑《通典》亦云："时会殷同附殷周以前，天子有迎劳飨燕诸侯之礼。"飨、食二礼在宗庙举行，饮宴过程中的奏乐也是飨礼的重要环节，目的是以礼观乐。燕礼则在寝室举行。待上公需三飨、三食、三燕；侯伯、子男则礼仪依次递减之。

"英雄排座次"是古代食礼中的重要内容，是食礼座位排法的规定。一般讲究"尚左尊东""面朝大门为尊"。家中宴请，尊者坐首席，请客者坐末席。家宴，辈分最高者坐首席，辈分最低者坐末席。一般情况下，主席未坐，其他人不能入坐；首席未动筷，其他人不能动筷。

古人宴饮的社会活动有社会功能。这种社会活动有秩序有条理，有一定的礼仪规范来进行约束。作为主人，先折束相邀，到期迎客于门外；客至，致问候，延入客厅小坐，敬以茶点；引客入席，以左为上，是首席。席中座次，以左为首座，相对者为二座，首座之下为三座，二座之下为四座。客人坐定，由主人敬酒让菜，客人以礼相谢。席间斟酒上菜，也有一定的规程。菜品先上冷的、荤的，再上热的，最后上最贵的菜肴。每次上菜，主人都要举杯劝酒、劝食。宴毕，引导客人客厅小坐，上茶，直至辞别。

古人宴饮中礼必不可缺。饮酒之礼也是宴饮的重要礼仪。如"无酒不成礼仪"是说宴饮礼仪无论迎送都离不开酒品。"与人同饮，莫先起觞"，饮酒也有礼节。主人先劝酒，客人需待主人举杯劝饮之后，方可饮用。客人也可以表达盛情款待的谢意，在宴饮中举杯向主人敬酒。巡酒时自首席按顺序一路敬下，再饮。"与人共食，慎莫先尝"，在进食过程中，先有主人执筷劝食，客人方可动筷。"当食不叹""共食不饱、共饭不泽手""毋投骨于狗"是指古代一系列进食规则，表达主客间的相互敬重、和谐、文明进食的氛围。

作为客人，赴宴讲究仪容，有时携带礼品。赴宴守时守约；抵达后，先根据认识与否，自报家门，或由东道进行引见介绍，听从东道安排，然后入座。如果来报有人来，无论尊卑地位，全席之人应出迎。

餐食：大抵豆饭藿羹

原典

天子之豆二十有六，诸公十有六，诸侯十有二，上大夫八，下大夫六。乡饮酒之礼，六十者三豆，七十者四豆，八十者五豆，九十者六豆，所以明养老也。

——西汉·戴圣《礼记·礼器》

共食不饱，共饭不泽手。毋抟饭，毋放饭，毋流歠，毋咤食，毋啮骨，毋反鱼肉，毋投与狗骨。毋固获，毋扬饭。饭黍毋以箸。毋嚃羹，毋刺齿，客絮羹，主人辞不能亨。客歠醢（hǎi），主人辞以窭。濡肉齿决，干肉不齿决。毋嘬炙。卒食，客自前跪，彻饭齐以授相者，主人兴辞于客，然后客坐。

——西汉·戴圣《礼记·曲礼》

民俗探源

古代饭、菜的食用都有严格规定，饮食礼仪体现了等级区别。如《礼记·礼器》曰："天子之豆二十有六，诸公十有六，诸侯十有二，上大夫八，下大夫六。乡饮酒之礼，六十者三豆，七十者四豆，八十者五豆，九十者六豆，所以明养老也。"古代进献王者的饮食要符合一定的礼数。如"凡王之馈，食用六百，膳用六牲，饮用六清，羞用百有二十品，珍用八物，酱用百有二十瓮"。这些严格的规定体现了王公贵族饮食的讲究。又如"牛宜秫，羊宜黍，象宜穄，犬宜粱，雁宜麦，鱼宜菰，凡君子食恒放焉"。

贫民的日常饭食则以豆饭藿羹为主。所以有"民之所食，大抵豆饭藿羹"之说。

饮食规格也规定了菜肴的摆设规则。如《礼记·曲礼》曰："凡进食之礼，左殽右胾，食居人之左，羹居人之右。脍炙处外，醯（xiān）酱处内，葱渫处末，酒浆处右。以脯修置者，左朐右末。"饭食陈设便餐，陈设菜品，带骨菜肴放在左边，切的纯肉放在右边。干的食品菜肴放左手边，羹汤放右手边。细切的和烧烤的肉类放远些，醋和酱类放在近处。葱等调料放在旁边，酒浆等饮料和羹汤也放右边。干肉、牛脯等物，弯曲的放左，挺直的放右。

《礼记·少仪》记载：上菜时右手握持，左手托捧；上鱼肴时，鱼尾向着宾客；冬天鱼肚向着宾客的右方，夏天鱼脊向宾客的右方。这种礼仪，今天在很多地方都还遵从。

用饭时，有一套繁文缛礼。如《礼记·曲礼》载："共食不饱，共饭不泽手。毋抟饭，毋放饭，毋流歠，毋咤食，毋啮骨。毋反鱼肉，毋投与狗骨，毋固获，毋扬饭。饭黍毋以箸。毋嚃羹，毋刺齿，客絮羹，主人辞不能亨。客歠醢，主人辞以窭。濡肉齿决，干肉不齿决。毋嘬炙。卒食，客自前跪，彻饭齐以授相者，主人兴辞于客，然后客坐。"

大家一起吃饭，不能只顾自己吃饱。和别人一起吃饭，要检查手是否清洁。不要用手搓饭团，不要把剩饭放进锅中，不要喝得满嘴淋漓，不要吃得"啧啧"作声，不要啃骨头，不要把咬过的鱼肉又放回盘碗里，不要把肉骨头扔给狗，更不要传递食物，也不要簸扬着热饭。吃黍蒸的饭用手而不用箸，不可以大口囫囵地喝汤，也不要当着主人的面调和菜汤。不要当众剔牙齿，也不要喝瞻渍的肉酱。有客人在调和菜汤，主人就要道歉，说是烹调得不好；如果客人喝到酱类的食品，主人也要道歉，说是备办的食物不够。湿软的肉可以用牙齿咬断，干肉就得用手分食。吃炙肉要撮作一把来嚼。吃饭完毕，客人应起身向前收拾桌上盛行瞻渍物的碟子交给旁边伺候的主人，主人跟着起身，请客人不要劳动，然后客人再坐下。

饮食礼仪规范了人与人的伦理关系，发挥着"经国家、定社稷、序人民、利后嗣"的作用。饮食之礼与其他的礼仪成为古代社会的道德规范，也是中华民族优秀的文化传统之一。当然，用餐礼仪和古代相比也有一定的变化，如一起吃饭的时候一定不能随意翻菜盘，夹到哪个菜就吃哪个菜。吃饭不能说话。吃饭就好好吃饭，不能在餐桌上说说笑笑，更不能在餐桌上大声喧哗。用餐时要好好坐在餐桌前吃饭，不要到处走来走去，这样是很不礼貌的，等等。这些都是最基本的礼仪。

第 3 章　节日风俗篇

春节：总把新桃换旧符

原典

昨夜斗回北，今朝岁起东。我年已强仕，无禄尚忧农。桑野就耕父，荷锄随牧童。田家占气候，共说此年丰。

——唐·孟浩然《田家元日》

爆竹声中一岁除，春风送暖入屠苏。千门万户瞳瞳日，总把新桃换旧符。

——北宋·王安石《元日》

民俗探源

春节是个"年纪"很大的节日，据说它起源于尧舜禅让，如今已经有四千多岁啦！

上古的时候，尧帝为天子，他不将天下传给自己的儿子，却传给了更加贤能的舜。舜继位的时候，率领人们祭拜天地，祭祀先祖，来感激天地的覆育承载之恩，感念先祖的传承佑护之情。于是，人们便将这一天定为新年第一天，称为"岁首"，也就是后来的春节。

还有一种说法是，春节源自万年历的制定。商朝的时候，历法非常混乱，老百姓都不知道该如何种庄稼。到了祖乙王的时候，有个叫万年的青年，在一次砍柴的时候，受到树影移动的启发，发明了能计算天时的日晷（guǐ）。后来，他又看到山崖上的滴泉，得到启示，设计出能计算时间的五层漏壶。

利用日晷和漏壶，万年发明了一套新的历法，将一年定为三百六十五天，又按照不同物候，分出十二个月，二十四节气。万年将自己的历法献给祖乙的时候，恰好十二个月满，旧岁已尽，新岁初始。祖乙非常高兴，为了表彰万年的功绩，他决定将这部历法称为"万年历"，将万年献历的这天，称为"岁首"，即春节。

在历史的发展过程中，"岁首"随着采用历法的不同而时时调整，如秦朝时就规定孟冬（十月）为岁首。到汉武帝时，天文学家落下闳（hóng）、邓平等人制订《太初历》，又重新以夏历为准，将孟春（一月）定为正月。所以，后人都称落下闳为"春节老人"。

春节还有很多不同的名字。先秦时，人们称它为上日、元日等，两汉时叫岁旦、正旦等，唐宋后又称元旦、岁日。而"春节"一词的普遍流行，是在民国时期。当时，公历被引进中国，北洋政府规定每年 1 月 1 日为岁首，称"元旦"，而阴历正月初一为"春节"。中华人民共和国成立后，也延续了这种做法。

春节为何又叫"过年"呢？这可要从一只怪兽说起。

传说，很久很久以前，有一只吃人的怪兽，名字叫"年"。平时它躲在大山深处，每到腊月三十就跑出来，袭击老百姓。这年兽十分凶猛，比大象还有力气，比老虎还要灵活，没有人能打败它，村民们束手无策。所以，到了这一天，大家就聚在一起，将大门关得紧紧的，不敢出屋。等熬过这天，年兽回山，大家才走出来，相互庆祝渡过了"年关"。

后来，人们发现凶猛的年兽并不是无敌的，它也有害怕的东西：红色、火光和炸响声。于是，每逢年关将近，大家就挂红灯笼，贴红对联，燃放烟花爆竹，把年兽吓跑。年兽再也不敢出现了，人们获得了平安，便将这日子称为"过年"。

过年时，家家都要灯火通明，人们团聚起来守更待岁，吃饭前要燃放爆竹祈福驱邪，第二天还要走亲串友，相互问候。

中国人自古爱热闹，人们认为在重大的节日里，燃放烟花爆竹，能够祛邪扶正，使生活通达旺气、兴隆繁盛。最初的时候，人们只是将竹子丢入火堆中，从而得到"噼里啪啦"的声响，来增加节日氛围。后来，火药出现了，便制作了各种各样的"炮仗""鞭炮"，但还是按习惯将它们都称为"爆竹"。

当午夜来临，新年钟声敲响，"岁之元，月之元，时之元"同时来临之际，是燃放爆竹的最佳时刻。这时，神州大地处处火树银花，爆竹声惊天动地，节日的氛围也达到高潮。

另外，不管大人、小孩，都有在春节穿新衣的传统。这象征着辞旧迎新，以新的面貌迎接新的生活。尤其是大红色的衣服，最为鲜艳、喜庆，也最受国人的钟爱，所以世界上都将大红色称为"中国红"。

一般在新年到来之前，人们会提前将春联贴得整整齐齐的，以免临到过节还手忙脚乱。春联，又叫"对联""对子"，分为上下两联，以对仗工整、简洁精巧的文字描绘美好形象，抒发美好愿望，一般贴于门框两侧。

春联来源于古代的桃符，周代时人们就开始在大门两边挂这种长形桃木板。两块木板上各自书写着"神荼""郁垒"两个大字，这是两位神仙的名字。相传，神荼、郁垒守卫在度朔山上大桃树下，那里是阴阳两界的通道，他们手中拿着苇索，遇到为恶害人之鬼，就将其拘押起来，喂食老虎。人们知道他们是鬼怪的克星，便将写着他们名字的木板挂在大门上，来辟邪。如今春联的种类已经十分繁多，依其使用场所，有框对、横批、春条、斗方、门心等。"门心"贴于门板上端中心部位；"框对"贴于左右两个门框上；"横批"贴于门楣的横木上；"春条"则根据不同的内容，贴于相应的地方；"斗方"为正方菱形，多贴在家具、影壁上……

拜年是中华礼仪精神的集中体现。晚辈要先向长辈拜年，祝福他们健康长寿，万事如意；长辈也要将"压岁钱"分给晚辈，希望他们新的一年顺顺利利，平平安安。从前，晚辈拜年时，要向长辈行跪拜礼，不过现在大家一般都以作揖礼替代了。

作揖礼，体现了人们的真诚与尊重。但随着时代的发展，拜年的形式也不限于此。利用现代通讯手段，进行电话拜年、短信拜年、微信拜年……只要能表达礼敬之心，都是不错的选择。

元宵节：火树银花合

原典

火树银花合，星桥铁锁开。暗尘随马去，明月逐人来。游伎皆秾（nóng）李，行歌尽落梅。金吾不禁夜，玉漏莫相催。

——唐·苏味道《正月十五夜》

去年元夜时，花市灯如昼。月上柳梢头，人约黄昏后。今年元夜时，月与灯依旧。不见去年人，泪湿春衫袖。

——宋·欧阳修《生查子·元夕》

民俗探源

正月十五元宵节，是中国式的"狂欢节"。它是整个春节的结尾，宣告着闲暇已尽，新一年的劳作、奋斗即将开始；同时，它也是新年第一个月圆之夜，是人们又一轮追求家族团圆、生活圆满征程的出发点。在这一天，大家可以忘记一切烦恼，来庆祝这欢快之夜；可以举办各种祈福活动，来展露对未来的美好希冀。

元宵节历史悠久，自从历法诞生时起，人们就已经认识到这天的与众不同了——一年中的第一个月圆之夜。它寄托着人们对于未来的无数美好意愿，也寄托着人们对过去无限的怀念。人们相信这是一年复始、春回大地的夜晚，于是在明月之下，载歌载舞，祈祷许愿；在明月之下，沉思遐想，缅怀先祖……

元，是初始之意；宵，是夜晚之意。第一个将这天冠以"元宵"称号的，据说是汉文帝。民间还有个"平定诸吕庆元宵"的故事。

汉高祖刘邦去世后，惠帝刘盈继位。刘盈性情柔弱，朝政大权都被他的母亲吕后独揽。吕后任人唯亲，提拔了很多娘家子侄。这些人在朝中嚣张跋（bá）扈（hù），大有压倒刘氏之势，朝中老臣们都愤愤不平，可碍于吕后的权威，敢怒不敢言。

后来，吕后去世，他的侄子吕禄、吕产害怕丢掉权力，惶惶不安，于是密谋起兵作乱。为了制止这场阴谋，刘氏宗室与老臣周勃、陈平等联合起来，提前发动政变，安定了天下，并立刘邦第四个儿子刘恒为帝。

刘恒就是汉文帝，在历史上是很有作为的一个好皇帝。汉文帝做天子以后，深感太平盛世来之不易，便将平息诸吕叛乱的正月十五，定为元宵节，在这晚皇亲贵戚都要与民同乐，家家户户张灯结彩，以示庆祝。

后来，道教也开始重视起这天，并提出"三元说"。以正月十五为上元节，七月十五为中元节，十月十五为下元节。上元为天官主管，是赐福之日；中元为地官主管，是赦罪之日；下元为水官主管，是解厄之日。所以，元宵节，又成了上元节，这天人们都要向天官祈祷，请他降下福泽，实现美好生活的愿望。

到了东汉明帝的时候，佛教传入中国。佛教有僧人在正月十五观佛舍利、点灯敬佛的做法。汉明帝提倡佛教，就命令在这一晚皇宫和寺庙里都要点灯敬佛，京城里面的士族庶民也要挂起灯笼。据说，这就是元宵赏灯传统的源头。

魏晋以后，人们对元宵节越来越重视，尤其是统治者们，都将这天视为宣示太平盛世，炫耀自己文治武功的好时机。隋炀帝曾用盛大的张灯晚会，来招待万国使节；唐玄宗也大办灯会，来显示"开元盛世"的奢豪与气度；两宋时，开封、临安的元宵庆典，每年都火树银花，彩灯盈天，奢华至极；明代，朱元璋曾下令连续张灯十夜，让百姓尽情狂欢……

在民间，人们赋予了元宵节更多的内涵，关于赏花灯就有很多有趣的传闻。

相传，上古的时候，有很多恶禽

猛兽出来祸害百姓，人们便召集神射手前去射杀。一不小心，将玉帝镇守南天门的神鸟杀死了。玉帝大怒，下令天兵天将在正月十五这天，放下天火，焚烧人间。

玉帝的小女儿可怜天下百姓，便驾着云彩来到人间报信。人们不知如何避灾，愁得不得了。小天女出主意说："玉帝只想让人间变成火海。你们回去都准备好爆竹、灯火，到了那天晚上，将灯笼点起来，爆竹放起来，这样从天上看下来，全是火光一片，玉帝气就消了，你们的灾也就过去了。"

于是，人们按照小天女说的，到了正月十五，家家挂灯笼，放爆竹，红光遍地，焰火冲天。玉帝见了，果然没有再降下灾难。为了庆祝世间得到保全，人们便将正月十五闹花灯的习俗传了下来。

元宵节花灯的种类很多，有龙灯、宫灯、纱灯、花篮灯、走马灯……它们做法精致，形式优美，既好看，又好玩。

有些地方，人们还会在灯上贴上各种谜题，让赏灯的人来猜。这些有趣的谜题，增添了节日的欢快氛围，也锻炼了大家的头脑，最受小朋友们喜爱。

关于灯谜，也有故事：古代有个大财主，为富不仁，常常欺负穷百姓。有个秀才看不过去，便在元宵节的时候，在灯笼上写了一首谜题，到财主家门前大声念起来：

头尖身细白如银，称称没有半毫分。

眼睛长到屁股上，光认衣裳不认人。

财主听了大怒，拉住秀才理论，说他讽刺自己。秀才却笑嘻嘻地说："我可没嘲讽谁，这是让大家猜谜呢？不信你们猜猜！"大家猜不出来，面面相觑。这时，一个小孩高声叫道："我知道啦！谜底是针！"人们听了，略加思索，果然是这样，纷纷称赞道："有意思，有意思，的确是谜语，谜底就是针。"

财主没办法，只好放了秀才。人们觉得这做法十分有趣，便纷纷效仿，久而久之形成了猜灯谜的文化。

元宵节，吃元宵，这种习俗已经形成了上千年。唐代的记载中就有在元宵节吃"面茧""圆不落角"的地方风俗。到了宋代，煮浮元子更是庆祝元宵节必不可少的环节。一般认为，浮元子就是元宵的前身。

如今，人们因地域和做法的区别，一般将这种元宵节美食，区别为"元宵"和"汤圆"。在北方，多称之为元宵，做法是先调好馅料，然后放在米粉中滚制而成；在南方，则多称之为汤圆，一般都是和好馅、做好皮，再包制而成。

春龙节：二月二日新雨晴

原典

二月二日新雨晴，草芽菜甲一时生。轻衫细马春年少，十字津头一字行。

——唐·白居易《二月二日》

日头欲出未出时，雾失江城雨脚微。天忽作晴山卷幔，云犹含态石披衣。烟村南北黄鹂语，麦垅（lǒng）高低紫燕飞。谁似田家知此乐，呼儿吹笛跨牛归？

——宋·王庭珪《二月二日出郊》

二月初二，灯照房梁；蝎子蜈蚣，无处躲藏。

——俗语

民俗探源

农历二月初二，是春龙节，俗称"龙抬头"。这是万物复苏，人们开始春耕、播种的好时节。传说中，沉睡的龙王在这天苏醒，他们抬头上天，兴云布雨，降下新春的第一场雨。春雨一降，则阳气回升，大地解冻，虫儿开始复苏，鸟兽都活跃起来，天地间又焕发出勃勃生机。

春龙节的诞生，是从人们最早观察天象开始的。古代中国人将黄道附近的星象划分为二十八组，即二十八星宿。其中位于东方的角、亢、氐、房、心、尾、箕七宿组成苍龙星宿。角宿为龙角，亢宿为龙喉，氐宿为龙爪，房宿为龙腹，心宿为龙心，尾宿、箕宿为龙尾。

这些星宿春天自东方夜空升起，秋天自西方夜空落下，经过长期观察，人们发现它们的运行周期与耕作周期基本一致。二月初二前后，入夜人们就能看到苍龙星宿正在东方升起，最先冒出一个头角，所以便将这日定为"龙抬头"，此时恰值春耕，故又称其为"春龙节""春耕节"……

在民间传说中，发现这一现象的正是我们的人文始祖伏羲。伏羲非常重视农桑，所以到了这天，他就要御驾亲耕，他的妻子也会亲自到田里送饭。后来，黄帝、尧、舜、禹等先民领袖们纷纷效仿，到了注重礼仪的周朝，便将这作为一项重要的礼仪来施行。那时，周天子要在这天举行盛大的耕种仪典，文武百官、各地诸侯们也要亲自耕种一亩三分地，以表示对农耕、对民生的重视。

汉代以后，这种风俗也在民间流行起来，人们还会在这天舞龙求雨、祭拜龙王。唐宋之际逐渐发展，到了元明之时"二月二，龙抬头"已经成为大节日，有了撒灰引龙、扶龙、熏虫避蝎、剃龙头等种类繁多的风俗活动。

中国民间有种说法，叫"正月不剃头，剃头方舅舅"，就是说正月的时候剃头，会给舅舅带来不好的运气。所以，大人、小孩一般避免在正月剃头理发。正月一过，到了二月二，正是龙抬头的好日子，故而在这天理发也叫"剃龙头"，为小孩子理发又叫剃"喜头"。这是说借龙抬头之新气，保佑孩子健康成长，长大以后龙腾九天，出人头地。

春龙节，各地还有形式不同的"引龙"习俗。其中，以引田龙较为常见。这天早上，天蒙蒙亮，大家就打着灯笼到井边或河边担水，回到家后，便点灯、烧香、上供，以祈盼神龙前来享用春水，同时带来吉庆。

还有些地方，人们在大清早，用草木灰从自家门口，一直撒到河边，再用谷糠撒回家门，意为送走灰龙，引回黄龙。灰龙带走家中的陈腐气、坏运气，而黄龙则带来精神气，富贵气，保佑一家人财两旺，无病无灾。

在北方一些地区，流传着"二月二，龙抬头；大仓满，小仓流"的民谣。这天清晨，农民都会早早起床，从自家锅灶底下掏一筐烧柴禾余下的草木灰，在院子里用草木灰围出一个个圆来，称之为"围仓"或"围粮囤（tún）"。围好粮囤后，把家中的粮食虔诚地放在中间，还有意撒在仓的外围，象征当年的大丰收，粮食多得连粮仓都装不下。

在二月初二这天，一般妇女们不做针线活，这是因为苍龙要抬头观望天下，动针会刺伤它们的眼睛。人们起床后，将针线收好，然后拿着灯笼照房梁、屋梁，一边照，一边念叨："二月初二，灯照房梁；蝎子蜈蚣，无处躲藏。"据说这样照了以后，房屋各处就不会再生毒虫。

此外，有些地方还要拿着长竹竿，到屋外四面敲打房梁、屋脊，也是为了惊走毒虫，使其不能伤人。

二月二，吃龙食的风俗，已经有几百年历史了。人们相信这天"龙威大发"，饮食沾上它的名字，就能给自己带来福气。于是，便在这天，将吃面条称为"吃龙须"，将吃春饼称为"吃龙鳞"，将吃饺子称为"吃龙耳"，将吃猪头肉称为"食龙头"……

很多地方，二月二这天都有炒食苞谷或黄豆的习俗，称之为"炒金豆"。

清明节：百草千花寒食路

原典

清明时节雨纷纷，路上行人欲断魂。借问酒家何处有，牧童遥指杏花村。

——唐·杜牧《清明》

几日行云何处去？忘却归来，不道春将暮。百草千花寒食路，香车系在谁家树？泪眼倚楼频独语。双燕来时，陌上相逢否？撩乱春愁如柳絮，依依梦里无寻处？

——五代·冯延巳《蝶恋花》

清明前后，种瓜种豆。清明谷雨紧相连，浸种春耕莫迟延。

——谚语

民俗探源

　　清明节又称踏青节、祭祖节等，它在每年的公历 4 月 5 日左右，是我国传统的春祭日。在这一天，人们都要去扫墓祭祀、缅怀先祖，以表达自己对故去亲人、英雄烈士的感恩和思念之情。此外，清明节正值仲春与暮春之交，百草萌生，碧色成茵，也是人们举行踏青、郊游等活动的极好时机。

　　因此，清明节承载着两个不同的重大主题，一是弘扬孝道，传承家国精神；二是亲近自然，感受春和景明，万物滋长之大美。

　　清明节原本是二十四节气之一，位于春分、谷雨之间，此时黄河流域大地回温，草木萌发，杨柳飞絮，梧桐开花，天地间处处都是欣欣向荣之景。因此，民间有很多关于清明与农耕的谚语，如"清明前后，种瓜种豆""清明谷雨紧相连，浸种春耕莫迟延"。

　　而作为祭祀节日的清明，其起源和寒食节有直接关系。寒食节，距今已经有 2600 多年的历史，在这天人们不生火煮饭，而吃冷食。相传这是春秋时代的霸主晋文公为祭祀贤士介子推而定下的规矩。

　　汉代的时候，人们非常重视寒食节，尤其在晋国故地山西一代，有些地方居然要禁火一个月。三国时，魏武帝曹操曾专门下令，取消这种风俗，有违背政令坚持寒食的，主吏、家长都要服刑。到了晋代，寒食节又恢复起来，不过寒食时间都缩短到了三天。也正是在此时，寒食节逐渐走出山西，成为全国性的节日。

　　隋朝时，人们会在寒食节灭火，在接踵（zhǒng）而来的清明生起新火，这两个节日便紧紧联系到了一起。灭旧火，是为了缅怀前人；生新火，是为了佑护生人。

到了唐宋时期，清明节的地位越来越高，内涵越来越丰富，此消彼长，原本作为主体的寒食节，则逐渐沦为清明节的从属。连扫墓、祭祀等习俗，也都被清明节所"抢占"。明清以后，寒食节在民间基本消亡，而清明节则愈为重要，直到今日依然如此。

踏青，即探春、郊游，意指春天到野外游玩，脚踏青草。清明时节，杨柳初绿，草长莺飞，走到田园山野之中赏赏明媚春光，将严冬以来的郁结心气一抒而尽，既能愉悦身心，又可感悟天地之大美，有利于自己的健康，增加人们爱惜大自然之心。

清明前后，气候适宜，植树成活率高，生长也快，所以国人古来有清明植树的习俗。尤其是柳树，在民间传闻中，它有辟邪的功能，故而人们往往在趁着清明插柳、种柳。

清明踏青，还是文人墨客们的挚爱。唐代诗人孟郊《济源寒食》诗中有："一日踏春一百回，朝朝没脚走芳埃。"北宋苏辙也写诗云："江上冰消岸草青，三三五五踏青行。"可见踏青还能令人文思奔涌，催发诗意，的确是一件雅俗与共的好活动。

蹴（cù）鞠是古人在清明前后，经常举行的娱乐活动。鞠，是一种皮球；蹴鞠，就是踢皮球。

清明节荡秋千的风俗，盛行于唐宋之际，其本为寒食节宫廷女子游乐项目。五代王仁裕《开元天宝遗事》载："天宝宫中至寒食节竟竖秋千，令宫嫔辈戏笑以为宴乐。帝呼为半仙之戏，都中士民因而呼之。"

清明节天暖气清，微风拂面，曼妙女郎换上轻衫，闲坐在秋千之上，悠悠荡荡，自然生出无限诗情画意。古来多有描绘清明秋千的诗词佳句，如王涯的"寒食秋千满地时"，苏轼的"墙里秋千墙外道"，欧阳修的"乱红飞过秋千去"，陆游的"秋千蹴鞠趁清明"，等等。

找个风和日丽的天气，坐一坐秋千，读一读古诗佳句，也不失为清明节的一大乐事。

古代斗鸡也是清明节常见的娱乐，这项活动早在春秋时期就已出现，《左传》中就记载着一个因斗鸡而引发的政治剧变：鲁国季氏与国君宠臣郈（hòu）氏因斗鸡而结怨，相互报复，最后导致国家大乱，连国君都被迫出国流亡去了。

到了唐朝时，斗鸡已经成为"热门游戏"，不仅老百姓玩，连王公贵族也争相参与。当然，古代进行斗鸡，可不仅仅是为了看那毛羽纷纷、激烈打斗的场面，也是为了让人们有居安思危之心，学习狭路相逢、敢于斗争的勇气。唐代诗人杜淹就曾咏赞寒食斗鸡："顾敌知心勇，先鸣觉气雄。长翘频扫阵，利爪屡通中。飞毛遍绿野，洒血渍芳丛。虽然百战胜，会自不论功。"

扫墓祭祖是清明节最重大的活动。祭祀之前，一般先准备好纸钱、鞭炮、纸礼品等，到先祖坟前，一边送上礼品，一边追忆他们的生前事迹、养育恩情，表达自己的缅怀

悼念之情。同时也要教育晚辈后生们，不要忘了前人的恩典，不要抛弃祖宗的教诲，要恪守孝悌之道，保持内外和睦，使家族经久不衰。

以前，清明祭祖都要焚烧大量纸钱、冥器，这样虽然展现孝心，却不安全、不环保。所以，如今人们大多只是整理墓地，以鲜花、果品进行祭拜，然后默祷祈祝，这也应了孔子"礼宁俭，丧宁戚"的教导。

端午节：粽包分两髻，艾束着危冠

原典

重五山村好，榴花忽已繁。粽包分两髻，艾束着危冠。旧俗方储药，羸（léi）躯亦点丹。日斜吾事毕，一笑向杯盘。

——南宋·陆游《乙卯重五诗》

异乡逢午节，卧病此衰翁。竹笋迸新紫，榴花开小红。山深人寂寂，气润雨濛濛。煮酒无寻处，草蒲在水中。

——宋·郑刚中《重五》

京师市尘人，以五月初一为端一，初二为端二，数以至五谓之端五。

——宋·陈元靓《岁时广记》

仲夏端五，方伯协极。享用角黍，龟鳞顺德。

——西晋·周处《风土记》

民俗探源

农历五月初五，为端午节。"端"是开端、初始的意思。《岁时广记》说："京师市尘人，以五月初一为端一，初二为端二，数以至五谓之端五。"而"午"则与五相对应——在天干地支计时中，五月即为"午月"。除此之外，端午还有端阳、重五、重午等多种称谓。这个节日的历史内涵非常丰富，各地习俗也多种多样，其中最主要的是纪念屈原沉江，体现人们对高洁的个人操守与爱国主义精神的认可和崇敬。

端午节本源自上古天象崇拜，五月之初，苍龙七宿飞升至正南中天，先民常在此时举行祭祀龙神活动。而在五月之初的日期中，初五日数与月数相重，又是天干地支纪年中的阳辰，显得格外整齐、吉庆，所以被称为"重午""端阳"，逐渐成为节日。

后来，又有很多发生在端午日的历史典故、逸闻传说，让这个节日的内涵变得越来越丰富，庆祝方式、民间习俗也越来越多样。

早在春秋战国之时，就有"五月五日，生子不举""五月到官，至免不迁"等说法，有些人认为五月阳气过盛，毒虫肆虐，疫病滋生，是个不祥之月，所以应该在此时"避五毒""躲端午"，端午节也是在这些规避仪式中形成的，成为我国最重要的传统节日之一。秦朝统一以后，大范围的经济文化交流使得端午风俗逐渐趋于一致。此后，历朝历代它都受到人们的重视，还不断有很多新的风俗加入进去，使端午文化越来越兴盛、越来越多样。

赛龙舟是端午节最重要的民俗活动之一，在中国南方地区尤为盛行。关于其起源，多为纪念屈原之说。梁代吴均《续齐谐记》记载："楚大夫屈原遭谗不用，是日投汨罗江死，楚人哀之，乃以舟楫拯救。端阳竞渡，乃遗俗也。"

端午之际，天气开始燥热，毒虫开始活跃起来，疫病也更易于流行。所以，人们要采取各种各样的防病、卫生措施，门头插艾草就是其中一种。

艾草，又名艾蒿、家艾，是一种常见植物，它的枝叶含有挥发性芳香油，气味浓烈，有驱赶蚊蝇、虫蚁，净化空气的作用。菖蒲，是一种水生植物，常见于沼泽、溪流中，根茎可制香料，也可以驱逐蚊虫。所以，很久以前，民间就在端午节这天，将它们挂在门框、墙壁之上，来驱赶毒虫、害虫。

饮雄黄酒也是端午节一个常见的风俗。据说，屈原沉江以后，江两岸的老百姓害怕水中鱼虾伤害他的躯体，纷纷向里面投入食物，有投入粽子的，有投入鸡蛋的……还有一位老医师，拿了一坛雄黄酒倒入江里，说是酒中有雄黄，蛟龙喝了都被药晕，就无法伤害屈大夫了。人们听了，也纷纷配制起雄黄酒来，端午节时拿出来喝，既是纪念屈原，也为防虫防病。

在中国传统文化中，青、红、白、黑、黄五色为五方、五行之色，被视为吉瑞。端午节时，大人以五色丝线系在小孩儿手臂上，据传可以驱邪。

粽子，古称"角黍（shǔ）"，传说是为了纪念投江的屈原而发明的。端午节吃粽子的习俗，在魏晋时代就已经十分盛行，西晋的《风土记》记载："仲夏端五，方伯协极。享用角黍，龟鳞顺德。"到了唐宋时，粽子已有成名食品，而且种类繁多，苏轼曾有诗写道："时于粽里见杨梅。"到了明清时，粽子还被视为吉祥食品，如读书人赶考之前，家里都会给他们包长长的"笔粽"，希望能在考场上带来好运。

七夕节：坐看牵牛织女星

原典

银烛秋光冷画屏，轻罗小扇扑流萤。天阶夜色凉如水，坐看牵牛织女星。

——唐·杜牧《秋夕》

纤云弄巧，飞星传恨，银汉迢迢暗度。金风玉露一相逢，便胜却人间无数。柔情似水，佳期如梦，忍顾鹊桥归路！两情若是久长时，又岂在朝朝暮暮。

——宋·秦观《鹊桥仙》

民俗探源

农历七月七日，是我国传统节日——七夕节，也称乞巧节、七巧节、女儿节、魁星节等。这是一个最初为女子而设，以牛郎织女的爱情故事为依托，极具浪漫色彩的节日，自来被视为我国本土的"情人节"。

2006 年，七夕节被列入第一批国家级非物质文化遗产名录。它寄托着人们对美好爱情的渴望，对男女之间相濡以沫、不离不弃、白头偕老的忠贞感情的向往。

众所周知，七夕节源于牛郎织女的故事，而这个故事最初则起源于人们的星辰崇拜现象。牛郎星，即牵牛星，位于银河之东；织女星，位于银河之西。夏秋相交之际，它们在星空中显得格外明亮、耀眼，宛如隔河相对的恋人一般。再加上，牵牛星旁边有两颗黯淡的小星，如被扁担挑在两边一样；织女星旁边有四颗较暗的星星，宛如一个平行四边形的梭子。人们望着这样的星象图，逐渐演绎出了一个凄美的爱情故事。

牛郎织女的故事形成极早，在《诗经·小雅·大东》中就有了牵牛、织女的称谓。战国晚期的《日书》中，有"牵牛以取织女而不果"的说法。汉朝的《古诗十九首》中，更是将牵牛、织女的分离之苦，写得感人至深，"盈盈一水间，脉脉不得语"读之令人心酸。

至于七夕节的乞巧活动，最早的记载是在《西京杂记》中："汉彩女常以七月七日穿七孔针于开襟楼，人俱习之。"可见在汉代，这一活动已经在宫中盛行。唐代时，《开元天宝遗事》详细记载了宫中的乞巧仪式：七夕夜，唐玄宗与杨贵妃在清华宫游宴，夜里宫女们盛陈瓜果、鲜花、酒馔（zhuàn），列于亭中，乞求于牵牛、织女，又各捉蜘蛛，闭于小盒中，第二日视蛛网疏密，密者言巧多，稀者言巧少，引得民间纷纷效仿。

唐宋以后，涌现出很多吟咏七夕的诗词佳作，如孟浩然的《他乡七夕》，秦观的《鹊桥仙》，李清照的《行香子》等，这些凄婉幽怨，饱含离情思绪的诗歌，进一步增加了七夕的浪漫色彩，使它与爱情、与思念、与离别紧紧联系在一起。

此外，七夕节还是"魁星爷"的生日。魁星，是北斗七星的第一颗，在古代的星象学说中主掌读书、考试，所以古代士子将中状元称为"一举夺魁"。因此，读书人将七夕节称为"魁星节"，并在这天进行祭拜，祈求自己考试顺利。

传说织女善于织布、裁衣，织出的锦缎天下无双，做出的衣服漂亮无比，所以女孩们都希望能在七夕节这天得到她的指点，增加一点儿灵巧，这就是"乞巧"的含义。

乞巧时，少女、少妇们三五成群，一起到高楼上或空地中，在月光下摆上一张桌子。桌子上放着茶、酒、水果、鲜花等祭品，再放上一个小香炉。到了入夜星明人静之时，大家便焚香祭拜，许下自己的愿望。礼拜仪式结束之后，大家就可以围在桌子旁，一边吃花生、瓜子等零食，一边聊天、讲故事了，直到深夜方各自散去。

除此之外，还有几种专门的乞巧游戏：

穿针乞巧：即女子们进行穿针比赛，大家准备好彩绳、七孔针、果品等，聚在比赛的场所，最好是月光能照到的高楼上。比赛开始时，映着月亮用彩绳穿七孔针，谁穿得越快，谁乞到越多的巧；穿得慢的，要"输巧"，将自己带来的果品输给赢者。

喜蛛应巧：七夕之夜，女孩们准备好小纸盒，将蜘蛛放入盒中，对着织女星许愿。等到第二天早上，大家一起打开纸盒，看谁的蜘蛛在盒子里结网了，便是乞到了巧。蜘蛛网越密，乞到的巧就越多，说明女子手会越来越巧；蜘蛛网稀疏，则预兆女子手拙。

投针验巧：这是由穿针乞巧演化而来，盛行于明清之际的乞巧活动。《帝京景物略》中描述说，七月七日正午丢巧针。妇女将一小盆水晒在阳光下，等水的表面呈现膜状的时候，将针轻轻放在水面，这时针不会下沉，盆底会出现针的影子。若是针影弯曲成各种形状，看上去像花鸟、兽头、剪刀、鞋子等等，就是乞巧成功了；若针影直愣愣的一条黑线，那就是乞巧失败了。

在某些地区，人们也用"巧芽"来代替巧针。巧芽，即七月前后，以谷种浸水，生出的小芽芽。《武定府志》载："七月七日，女子以谷种浸水，曰生巧芽。"巧芽映在水里的影子越是复杂、越是好看，乞巧就越成功。除了验巧以外，巧芽还可以食用，民间有喝巧芽汤、吃巧芽包子的习俗。

相传，在七夕之夜，牛郎织女相会于鹊桥之上相互倾诉思念之情，这时下界的人若躲在葡萄、黄瓜等藤蔓架下，就能听到他们的喁（yú）喁私语。所以每到这天晚上，少女们常常一起躲在葡萄架下，一边感受着夏夜的静谧（mì）美好，一边倾听来自天上的情话。如果真的听到了"天语"，那日后便能获得属于自己的千年不渝的爱情。

中元节：饿节囚徒亦得解脱

原典

四孟逢秋序，三元得气中。云迎碧落步，章奏玉皇宫。坛滴槐花露，香飘柏子风。羽衣凌缥缈，瑶毂（gǔ）转虚空。久慕餐霞客，常悲习蓼（liǎo）虫。青囊如可授，从此访鸿蒙。

——唐·卢拱《中元日观法事》

江南水寺中元夜，金粟栏边见月娥。红烛影回仙态近，翠鬟光动看人多。香飘彩殿凝兰麝，露绕青衣杂绮罗。湘水夜空巫峡远，不知归路欲如何。

——唐·李郢《中元夜》

七月中元日，地官降下，定人间善恶，道士于是夜诵经，饿节囚徒亦得解脱。

——《修行记》

民俗探源

中元节，又叫"鬼节"，是中国传统的祭祖节日。在这天，人们焚香、上贡、烧纸钱，来祭奠祖先。

七月十五是一个以"孝"为主题的祭祀日，是人们表达对祖先的感恩和缅怀之情的日子。

七月半祭祀先祖的风俗，可以追溯到上古时代。此时谷稻初熟，人们以新米供奉，向上天、祖先报告收成，并举行祭祀先人的仪式，久而久之便形成了特定节日，其文化核心是敬天祭祖。

道教出现后，有"三元说"，其中中元是地官赦罪之日。《修行记》中载："七月中元日，地官降下，定人间善恶，道士于是夜诵经，饿节囚徒亦得解脱。"即在这天进行祭祀，可以赦免亡魂的罪过，使逝者得到安息。

佛教则称七月半为"盂兰盆节"。"盂兰"是梵语，译作"倒

悬"；盆是指供品的盛器，佛法认为供此具可解救已逝去父母、亡亲的倒悬之苦。故而，佛徒在这天举行"盂兰盆法会"供奉佛祖和僧人，济度六道苦难，以及报谢父母长养慈爱之恩。南北朝时，梁武帝萧衍曾在这天，举行盛大的仪式；唐太宗时，也曾在宫内举办盂兰盆会。

宋代以后，中元节和盂兰盆节相互融合、吸收，赋予了这一天越来越深刻的意义。

如今我们过中元节，主要有三种主题：一是感恩先祖，弘扬孝道；二是推己及人，关爱众生；三是慎终追远，反省自己。

中秋节：月到中秋分外明

原典

天子春朝日，秋夕月。朝日以朝，夕月以夕。

——西汉·戴圣《礼记》

闲吟秋景外，万事觉悠悠。此夜若无月，一年虚过秋。

——唐·司空图《中秋》

中庭地白树栖鸦，冷露无声湿桂花。今夜月明人尽望，不知秋思落谁家。

——唐·王建《十五夜望月》

民俗探源

农历八月十五是中秋节，也称"仲秋节""追月节""团圆节"等，它是一年秋天的正中，也是人们丰收、团聚的日子。每到中秋节时，秋高气爽，天淡云清，夜里明月高悬，谷稻飘香，人们团聚在一起，饮酒赏月，或遥寄乡思，或追念往事，或祈盼幸福。小朋友们，还能听大人讲各种有关中秋、月亮的神话故事，一边吃着月饼，一边畅想月宫中的美景，即便很多年以后，都会忆起这最美好的时刻。

中秋节的最初起源，一般认为是上古时期的"祭月"和"秋报"活动。

中华文明很早就形成了祭天、祭地、祭日月的风俗。《礼记》中记载："天子春朝日，秋夕月。朝日以朝，夕月以夕。""夕月"就是祭祀月亮，说明在秋季月圆时祭月由来已久，周朝时已成定制。

"秋报"即以新收谷稻进行祭祀，来感谢天地、神灵、祖先的养育庇佑之情。一年有三秋，七月孟秋，八月仲秋，九月季秋，而八月十五是秋季的正中间，故古人常在此时举行"秋报"活动。

汉代时，中秋活动逐渐丰富起来。官府常在中秋或立秋之日举办敬老、养老，赐以雄粗饼的活动；民间老百姓也在中秋欣赏明月，寄托团圆、和美的愿望。

到了唐代，中秋节开始成为全民性的节日。《唐书·太宗记》记载有"八月十五中秋节"。当时涌现了很多中秋咏月的诗篇，并常将中秋与嫦娥奔月、吴刚伐桂、玉兔捣药、唐明皇游月宫等神话故事结合起来，使之充满浪漫色彩。

到了宋代以后，民间对中秋节更为重视。《东京梦华录》记载："中秋夜，贵家结饰台榭，民间争占酒楼玩月，丝簧鼎沸。近内庭居民，深夜遥闻笙竽之声，宛若云外。闾里儿童，连宵嬉戏，夜市骈阗，至于通晓。"

如今，随着中华文化的传播扩散，中秋节也早已走出国门，海外华人、华侨，以及受中国文化影响较深的东南亚地区都有中秋庆祝传统。

祭月在我国是一种十分古老的习俗，从皇室到民间都有祭月活动。皇室祭月，礼仪繁复盛大，很多祭月的寺庙至今仍有保留，如建于明世宗嘉靖年间的月坛，就是皇家祭月场所。

中秋祭月之时，人们在月下设大香案，摆上月饼、西瓜、苹果、李子等祭品，全家依次拜祭月神，祈求赐福。祭拜之后，以供果馈赠亲朋好友，以示祝福。明代《帝京景物略》记载："八月十五祭月，其祭果饼必圆……家设月光位于月所出方，向月而拜，则焚月光纸，撤所供，散之家人必遍。月饼月果，戚属馈相报，饼有径二尺者。女归宁，是日必返其夫家，曰团圆节也。"

祭月体现了中国人民对美好生活、家族团聚、亲人安好的渴望。

八月桂花遍地开，中秋节是赏月的最佳时间，也是赏桂的最佳时节。所以，桂花也成了中秋必不可少的元素。闲坐桂树旁，喝着清凉的桂花酒，吃着松甜的桂花糕，如此才能品味到最美的中秋。

在北京一带，流传着拜兔儿爷的中秋习俗。兔儿爷既是老北京的吉祥物，也是老北京城的保护神，传说他能赐给人们平安和吉祥。从明代起，老北京就有自家请兔儿爷、给亲朋好友送兔儿爷的习俗，请兔儿爷就是请平安，送兔儿爷就是送吉祥。

月饼，又称"月团""小饼"等，是中秋

节最重要的食品，八月十五吃月饼已经有上千年历史了，宋代著名大诗人、美食家苏东坡就曾写道："小饼如嚼月，中有酥与饴。"

月饼种类繁多，做法多样，清人袁枚《随园食单》介绍道："酥皮月饼，以松仁、核桃仁、瓜子仁和冰糖、猪油作馅，食之不觉甜而香松柔腻，迥异寻常。"如今的月饼，有甜有咸，有软有酥，有果仁味的，有枣泥味的，有蛋肉的，甚至有以海鲜为馅的，可以让有各种偏爱的人都大饱口福。

重阳节："登高节""菊花节"

原典

独在异乡为异客，每逢佳节倍思亲。遥知兄弟登高处，遍插茱萸少一人。

——唐·王维《九月九日忆山东兄弟》

薄雾浓云愁永昼，瑞脑消金兽。佳节又重阳，玉枕纱厨，半夜凉初透。东篱把酒黄昏后，有暗香盈袖。莫道不销魂，帘卷西风，人比黄花瘦。

——宋·李清照《醉花阴》

民俗探源

农历九月初九是重阳节，又称"登高节""菊花节"，此时天气渐凉，秋风清爽，群花残谢，唯有金菊争妍竞放，独洒芳香。人们在这一天，登上高山，极目远望，思怀亲人、朋友，又插茱萸叶，饮菊花酒来祈寿祈福。

登高赏秋与感恩敬老是重阳节活动的两大主题，近年来人们尤其重视后者。因为"九九"与"久久"同音，人们认为重阳这天自带"长长久久"的美好寓意，所以又将重阳节称为"老人节""敬老节"，在全社会倡导尊老、敬老、爱老、助老的风气。

"重阳节"之名，来自古代的阴阳五行学说。一、三、五、七、九为阳数，二、四、六、八、十为阴数，九是最大的阳数，九月初九是两个最大的阳数相重，所以叫"重阳"。

重阳节的源头，众说纷纭，一般认为是古代在九月举行的祭祀仪式。《吕氏春秋·季秋纪》记载："（九月）命家宰，农事备收，举五种之要。藏帝籍之收于神仓，祇（zhī）敬必饬。是日也，大飨帝，尝牺牲，告备于天子。"可见，在当时的九月要举办盛大的祭天、祭祖、庆丰收活动。但这时的庆祝活动，还未在民间普及，形式也仅仅是祭祀后的宴饮。

到了汉代，重阳节才逐渐在民间普及。据《西京杂记》记载，戚夫人的一个侍女贾氏，流落民间，嫁给贫民，在重阳节这天对大家说："在皇宫中，每年九月初九，都要佩茱萸、食蓬饵、饮菊花酒，以求长寿。"大家这才知道这些习俗，于是开始效仿。

魏晋时期，重阳节节日氛围渐浓，文人墨客有很多相关记叙。魏文帝曹丕在《九日与钟繇书》中曾这样描述："岁往月来，忽复九月九日。九为阳数，而日月并应，俗嘉其名，以为宜于长久，故以享宴高会。"大诗人陶渊明也在《九日闲居》诗序文中说："余闲居，爱重九之名。秋菊盈园，而持醪（láo）靡由，空服九华，寄怀于言。"

到了唐代，重阳节被定为正式节日。从此以后，宫廷、民间一起庆祝，举办各种各样的活动。

宋代时，重阳节更为热闹，《东京梦华录》记载：这天京城要举办盛大的赏菊活动，各式各样的菊花争相斗艳，街畔的商家、酒家都以菊花环饰门窗；老百姓们成群结队地到郊外登高、聚会；人们还会相互赠送用粉面蒸的糕点；各大寺院还有斋会、狮子会，僧人们为前来祈福的信徒讲经说法……

明清时期，宫里的宦官宫妃在九月初一就开始吃花糕庆祝，到了初九日，皇帝亲自率众人到万岁山登高览胜，以畅秋志。京城的老百姓，则都把菊花枝叶贴在门窗上，以解除凶秽，招祈吉祥。

近代，人们更加重视重阳节，重视它尊老感恩的文化内涵。2006 年，经国务院批准，重阳节被列入我国第一批国家级非物质文化遗产名录。2013 年 7 月实施的《老年人权益保障法》中明确规定，每年的农历九月初九为全国"老年节"。

登高是重阳节最为应时的活动，此时炎热的天气刚刚过去，正秋高气爽、云淡风轻，登上高处远眺，视野极为广阔，心胸也顿时开阔起来。故重阳登高，既能伸展筋骨，锻炼身体，又能纾解郁结、舒展心志。

另外，古人认为重九之日，天气下降，地气升腾，阴阳二气相交，不正之气弥漫。要避免这种不正之气的侵袭，也应到高处去避一避。所以，登高也有避灾、祈福的含义。

再者，登高能望远，古代游子羁旅在外，重阳节不能还乡，便登上高处，远望故乡的方向来寄托对亲人、对朋友的思念之情。古人就留下了很多重阳节登高寄托乡思之作，如卢照邻的《九月九日登玄武山》，王维的《九月九日忆山东兄弟》，杜甫的《九日》等。

百花之中，菊花独具风格，它开在深秋，不与百花争艳；它傲立西风，不畏寒露严霜；它清香淡雅，艳而有节。所以自古以来，人们就赋予菊花长寿的意蕴，又将其视为廉士、隐士的象征。重阳节赏菊习俗由来已久，在汉代人们就开始在这天赏菊、酿菊花酒。而将其发扬光大的，则是东晋大诗人陶渊明。

陶渊明一生洁身自好，不为五斗米折腰，辞官以后便养菊为趣，以菊为伴，还写下了流传千年的名句"采菊东篱下，悠然见南山"。后世之人敬重他，将他奉为"九月花神"。

茱萸是一种常绿带香的植物，有杀虫消毒、祛除风寒的功用，所以人们又叫它"辟邪翁"。古人在九月九日登高的时候，头上都要插着一片茱萸叶或是佩戴茱萸做成的香包，相信这样便能避开厄运，获得一年的平安。

糕与"高"同音，吃糕意喻步步高升。早在汉代之时，人们就已经开始在重阳节吃糕了，那时的重阳糕被称为"黍糕"或"蓬饵"。唐代又有"菊花糕"。宋代吃糕之风大盛，人们在重阳节，用各种米做出各种特色的重阳糕。《武林旧事》中就有记载，有种菊糕以糖肉、秫面杂糅而成，表层还要加上肉丝鸭饼，并以石榴籽点缀。

冬至节：冬至阳气起

原典

邯郸驿里逢冬至，抱膝灯前影伴身。想得家中夜深坐，还应说着远行人。

——唐·白居易《邯郸冬至夜思家》

今日日南至，吾门方寂然。家贫轻过节，身老怯增年。毕祭皆扶拜，分盘独早眠。惟应探春梦，已绕镜湖边。

——南宋·陆游《辛酉冬至》

民俗探源

冬至节又名"冬节""长至节"，它既是二十四节气之一，也是民间非常重视的一个传统节日，古时就有"冬至如大年"的说法。人们在这一天，吃饺子、吃馄饨、祭天祭祖、为圣人祝寿。

冬至节的习俗各地不同，但寄托的深意则都是一样的：感恩先祖、崇敬圣贤、养生祈寿。

冬至，始于节气。这一天是太阳直射南回归线的日子，北半球黑夜最长，白天最短，而且越往北天就越短。我们的祖先很早就注意到这些现象了。商代时，中国人已经能通过圭表测量日影，以确定冬至了。

人们认为冬至这天是阴气已到极致，阳气开始回升的时刻。所以，周秦时期，历法曾以冬十一月为正月，以冬至为岁首过新年。《后汉书·礼仪志》中就说："冬至阳气起，君道长，故贺。"宋代邵雍也作诗解释冬至为："今年初尽处，明日未来时。"

阳气初生，自然是个吉庆的日子，因此历朝历代都有冬至"拜冬"的习俗。汉代"拜冬"最简单，《后汉书》记载："冬至前后，君子安身静体，百官绝事，不听政，择吉辰而后省事。"即朝廷上下都放假休息，百官不用处理政事，边塞关闭，军队待命，商旅停业，大家只需好好放松身心。

唐宋之际，冬至就很繁忙了。皇帝要带领百官举行祭祀大典，民间也有各种庆贺活动。《武林旧事》中曾详细描绘："朝廷大朝会庆贺排当，并如元正仪，而都人最重一阳贺冬。车马皆华整鲜好，五鼓已填拥杂遝（tà）于九街。妇人小儿，服饰华炫，往来如云。岳祠城隍诸庙，炷香者尤盛。三日之内，店肆皆罢市，垂帘饮博，谓之'做节'。"

明清两代的冬至依然很重要，皇帝会到郊外去举行祭天大典，即"冬至祭天"。清朝还曾规定，每年元旦、冬至和皇帝诞辰为"三大节"。

冬至日这天，朝廷要举办祭天典礼。明清时期，典礼一般在天坛举行，仪式非常隆重，皇帝要在前一天移驾斋宫，进行沐浴，次日身着礼服，率领百官，进献牲畜礼品。献礼时，升火悬灯，钟鼓齐鸣，还有专门的祭司唱迎神曲，请神牌；皇帝、百官则行大礼，祈求天神赐福，保佑国泰民安。

民间百姓则在这天前往墓地祭祖。人们为先祖坟墓填土、竖碑，然后燃香、烧纸、摆放供品，希望他们能在另一个世界得到安息，并赐福家族，保佑生者福寿康宁。

阳气生于冬至，人生始于先祖，在冬至祭祖传承的就是孝道，这是中华文化之根。

在北方的一些地方，冬至节有"拜圣寿"的习俗。圣，就是圣人，对于读书人来说就是孔夫子。拜圣寿，即为圣人祝寿。古代人们曾以冬至为一年的开始，所以在这天庆祝圣人又增加了一岁。

祭拜圣人的时候，有时悬挂圣人的画像，有时摆设木主牌位。有些地方，由当地的老教师，率领学生们一起祭拜；有些地方则由村子中德高望重的长者来主持拜祭仪式。

拜圣寿，主要是为了表达人们的尊师重道之情。除了读书人，其他行业也有在这天祭拜自己的"祖师爷"的，譬如医生拜张仲景，木匠拜鲁班等。

中国旧时风俗，从冬至起就算进九了，连数九个九天之后，冬天就过去了。所以在冬至这天，人们开始绘挂"九九消寒图"。

九九消寒图形制很多，有的是一幅双钩描红书法，上写九个繁体大字：亭前垂柳珍重待春风。其中每个字都有九画，从冬至开始，每天描画一笔，等全部描画完时，寒冬逝去，春回大地。

冬至吃饺子，是由来已久的老习俗，在北方特别盛行，人们常说"冬至不端饺子碗，冻掉耳朵没人管"。

腊八节：腊八粥、腊八蒜

原典

腊日常年暖尚遥，今年腊日冻全消。侵陵雪色还萱草，漏泄春光有柳条。纵酒欲谋良夜醉，还家初散紫宸朝。口脂面药随恩泽，翠管银罂下九霄。

——唐·杜甫《腊日》

平生腊八日，借钵受斋麋。客路岁将晚，旅庖（páo）晨不炊。持杯从破律，遣兴自吟诗。何日依禅宿，钟鱼自有时。

——宋·张耒《唐辰腊八日大雪》

民俗探源

农历十二月，又称"腊月"，腊月初八，是我国传统的腊八节，俗称"腊八"。腊八节在我国有着非常悠久的历史。在这一天，人们做腊八粥，腌腊八蒜，祭祀先祖神灵，祈求丰收吉庆。各大佛教寺院，还有向善男信女们施舍福寿粥的活动。

腊八节起源于古代的腊祭仪式，这是古代先民欢庆丰收，感谢祖先和神灵，以及驱逐瘟疫的祭祀庆典。早在原始社会的晚期，类似的仪式就已经存在了。

在周朝的时候，腊祭主要祭祀对象是八位农业神，祭品包括黍、麦、稻、菽等各种五谷杂粮。到了隋唐之时，祭祀对象增加到上百位，包括三界各类神仙。因为中国自古以农业立国，所以民间对腊祭活动非常重视。老百姓也在此时祭祀自己的祖先。

最初腊祭活动在十二月举行，持续多天，没有固定的日子。汉朝的时候，规定腊日为冬至后第三个戌日；到了南北朝，腊八才正式被确立下来，祭祀仪式都在这天进行。

佛教兴盛起来以后，腊八又被赋予了新的含义——佛祖释迦摩尼得道之日。所以佛徒们都要在这一天举行纪念活动，寺院会煮杂粮粥，名曰"福寿粥"，施舍给善男信女们。

宋朝时，喝腊八粥已经成了固定习俗，是腊八节最重要的标志。民间老百姓，也赋予了这个节日、这个习俗更多的故事、更多的意义，有爱国精神、有勤劳节俭、有慈悲感恩等。

自从佛教传入中国，各寺院都在腊八节这天，用香谷和果实做成腊八粥来赠送给门徒和善男信女们。《梦粱录》记载："此月八日，寺院谓之

腊八。大刹等寺，俱设五味粥，名曰腊八粥。"

腊八粥，又称"大家饭""七宝五味粥"等，它是用大米、小米、玉米、薏米、红枣、莲子、花生、桂圆和各种豆类混合煮出的杂粮粥。

腊八粥的文字记载是从宋代开始的。徐珂《清稗（bài）类钞》云："腊八粥始于宋，十二月初八日，东京诸大寺以七宝五味和糯米而熬成粥，相沿至今，人家亦仿行之。"每逢腊八这天，无论朝廷、官府、寺院还是黎民百姓家，都要做腊八粥。到了清朝，这一习俗更是盛行，腊八前夕，皇帝、皇后、皇子等都要向文武大臣、侍从宫女赐赠腊八粥，并向各个寺院发放米、果等熬粥食材。

在北方，尤其是华北地区，腊八节泡腊八蒜的风俗非常流行。腊八蒜以香醋腌制新鲜蒜瓣，蒜瓣在密闭的罐子里会慢慢变绿，最后通体碧绿，如同翡翠碧玉，吃起来酸中带辣，香脆爽口。

"腊八蒜"的蒜字与"算"同音。旧时，进入腊月，各家商号要清算账目，讨要欠款，为了照顾欠债者的颜面，往往不会直说，而是私下送去一小罐腊八蒜。欠债的人看到了腊八蒜，也就心领神会了，人家是想要算账呢，便自觉地将欠钱拿去。老北京城有句民谚："腊八粥、腊八蒜，放账的送信儿，欠债的还钱。"说的就是这件事。

除夕：爆竹声声除旧岁

原典

　　五更钟漏欲相催，四气推迁往复回。帐里残灯才去焰，炉中香气尽成灰。渐看春逼芙蓉枕，顿觉寒销竹叶杯。守岁家家应未卧，相思那得梦魂来。

——唐·孟浩然《除夜有怀》

　　忆昔都城值岁除，高楼张烛戏呼卢。久依净社参尊宿，难向新丰认酒徒。天子未知工草赋，邻人或倩写桃符。夜寒别有穷生活，点勘离骚拥地炉。

——宋·刘克庄《除夕》

民俗探源

　　除夕，又称年三十、岁除，是一年中的最后一天。人们在此时除旧布新，阖家团圆，祭祀先祖。在国人心中，除夕具有特殊的意义，"一年将尽夜，万里未归人"，无论身处何地，大家都要赶回家乡，与亲人团聚，在爆竹声中一起辞别旧岁，在烟花满天时共同迎接新春。

　　"年"的最后一天，被称为"岁除"，岁除的晚上即"除夕"。它是旧岁的末尾，是新年的前夕，是新旧交接之时。人们在这时举行除旧布新的活动。

先秦时，人们会在除夕击鼓，驱逐一种到处散播瘟疫、恐惧的怪兽。久而久之，这种除疫仪式，便演绎出了"除夕"的传说。

相传，古时候有一只叫"夕"的怪兽。它的脾气非常暴躁，每年年尾都要跑到村庄里搞破坏，轻则祸害粮食、家畜，重则伤害老人、小孩，大家都很害怕它。后来，有一位修道的老神仙告诉人们，这"夕"也有害怕的东西，它最怕红色和炸响。只要大家在门上挂上一块红布，它就不敢上门造孽了；假如村子里燃放起烟花爆竹，它就不敢进村子伤人害人了。

村民们遵照老神仙的指导去做，果然将"夕"吓跑了，从此再也不见踪影了。为了庆祝这件事，人们就把"岁尾"称为"除夕"，也就是除去害兽"夕"的日子。

到了两宋时，除夕的庆祝活动就已十分丰盛了。《东京梦华录》记载："近岁节，市井皆印卖门神、钟馗、桃板、桃符，及财门钝驴、回头鹿马之天行帖子。"《梦粱录》也记载："元夕岁旦在迩，铺席有货画门神，桃符，迎春牌儿。"种类繁多的年货，凸显出节日氛围的热闹。

明清之时，除夕习俗已与今日类似。除了购买年画、桃符之类外，人们还蒸馒头、年糕，烧松盆——即用松柏枝与柴杂烧于庭院中，以消除疾疫，祈祷生活红火。家家户户都要"聚坐食饮"，称为"守岁"。守岁的目的是祈求长命。

如今，除夕活动更是丰富多彩，但近年"看春晚"一直是主流。所有华人同欢笑、共喜悦，从南到北、从东到西，家家户户聚在一起，团团圆圆看春节晚会，在幸福与美满中迎来新的一年。

年夜饭，又称"团年饭"，对中国人来说这是一年之尾，最重要，最丰盛的一场团圆盛宴。它起源于古代的年终祭祀仪式，侍奉完神灵，祭祀过祖先，生人们相互团聚、庆祝，品尝美好生活。人们会在年夜饭上，享用各种富有祈福寓意的美食：鱼，寓意年年有余；鸡，寓意生计丰赡；腐竹，寓意生活富足；生菜，寓意得富生财……

年夜饭集中展现了中国人的家族观念，使亲人之间的关系更加紧密，使一个个大家庭消除隔阂、误会，分享幸福、快乐，紧紧团结在一起。在年夜饭中，人们吃的不仅仅是美食，更是喜悦，是祝福，是亲情，是永不能忘的家的味道。

在很多地区，人们每逢过年，都要张贴剪纸窗花。窗花不仅能烘托喜庆的节日氛围，还能给人们带来美的享受，它寄托着家家户户辞旧迎新、接福纳吉的美好期盼，显示了人们对生活的热爱，对幸福未来的向往。

窗花历史悠久，题材丰富，戏曲人物、花鸟鱼虫、山水风景、十二生肖等都是常见的形式。过年时，人们常常以大红纸剪出自己喜爱的图样，再配以"吉祥喜庆""丰年求福""人畜兴旺""阖家欢乐"等祝福话语，张贴在窗子、墙壁之上。

旧时，去别家串门，入室就要先瞧瞧贴的什么窗花，以此得知主人的祈盼。在这方面多几句祝福，必能令主人心花怒放、喜笑颜开，这也是为客的礼节。

大红灯笼，是喜庆的象征，在过年这

个盛大节日里，怎么能少的了它呢！据说从汉代开始，人们就开始挂灯笼，迎新年了，这一习俗一直流传到现在。灯笼红红火火，象征着生活红红火火；灯笼亮亮堂堂，象征着人生光明正大；灯笼挂得高高，象征着家族步步高攀，越来越兴旺。

下元节和寒衣节：或解厄，或荐亡

原典

十月朔……士民家祭祖扫墓，如中元仪。晚夕缄书冥楮，加以五色彩帛作成冠带衣履，于门外奠而焚之，曰送寒衣。

——清·潘荣陛《帝京岁时纪胜》

（十月）十五日，水官解厄之日，宫观士庶，设斋建醮，或解厄（è），或荐亡。

——宋·吴自牧《梦粱录》

十月望为下元节，俗传水官解厄之辰，亦有持斋诵经者。

——胡朴安《中华风俗志》

民俗探源

在中国有很多传统节日，如寒衣节和下元节，都是在中国人心里十分重要的节日。

寒衣节在每年农历十月初一，又称为"祭祖节""冥阴节"，是我国传统的祭祀节日。有关寒衣节的来历，版本有多种，据说最早的是来源于周人的腊祭日，这天要进行隆重的祭祀活动，而时间恰好在农历十月一日，而在之后的《诗经》《唐大诏令集》、宋代的《岁时杂记》、明代的《帝京景物略·春场》中都有记载十月一日祭祀祖先的内容，清朝的《帝京岁时纪胜》有具体提到"寒衣节"时的情形："十月朔……士民家祭祖扫墓，如中元仪。晚夕缄书冥楮，加以五色彩帛作成冠带衣履，于门外奠而焚之，曰送寒衣。"人们在这一天祭扫，纪念逝去的亲人。民间也有传说，认为送寒衣源自朱元璋犒赏将士。朱元璋在南京称帝以后，为了显示顺应天时，在十月初一的早朝，行"授衣"之礼。活着的功臣，赐予锦袍玉带；逝去的臣子，则将衣物烧掉，以示赏赐、悼念。同时，他还将刚刚收获的赤豆、糯米做成热羹、杂粮饭赐给群臣尝新，后来这都成了寒衣节的习俗。

寒衣节体现了中国人"慎终追远"的孝顺传统。如今，随着时代的发展，到野外烧寒衣的习俗不再值得提倡，但我们不能忘记送寒衣的初衷，在扬弃这些旧习俗的同时，要把孝顺之心、敬畏之心保存下来。

农历十月十五，是下元节，这是中国又一个重要的传统节日。

道教曾把一年中的正月十五称为上元节，七月十五为中元节，十月十五为下元节，合称"三元"。汉末道教的重要派别五斗米道崇奉的神为天官、地官、水官，说天官赐福，地官赦罪，水官解厄，并以三元配三官，说上元天官正月十五日生，中元地官七月十五日生，下元水官十月十五日生。这十月十五日就被称作下元节。

下元节在古书记载上有着丰富的说法，根据《中华风俗志》记载："十望为下元节，俗传水宫解厄之辰，亦有持斋诵经者。"这一天，道观做道场，民间则祭祀亡灵，并祈求下元水官排忧解难。古代又有朝廷是日禁屠及延缓死刑执行日期的规定。宋吴自牧《梦粱录》："（十月）十五日，水官解厄之日，宫观士庶，设斋建醮，或解厄，或荐亡。"又河北《宣化县新志》："俗传水官解厄之辰，人亦有持斋者。"此外，在民间，下元节这一日，还有民间工匠祭炉神的习俗，炉神就是太上老君，大概源于道教用炉炼丹。

随着日月的流逝，下元节在民间逐步演化为多备丰盛菜肴，享祭祖先亡灵，祈求福禄祯祥的传统祭祀节日。其中最重要的是享祭祖先，这是对祖先信仰的反映，人类对祖先的信仰，是人类对自身的崇拜。在这个时候人们会进行信仰祖先、祭祀祖先，向祖先的灵魂表示虔敬，目的是祈求祖先庇佑于后代。

第4章　诞生礼俗篇

诞生礼：三日始负子，男射女否

原典

胎教之道，书之玉板，藏之金柜，置之宗庙，以为后世戒。

——西汉·贾谊《新书·胎教》

乃生男子，载寝之床。载衣之裳，载弄之璋。其泣喤喤，朱芾斯皇，室家君王。乃生女子，载寝之地。载衣之裼（tì），载弄之瓦。

——《诗经·小雅·斯干》

妻将生子，及月辰，居侧室，夫使人日再问之，作而自问之，妻不敢见，使姆衣服而对。至于子生，夫复使人日再问之，夫齐，则不入侧室之门。子生，男子设弧于门左，女子设帨于门右。三日始负子，男射女否。

——西汉·戴圣《礼记》卷五十八（内则）

民俗探源

形形色色的诞生礼，寄托着长辈们对新生儿的祝福和希望。所以，新生儿呱呱坠地，迎接他（她）的是一系列诞生礼俗。如报喜、洗三、三朝酒、开奶和悬挂标志等。

报喜。生儿育女、添丁进口，是家庭和家族的一件大喜事。所以当婴儿一落地，孩子的爸爸就要到外婆家、亲友家和邻居家去"报喜"（有的地方叫"报生"）。按照传统习惯，我国各地报喜都要带喜蛋（也叫"红蛋"）。有的地方报喜还要带上糕点、糖、菜肴和鸡。一家报喜，众人祝贺，欢迎新生命的降生。报喜时，带什么鸡很有讲究。送鸡不仅是送礼，更重要的是报告诞生的新生儿是男还是女。如果送的是公鸡，就表示生了男孩；要是送母鸡，则表示生了女孩。

悬挂标志。古代生孩子都在自己家里生。孩子生下后，除报喜外，还要在自己家门口悬挂标志。这种习俗一方面是防止生人闯入，带来邪气或风寒，影响产妇和新生儿的健康，另一方面则以此标志新生儿是男还是女。

古时候，生男孩就在门的左边悬挂一把弓，生女孩就在门的右边挂一条丝巾。这种风俗一直流传到现在，也是源于古礼。《礼记注疏》曰："妻将生子，及月辰，居侧室，夫使人日再问之，作而自问之，妻不敢见，使姆衣服而对。至于子生，夫复使人日再问之，夫齐，则不入侧室之门。子

生，男子设弧于门左，女子设悦于门右。三日始负子，男射女否。"妻将生了，到了临产的月份，就要居住在侧室待产。丈夫一天两次派人问候。快要生了，丈夫亲自问候。妻子因生产衣服穿戴不整齐，不敢见丈夫，只好派身边的女子穿戴整齐回答丈夫。孩子出生时，丈夫仍要一天两次派人问候。适逢妻子生产，丈夫斋戒，丈夫就去侧室等候。这是男悬弓女悬悦的出生习俗。古代男孩出生，就在侧室门的左边悬挂一张弓，弓箭还要射四方；女孩出生，就在侧室门的右边悬悦。悦读"睡"，是女子所用的佩巾。孩子出生三天后再抱出来。生的是男孩，行射礼；生的是女孩，就不行射礼。悬弓与悬悦，详细记述了婴儿出生前详备的礼仪，出生后生男生女的不同习俗。

另外，在山西省西北部，生男孩在门外贴一对红纸剪的葫芦，生女孩贴一对梅花剪纸。东北满族人家生孩子后，生男在门口悬挂小弓和箭，生女挂红布条，这同古俗就差不多了。

蹲狗窝。婴儿降生，断脐、洗净，就要包起来。这里也有不少风俗习惯。汉族地区一般都用父母的旧衣裤来包裹婴儿。男孩用父衣，女孩用母衣。俗话说，"先着线，后着绢"，意思是先苦后甜，长大吃得起苦，才能出人头地。宁波和上海崇明等地还将婴儿裹上旧衣裤放到狗窝里去躺一下，俗称"蹲狗窝"，意在狗猫命贱易活，预示孩子将来能顺利成长。

三朝酒。新生儿诞生后的第三天要请长辈吃"三朝酒"，还要举行"开奶"和"洗三"等仪式，这就是所谓"三朝礼"，也叫"做三朝"。这是诞生礼中第一个重要礼仪。有的地区，如陕西等地称"三朝礼"为"洗三"。即在婴儿生下第三天，产妇的母亲带上鸡蛋、水果、红糖等去看望产妇。

开奶。所谓"开奶"，就是新生儿吃第一口奶。江浙一带开奶时，大人大多先要黄连汤蘸几滴让婴儿尝一尝。如上海崇明地区，还要事先请一位能说会道的妇女一边滴黄连汤，一边念："好乖乖，好乖乖，三朝吃得黄连苦，来日天天吃蜜糖。"然后将肥肉、状元糕、酒、鱼、糖等食品做成汤水，依次蘸一点儿让婴儿尝尝，同时唱道："吃了肉，长得胖；吃了糕，长得高；吃了酒，福禄寿；吃了糖和鱼，日日有富余。"最后让婴儿吃一口从别的妇女那里要来的乳汁。认为婴儿吃了多子女妇女的奶，便可消灾无病，容易养活。到此，开奶仪式才算结束。

洗三。是人生第一次洗礼，这种风俗主要流行于我国北方。在中国很多地方，婴孩三日后，必为之洗净身体，谓之洗三朝。置红色公鸡和母鸡于床前，使产妇焚香祷告，谓之拜床公、床母。若产妇有病，令洗婆代拜。北京地区的"洗三"，清代以来受满族的影响很大。孩子出生后的第三天，把接生婆或儿女双全又有威望的老太太（称为姥姥）用车接到家中，沐浴前大铜盆里装上用槐树枝、艾蒿叶熬成的热水。趁着水冒热气，前来祝贺的亲友们将带来的铜钱、鸡蛋、花生等放入水中，一边放一边说些吉利的话，俗称"添盆"。添盆后，由姥姥给婴儿洗身，边洗边说："洗洗头，做王侯；洗洗腰，一辈更比一辈高；洗洗蛋，做知县；洗洗沟，做知州。"洗完后，再用姜片和艾蒿涂抹脑门和身上各个重要关节，据说这样就能使孩子不得病，体格健壮。新生命在长辈们的注视下，举行了诞生礼，这象征着人生拉开了帷幕。

所有的诞生礼其目的不外乎是为新生命祈福，希望孩子能健康成长。

满月：满月睡扁担，到老腰不弯

婴孩满月剃头之后，须与舅父怀抱前走，姑父撑雨伞遮于婴孩头上随之，赴街游行一圈。

——胡朴安《中华全国风俗志》

满月七顿饭，到老腰不酸；满月睡扁担，到老腰不弯。

——俗语

民俗探源

刚生过孩子的妇女，一般要休息一个月，身体才能逐渐恢复。这一个月的休息，俗称"坐月子"。婴儿出生后，一般也要在襁褓中过一个月，才能出门。这一个月对母亲和婴儿的健康都具有非常重要的意义，所以孩子满月就形成了一个重要的人生仪俗。

做满月。婴儿降生一个月，称为"满月"。一般家庭这天要给婴儿"过满月"或者叫"做满月"，祝贺婴儿母子平安，此谓"弥月之喜"。满月这天亲友们要前往送贺礼，主家则设宴款待宾客。满月之后，产妇不用再"坐月子"，可以正常地行动，许多禁忌也可以解除了。但在满月当天，产妇往往有一些约定俗成的做法。如苏南一带，这天产妇要吃七顿饭，不做事，认为这样才可消除坐月子的病痛。有的还把扁担放在门槛上，产妇在上面躺一会儿。正所谓："满月七顿饭，到老腰不酸；满月睡扁担，到老腰不弯。"不过，满月当天的活动主要还是围绕着婴儿展开的。

满月酒。满月那天，一般家庭都要办"满月酒"，也叫"弥月酒"。这天，亲朋好友携带礼物前来祝贺，特别是外婆，更是要事先准备好各种食品和孩子的衣裤鞋帽，早早赶来，看望小外孙或小外孙女儿。在江苏、浙江一些地方，生活富裕的家庭，不但要摆满月酒款待亲友，还要张灯结彩，请来艺人演唱助兴。陕西一些家庭做满月时还要请来皮影戏班，吹拉弹唱，热闹非凡。

剃满月头。满月礼中，最重要的仪俗要数"剃满月头"。有些地方也称作"落胎发"。这是新生儿出生后的第一次剃发。新生儿的胎发受之于父母，因此自古以来，剪胎发受到格外重视。

在浙江宁波，落胎发要请一位福寿双全的老太太来抱婴儿。在上海郊区，则由祖父来抱。还有许多地方，满月剃头的礼仪要请婴儿的舅舅来主持。在浙江绍兴，剃发一般在堂屋进行，舅舅怀抱婴儿坐中央，请来的剃头师傅先将一把嚼烂的茶叶抹在孩子头上，据说这样以后就能长出像茶树一样浓密的头发，并且不容易生疮。剃头也不是将头发全部剃光，额头要留一块方方正正的"聪明发"，脑后要留一绺"撑根发"（北方称"百岁毛"），而眉毛倒要全部剃光，据说这样日后男孩子能长成浓眉，女孩子能长出秀眉。

剃下的胎发，一般也不扔掉。有的地方将胎发用红纸包好，挂在床头，按过去的说法，这样可以替婴儿压邪。有的地方将胎发用红线绑好，挂在床头镇邪。现在还有人将胎发制成胎毛笔，留作纪念。人的一生中只有胎发的顶端呈针尖状，所以胎毛笔就十分珍贵了。

戴长命锁。剃过满月头后，妈妈给孩子穿上新衣。戴上新帽，并把外婆送来的长命锁、关刀、梳子、圆镜等佩挂在孩子身上。这些小玩意儿各有不同的含义：圆镜能照妖，关刀可驱魔，梳子能辟邪，长命锁则能护佑孩子长命百岁。

走满月。孩子满月后，身体适应了周围的新环境，可以出去看看外面的世界了。民间有满月后舅舅或外婆来接婴儿母子回娘家小住的风俗，俗称"走满月""过满月"或"搬满月""叫满月"。据《中华全国风俗志》记载，浙江湖州一带"婴孩满月剃头之后，须与舅父怀抱前走，姑父撑雨伞遮于婴孩头上随之，赴街游行一圈"。安徽寿春（寿县）等地婴儿满月剃头后，也要请舅父抱着到大街上走一趟，如遇见行人就同婴儿说："认得吗？不要怕。"这种习俗都是让婴儿外出见见世面，将来不怕生人，举止大方，出息能干。

满月挂红。旧时抚养一个孩子长大很不容易。满月，标志着婴儿已经度过了生命最为脆弱的阶段，在有些地区，还出现了表示喜庆的特别风俗。在陕西等地，做满月有个特殊的习俗，叫"挂红"。这一天里，谁都可以给婴儿的爷爷、奶奶脸上抹红或者涂黑。宾主、老少均可以任意笑闹。在陕西，满月要吃红蛋，酒席上要有红肉。卧室里要挂红门帘，以示喜庆红火。祝愿孩子一生都兴兴旺旺、红红火火。

百日：倚着柳，坐着斗

原典

生子百时，即一百日，亦开筵作庆。

——宋·吴自牧《梦粱录》

姑姑的裤子，姨姨的袄，舅舅的帽子戴到老。倚着柳，坐着斗，小孩儿活到九十九。

——俗语

民俗探源

婴儿降生 100 天为"百日"，古称"百晬"，又称"百岁""百禄"。古代婴儿出生 100 天内死亡率很高，如能平安度过百日，便有了长大成人的希望；同时，在我国文化观念中，"百"含有圆满的象征意义，所以民间在这一天往往进行庆贺，叫"过百岁""做百日"等。过百岁的习俗至少在宋代已经流行。《梦粱录》说："生子百时，即一百日，亦开筵作庆。"此后兴盛不衰。

对于一个出生满百日的婴儿而言，家长对他的最大希望莫过于健康成长、长命百岁了。所以各地的过百日礼俗，都突出了这一最质朴也最美好的祝愿。

蒸"套颈馍"。山西大部分地区，过百日时，都讲究蒸"套颈馍"，有的地方也叫"牛曲连""串铃""面围囵"。做成一个圈圈，或形状为圆圈，大的可以套在婴儿脖子上，小的可以拴在项链上，有"拴住""套住"以求婴儿长命之意。晋中一带的"面围囵"，用面必合"8"数，8斤或者18斤等。上有枝叶盘根、各种生肖动物形象、九个石榴和一个佛手，十分美观。

穿五毒兜兜。在河北唐山的农村地区，有给小孩儿过百岁穿五毒兜兜的习俗，在婴儿贴身穿的小兜兜上用彩线绣上蝎子、蜈蚣、壁虎、蛇、癞蛤蟆五种毒物，再绣上一个小葫芦，葫芦嘴朝向五种毒物。俗信穿这样的兜兜，可以避免毒物的侵害，保佑孩子平安长寿。

送"长命百岁"。山东地区过百岁，多在婴儿出生的第九十九天，一般由小孩儿的姥姥、姨或妗子等来送礼，关系亲密的亲戚朋友也有前来庆贺的。胶州一带，亲朋好友给小孩儿过百岁，必须要做件或买件衣服，举行穿衣仪式。当天上午，主家把别人送的衣服放在一个筛子里，端到一棵大柳树下，再找一个盛粮食的斗靠柳树放好，让小孩儿坐在上面，叫作"倚着柳，坐着斗，小孩儿活到九十九"。然后由小孩儿的姑和姨给小孩儿穿上新衣，叫"姑穿上，姨穿上，一活活到八十上"。最后还要戴上缝着"长命百岁"字样的帽子，由姑或姨抱着绕村庄一圈。临朐一带过百岁，一般是姑姑送裤，姨送袄，妗子送鞋帽，所谓"姑送裤，姨送袄，妗子送鞋绕街跑"。济南一带说："姑做裤，姨做袄，妗子做鞋跑不了（即长命之意）。"临清一带说："姑家的裤，姨家的袄，妗子的花鞋穿到老。"莱西一带则说："姑姑的裤子，姨姨的袄，舅舅的帽子戴到老。"胶东地区，除送衣物外，还要送一种叫"岁"的面食。用发的面做成长条形，中间粗，两头细，类似线穗（谐音"岁"），上面染上红点或各种吉祥图案和文字，就是"岁"了，通常作为小孩儿过百"岁"的礼物。姥姥家送的岁可多达一百个，取意"长命百岁"。莱州地方过百岁时，要做100个面塑花饽饽，盛在柳条编的斗中，蒙上红布，到大街上高喊："我家小孩儿过百岁啦！"并向各方撒花饽饽，任人拾取。

百家锁和百家衣。百家锁和百家衣是过百岁时富有特色的物品。百家衣用从许多人家敛来的各种颜色的碎布头精心缝制而成，有的地方做百家衣时，必须用与长、命、富、贵谐音的四姓人家的布料，以为这样才能真正取吉利之意。百家锁通常是银质的锁形饰物，上有"长命百岁""长命富贵"等字样，俗以为挂在小孩脖子上，可以避邪，并锁住小孩儿，令其长寿。在苏州地区，主家用红纸包米七粒、茶叶七片，分送亲友，亲友则回送钱币若干，用此钱购得的锁饰就是"百家锁"。百家锁也不全然是银质的，从前在山东莱阳，就有一种用从各家敛来的制钱制成的百家锁，用红线将制钱编成长串，挂在小孩儿的脖子上。

拍百岁照 20世纪中期开始，尤其是城市里，时兴在百日这天为孩子拍百岁照，留作纪念。

过百岁是婴儿成长过程中又一重要礼仪，在这一礼仪中，同样凝聚着亲友的祝福和呵护。这些祝福和呵护寄寓在他们的话语里，也寄寓在各式各样的富有象征意义的食品、衣物、饰品中。幼小的孩子就在亲友的祝福和呵护中渐渐地长大。

抓周：此小儿之盛礼也

江南风俗，儿生一期（即满一周岁），为制新衣，盥浴装饰，男则用弓、矢、纸、笔，女则用刀、尺、针、缕，并加饮食之物及珍宝服玩，置之儿前，观其发意所取，以验贪廉愚智，名之为"试儿。"

——北齐·颜之推《颜氏家训》

至来岁生日，罗列盘盏于地，盛大果木、饮食、官诰、笔砚、算秤等经卷针线应用之物，观其所先拈者，以为征兆，谓之"试晬"，此小儿之盛礼也。

——宋·孟元老《东京梦华录》

孩子出生满周岁时，蹒跚学步，咿呀学语，初懂人事，十分逗人喜爱。

千百年来，我国广泛流行一种"抓周"的习俗，就是在孩子周岁这天，在他（她）面前摆上各种玩具和生活用品，任其随意抓取，以此来占卜、预测孩子将来的志趣、性情和前途。现在大部分家庭当然已不会相信抓周会有如此神妙的功能，但抓周作为一种富有童趣的游戏，仍为家庭增添了许多欢乐和趣味。

宋代孟元老《东京梦华录》育子中记载说："至来岁生日，罗列盘盏于地，盛大果木、饮食、官诰、笔砚、算秤等经卷针线应用之物，观其所先拈者，以为征兆，谓之'试晬'，此小儿之盛礼也。"所以，古人非常相信抓周的灵验性。《宋史》中记载了一则十分灵验的抓周事件：曹彬周岁时，父母将"百玩之具"放在席子上，看他到底抓什么。好个小曹彬，左手抓了干戈，右手取了祭祀用的礼器，接着，又爬过去抓了一个印，而对其他东西就跟没看见一样。大家都感到非常惊异。干戈是武器，意味着能征善战；礼器表示执掌祭礼，有很高的地位；大印则是权力的象征。曹彬长大后，果然"以武功挂印，为节度使"，后又成了曹武惠王、韩王，终成大业。

《红楼梦》里描写的贾宝玉的那次抓周也十分有趣。宝玉的父亲贾政为了测试一下儿子将来的志向，便在宝玉周岁那天"将世上所有的东西摆了无数叫他抓"，谁知他对什么都没有兴趣，伸手只将那些粉脂钗环抓来玩弄。贾政很不高兴，说此儿"将来不过是酒色之徒"。

有意思的是，有人曾做过仔细的研究，发现曹雪芹竟然是曹彬的后代。

由于抓周是以叫小孩儿抓物的方式来测试小孩子的未来，所以在古代又叫"试儿"。试儿的风俗十分古老，据史料记载，可上溯到一千五百年前的南北朝时期。到了唐宋时代，抓周的习俗则更为流行。当时，富贵人家将抓周搞得十分隆重，不仅要铺锦席子中堂，还要烧香，席上放各种物件，将小孩儿放在这些东西中间坐着，然后看其先取什么。这天还要设宴款待亲朋，同时接受亲朋的礼物，有的还要演戏助兴。

清代，皇宫中也举行抓周礼仪。现在北京故宫博物院就珍藏着一件当年供皇子抓周用的晬盘。这个晬盘是雕漆器，长方形，盘口外撇，制作极为考究。皇子、皇孙、公主抓周，用具虽然极其讲究，但其旨趣却与民间抓周没什么两样。

儿童穿戴：穿上虎头鞋，力气踢死虎

原典

哀哉穷子百家衣，岂识万斛倾珠玑。

——南宋·陆游《书感》

传语风流三语掾，何时缀我百家衣？

——宋·黄庭坚《戏赠元翁》

文章最忌百家衣，火龙黼黻世不知。

——南宋·陆游《次韵和杨伯子主簿见赠》

山谷最不爱集句，目为百家衣，且曰正堪一笑。

——金·王若虚《滹南诗话》

穿上虎头鞋，力气踢死虎。虎头鞋好，小儿虎头虎脑。

——俗语

虎者，阳物，百兽之长也。能执搏挫锐，噬食鬼魅。

——东汉·应劭《风俗通义·祀典》

民俗探源

民间儿童服饰中最为讲究的是儿童"百家衣"。在婴儿百日即"百岁礼"时，亲朋好友敛百家之布头，拼缝在一起而成。敛布之时，尽管邻家皆乐助"百家衣"之成，但一般紫色的布头是不肯轻易给人的。因为"紫""子"谐音，谁都不愿将"子"送给别人。所以，紫色的布头，通常只好到孤寡老人处去讨要。很明显，这是仿"和尚衣"而制的。和尚本因为从小灾病多、养不活而交给佛门的，他们吃百家饭，穿百家衣，得以生存。所以，当时人们认为"百家衣"是婴儿的"护身衣"。

男孩儿穿花衣，将其打扮成女孩子模样，是民间儿童服饰中的一个很有趣的现象。俗以为，女孩儿命贱好养，男孩儿为家传香火，命贵难养。如果将他们打扮成女孩子的模样，穿上花衣服，就可以保平安。让男孩子留头、扎耳朵眼、戴耳坠，也是出于这样的考虑。只不过只扎左耳，戴一只耳坠罢了。

在民间儿童服饰中，虎头鞋很招人喜爱，它是民间小儿鞋式样之一。虎是一种吉祥物，在鞋前脸儿和鞋帮上绣制虎或虎头图案，是希望孩子们长得虎头虎脑，

用形象逼真的虎头图案驱鬼辟邪，保护孩子远离病灾。

小儿周岁或生日时，父母给他穿上新做的虎头鞋。虎头鞋用黄布精心制成，鞋头上绣上虎头，虎头上有一"王"字。民俗以为老虎为百兽之王，穿上虎头鞋可以辟邪壮胆，富贵长寿，说："穿上虎头鞋，力气踢死虎。""虎头鞋好，小儿虎头虎脑。"类似的服饰还有"虎头帽"，戴在头上，也威风凛凛，与小儿稚嫩的脸庞形成了很大的反差。

刚学走路的孩子们还要穿几双猫头鞋。人们在小鞋的鞋面上形象地绣出猫头的形象：用白线绣眼睛，黑线绣眼珠，黄线绣成大鼻子，嘴和胡子用红绿线绣，再用绸布做猫耳，精致逼真，简直是精美的民间艺术品。

孩子们为什么要穿猫头鞋呢？据说很早以前，猫是兽中之王。它不但本领高强，而且大公无私。那时的虎是十分蠢笨的大动物，只有一身力气。它也很想当兽王，但没有本领就没有威信。所以它特地拜猫为师，虚心学艺。猫见虎这样虚心求学，就把自己的蹿、抓、扑、捕等各种本领毫无保留地教给了虎。

随着时间的推移，老虎的本领渐渐大了，它的野心也渐渐膨胀起来了。一天，虎像往常一样跟在猫的后面走，乘猫不防备，突然猛扑上去，企图一口把猫咬死。猫听到后面风声不对，"嗖嗖嗖"地爬上了树顶。于是猫斥责虎忘恩负义，虎也感到羞耻，只好跑到深山老林里躲起来了。从此猫成为人类最喜爱的朋友，于是孩子们就穿起猫头鞋来。

狗头帽也很有特点。在帽顶两旁，左右开孔，装两只毛皮的狗耳朵，亦有作兔子耳朵者。帽用鲜艳绸缎呢绒为上，镶嵌金钿、假玉，帽筒用花边缘围之。

这些动物图案的鞋和帽子，无论是老虎、狮子样式的，还是狗、兔子、小老鼠样式的，都做得很庞大，像面具一样罩在儿童的头部和鞋面，正面只留下眼、鼻子和嘴，既保暖又可爱。

在晒衣习俗方面，民间也有许多讲究，虽然被打上了封建落后、迷信的烙印，但有些做法也包含着一定的道理。如晾晒的衣服落日前收起，避免夜雾朝露的两次污染；内衣不晾晒在外，避免污浊的空气中尘土的污染等。

男子成人礼：男子二十而冠

原典

男子二十而冠，冠而列丈夫。

——战国·谷梁赤《谷梁传·文公十二年》

已冠而字之，成人之道也。

————西汉·戴圣《礼记·冠义》

弱冠弄柔翰，卓荦观群书。

————西晋·左思《咏史》

冠非责童子礼，儿必读手泽书。箪瓢回也不敢，宗庙赤尔何如。

————南宋·刘克庄《赤任孙敢名圭行冠礼一首》

民俗探源

小孩儿渐渐长大，到了一定的年龄，就将被成人社会所接纳。成年礼便是少男少女成年时举行的仪式。在古代，男女成年也叫"成丁"，所以成年礼又叫"成丁礼"。成丁后，就有了交赋税、服劳役的责任和义务。

关于成丁年龄的规定，各代不同。《礼记》是中国最早的一部礼书，记载了秦汉以前的各种礼仪。据《礼记》上说，古代男子二十岁行冠礼，女子十五岁行笄礼。"冠礼"和"笄礼"都是古代的成年礼。到隋代，规定男子二十一岁为成丁之年，在唐代天宝年间则规定男子二十三岁为成丁之年。

古代为男子举行的成人礼称冠礼，是男子的加冠礼仪。男子冠礼指男子二十岁行成人礼时，把头发盘成发髻，谓之"结发"，然后戴上帽子就叫成人了。古代非常重视成人礼，男子行过冠礼后，从此将由家庭中毫无责任的"孺子"正式转变为跨入社会的成年人，要践行孝、悌、忠、顺的德行，成为各种合格的社会角色，这时才称得上人了。一个人成人了，就预示着要接受仁义礼乐的教化，承担相应的社会责任。

孔颖达《礼记·正义》："二十成人，初加冠，体犹未壮，故曰弱也。"古代贵族男子二十岁要举行加冠礼，以表明成年。因男子二十岁行成人礼时身体还未强壮，又称弱冠。行冠礼意味男子性成熟，可以婚娶；也可作为氏族的成年人，参加氏族活动。《仪礼·士冠礼》曰："诸侯十二而冠也。若天子，亦与诸侯同，十二而冠……"古代一般男子二十而冠。但是，天子诸侯为了早日执掌国政，很多都提前举行冠礼。朱熹《朱子语类》："（冠礼）是自家屋里的私事，有甚难行？关了门，将巾冠与子弟戴，有甚难？"朱熹之语是说，冠礼没有什么难的。关上门把巾冠戴给弟子，冠礼就完了。这说明冠礼后来变简单了。但事实上，人们对冠礼非常重视。

古代冠礼浓重，是有很多讲究的，也是要选吉日的。《说文解字》对"冠"的解释："弁冕之总名也。"冠字有三从，从"冖"，即以布帛蒙覆；徐锴曰："取其在首，故从元。"古亦谓冠为元服；从"寸"，而"寸"字，"忖也，有法度可忖也。凡法度字皆从寸。"可见，冠礼的庄重。

古代男子冠礼是非常讲究的，一般在宗庙内举行，时间一般在二月。冠礼前，受冠者要卜筮吉日，并将吉日告知选定加冠的来宾；准备好祭祀天地、祖先的供品；然后由父兄引领进太庙，祭告天地、祖先。冠礼前三天，要用筮法选主持冠礼的大宾，还要选一位"赞冠"协助冠礼仪式。行礼时，所有人都穿礼服。冠礼依次要加三次冠，即依次戴上三顶帽子，第一次加缁布冠，表示有参政的资格，能担负起社会责任；第二次，加皮弁，即军帽，表示要服兵役，保卫社稷疆土；第三次，加素冠，即古代通行的礼帽，表示可以参加祭祀大典。每次加冠，都由大宾对受冠者读祝辞。加冠结束，拜见其母。接着取字，周代通常取字称为"伯某甫"（伯、仲、叔、季，视排行而定）。然后主人送大宾至庙门外，敬酒，同时以束帛俪皮（帛五匹、鹿皮两张）作报酬，另外再馈赠牲肉。接着改服礼帽礼服去拜见君，又执礼赘（野雉等）拜见乡大夫等。若父亲已殁，受冠者则需向父亲神主祭祀，表示在父亲前完成冠礼。祭后拜见伯、叔，然后飨食。这是加冠、取字、拜见君长之礼。有时加冠开始要用音乐伴奏。

古人非常看重冠礼。古人认为冠礼是华夏礼仪的开始。所以《礼记》说："冠者礼之始也。"男子行过冠礼，就要正君臣、亲父子、和长幼，而后礼仪立。二十岁行冠礼，就懂得礼仪约束，也就开始学习践行人生礼仪。如《礼记·冠义》说："凡人之所以为人者，礼义也。礼义之始，在于正容体、齐颜色、顺辞令。容体正、颜色齐、辞令顺，而后礼义备。以正君臣、亲父子、和长幼，君臣正、父子亲、长幼和，而后礼义立。故冠而后服备。服备而后容体正、颜色齐、辞令顺，故曰：冠者礼之始也。"这段文字系统地讲述了冠礼是礼仪的起始。古人圣王重冠礼，古者冠礼敬冠事。敬冠事以为国本。己冠字之，成人的开始。冠礼是为人子、为人弟、为人臣、为人少者的礼。孝、悌、忠、顺的德行立了，可以为人。可以为人，可以治人也。所以圣王重冠礼，将冠礼定位于"礼仪之始"。如《礼记·昏义》说："夫礼始于冠，本于昏，重于丧祭，尊于朝聘，和于乡射，此礼之大体也。"证明冠礼是礼

仪的开始，强调了冠礼的意义和冠礼的重要作用以及它的约束功能。

冠礼是成年男子人生中很重要的一个礼仪，是一个成年男子真正人生的开始。看看整个冠礼的重要步骤：

（1）冠者在阼阶之上跪拜父亲，父亲亲自为儿子将"冠"戴上。这表示从此之后成年的儿子继承了父亲的职责，可以成为一家之主了。

（2）冠者在举行了父子传代的仪式之后，就可以代表父亲去西阶去迎接客人。这表示冠者行过冠礼可以替代自己的父亲接待客人了。

（3）三次为冠者加"冠"，三次为他们戴上一次比一次更加尊贵的"冠"。这是要启发冠者立志向上的精神。

（4）赐字。举行了冠礼之后，冠者便有自己的"字"了。当冠礼举行之后，所有成年男子的"名"只能是父母、师长、君王能够直接称呼，而其他比如同窗、同事、朋友等，都只能称呼其"字"。后来"字"又被称为"表字"，以表其德。如孔子在《论语》中，经常直呼学生的"名"，例如大家所熟悉的子贡，他的姓为"端木"，名为"赐"，"子贡"是他的"字"。在《论语》中，只有礼子直呼其名，而其他的同学都是唤他为"子贡"。一个成年男子在举行了冠礼之后，就表示已经成年了，不但可以使用"字"，还要严格地开始注意自己的言行举止，因为自己的一言一行代表了整个家族。

（5）拜见自己的母亲。当冠者以隆重的仪式跪拜自己母亲时，此时母亲要对自己的儿子以成年人的礼仪进行答拜，然后冠者再以成人礼去拜见自己的兄弟。

行完礼后，戴上玄冠，穿上玄端。"玄冠"是礼冠的一种，是黑色冠，夏称"毋追"，殷称"章甫"，周称"委貌"。"玄端"是礼服的一种，是黑色礼服，一般是用于祭祀、昏礼、冠礼等隆重的场合。当穿戴上最隆重的玄冠和玄端之后，冠者便要去向国君礼拜，而并非真正面见国君，只是将礼品放在国君所在的方向遥拜，表示不敢直接授受。最后再将礼品带回自己的家乡，去拜见自己家乡中在朝中做大夫者、为官退休者。这一切都是依照成人礼去拜见的。

所有礼仪完成后，冠者便要开始按照成人之礼去担当自己的责任。古人以为，一个人做到了对父母孝顺，对兄弟友爱，对国君忠诚，对长辈顺从，然后才能被称为真正的"人"。只有称为真正的人之后，才可以治理他人。因此，古代帝王非常重视冠礼。

女子笄礼：女子许嫁，笄而字

【原典】

女子许嫁，笄（jī）而字。

——西汉·戴圣《礼记·曲礼上》

女子十有五年许嫁，笄而字。

——西汉·戴圣《礼记·杂记》

其未许嫁，二十则笄。

——西汉·戴圣《礼记·内则》

民俗探源

当然，冠礼代表男子的成人礼。女子也要举行成人礼，叫笄礼。笄礼属于中国五礼（吉礼、嘉礼、宾礼、军礼、凶礼）中的嘉礼。笄礼同冠礼一样，表示女子的成人礼。华夏先祖对于冠礼非常重视，所谓"冠者礼之始也"，《仪礼》将其列为开篇第一礼，绝非偶然。笄，即簪子。自周代起，女子年过十五，如已许嫁，便得举行笄礼，将发辫盘至头顶，用簪子插住，以示成年及身有所属。笄礼作为女孩子的成人礼，像男子的冠礼一样，也是表示成人的一种仪式，在行礼的程序等问题上大体和冠礼相同。《朱子家礼·笄礼》载：女子许嫁，即可行笄礼。如果年已十五，即使没有许嫁，也可以行笄礼。笄礼由母亲担任主人。笄礼前三日戒宾，前一日宿宾，宾选择亲姻妇女中贤而有礼者担任。

笄本为女子的一种头饰，是发簪的鼻祖。它是一根细长的钎子，是用来固定发髻的。后来，"加笄"又叫"及笄"，成为了女子成人之礼的名称，也成为一种礼仪。《礼记·杂记》曰："女子十有五年许嫁，笄而字。"女子笄礼的年龄是十五岁，行过笄礼女子就可以许嫁成婚了。笄礼规定了女子出嫁年龄、成人标准。女子十五岁标志着成人。十五岁以后，就可以行笄礼，许嫁了。《礼记·内则》曰："其未许嫁，二十则笄。"如果女子十五岁未许嫁，到了二十岁也必须行笄礼。女子嫁不出去，不能一辈子总角、无字，必须以笄礼标志成年仪式。笄礼之后，女子就可以许嫁了。许嫁之后，女子才可以有字，女子未有婚嫁之约叫"待字""待字闺中"。"小女虽然待字，老夫膝下无人，是要入赘方可的"就是指女子还没嫁人，才称为"待字"。笄礼是建立在男尊女卑基础上的，笄礼将女子的社会地位锁定在狭小的范围内，但笄礼的象征意义和冠礼一样，同样是对人生责任、社会角色的明确。

笄礼一般包括选筮日筮宾、三加笄（笄礼的中心环节）、取字与酬宾、礼成四部分组成。

笄礼的举行时间一般定在农历三月三即女儿节或（上巳节）。与冠礼的程序相似，先要选筮日、筮宾、戒宾等，都有宾、有司、赞者等参礼者。只是笄礼都由女性担任。参加笄礼的成员一般有笄者、笄者的父母、有德才的女性长辈等。与冠礼不同，笄礼在"家庙"中进行。古代女子笄礼同男子冠礼一样，也有三加。三加依次为采衣：未行礼之前穿的童子服；初加：发笄和罗帕、素色的襦裙；再加：发簪、曲裾深衣；三加：钗冠。正式的大袖长裙礼服，上衣下裳制。三次加笄的服饰不同，含义不同。采衣，色泽纯丽，象征着女孩子的成长，天真烂漫；襦裙，色浅素雅，象征着豆蔻少女的纯真；深衣端庄，象征着花季少女的明丽；大袖礼衣，反映了雍容大气、典雅端丽的汉服饰文化。冠笄盛于盘中，上面蒙以帕，由有司执之。男子三

加分别是巾、帽、幞头，女子也有纷繁的钗冠，可分别加笄、簪、凤冠。发簪、发钗这些东西在今天依然很流行。笄礼日主要有吟诵祝辞、梳头和加发笄三个程序。分别由正宾和赞者完成。正宾负责吟诵祝词，赞者负责梳头和加笄。笄礼过程中，三加正宾都要吟诵不同的祝辞，笄礼的过程和祝辞如下："笄礼始，全场静。天地造万物，万物兴恒，以家以国，祖光荣耀。父母传我，人生家国，贵至荣和。夫，人之因幼，少而及往，青年独立继承。家、族、国纳其人之成立，与其人之权利，其成人者受个体生存，家族责任，社会义务之命。此，特予正礼明典。成人笄礼开始，奏乐！"祝辞依次是唱开礼的赞礼祝辞、请及笄者的父亲和母亲赞礼祝辞、请宾客入席的祝辞、笄者就位赞礼祝辞、宾盥赞礼唱辞、初加祝辞、二加祝词、三加祝辞、字笄者祝辞、笄者三拜祝辞、笄者母亲向笄者示训词、笄者拜有司及众宾赞礼词。笄礼成后，请笄者父母向所有观礼者行揖礼，唱礼成的祝辞。笄者行礼后，赞者带领依次退场，整个笄礼结束。

在笄礼程序中，特别重要是笄者三拜。笄者拜父母，感念父母养育之恩；笄者拜师长，勤勉求学，发奋进取；笄者拜祖先，传承文明，报效祖国。这是笄者三拜祝辞。三拜是笄礼中的核心，它要求一个成年女子要衷心地感谢生养她的父母，教育她的师长，更要祭拜祖先，传承文明。

完整的笄礼三次拜：一拜，笄者着襦裙出房后，向来宾展示。然后面向父母亲，行正规拜礼，这是表示感念父母养育之恩。二拜，笄者着深衣出来，向来宾展示。然后面向正宾，行正规拜礼，这是表示对师长和前辈的尊敬。三拜，笄者着大袖礼服、钗冠出房后，向来宾展示。然后面向轩辕黄帝画像，行正规拜，这是表示传承文明报效民族的决心。这三拜，应该是女子笄礼的核心内涵，体现了民族文化的精髓。笄礼一开始就具有重要的教化功能，使初长成的女子树立成人意识，进而获得承担社会责任和家庭责任的使命感，并逐渐形成了一整套关于女子的伦理道德和生活行为规范，笄礼在古代社会起着一定的社会作用。笄礼是古代社会对于女子的价值观念传承的一个重要仪式，具有明显的教化功能。

生日或做寿：萱草长春庆古稀

原典

"金桂生辉老益健，萱草长春庆古稀。""花放水仙夫妻偕老，图呈王母庚婆双辉。"

——对联

渡江天马南来，几人真是经纶手。长安父老，新亭风景，可怜依旧。夷甫诸人，神州沈陆，几曾回首。算平戎万里，功名本是，真儒事，君知否。

况有文章山斗。对桐阴、满庭清昼。当年堕地，而今试看，风云奔走。绿野风烟，平泉草木，东山歌酒。待他年，整顿乾坤事了，为先生寿。

——宋·辛弃疾《水龙吟·甲辰岁寿韩南涧尚书》

七十馀年真一梦。朝来寿斝（jiǎ）儿孙奉。忧患已空无复痛。心不动。此间自有千钧重。

早岁文章供世用。中年禅味疑天纵。石塔成时无一缝。谁与共。人间天上随他送。

——宋·苏辙《渔家傲·和门人祝寿》

薄露初零，长宵共、永书分停。绕水楼台，高耸万丈蓬瀛。芝兰为寿，相辉映、簪笏盈庭。花柔玉净，捧觞别有娉婷。

鹤瘦松青，精神与、秋月争明。德行文章，素驰日下声名。东山高蹈，虽卿相、不足为荣。安石须起，要苏天下苍生。

——宋·李清照《新荷叶·薄露初零》

民俗探源

人诞生的那一天为"生日"，即"寿诞"，也叫"寿辰"。"生日"是人生旅途的起点，是人生一个很重要的日子，因此，人们习惯于在生日这一天举行庆贺活动，是谓"过生日""做寿"。年龄身份不同，"做寿"规模也各异。一般而言，四十岁以上，逢十的大寿比较重要，不同一般规模。

中国人生日或做寿，风俗有些是体现在吃食上，寓意也是为象征长寿。西方人过生日的传统是吃蛋糕，而中国人的传统是吃面，也叫吃长寿面，意思是祝过生日的人今后能长命百岁。

在杭州和江苏北部一些地区，一般是中午吃面条，晚上摆酒席。杭州人在

吃面条时，每人从自己的碗里夹一些面条给寿星，称作"添寿"，每人必须吃两碗面条，但忌盛满，以为不吉利。

吃面做的寿桃。传统做寿少不了面做的寿桃，这里有个故事。相传某年七月七日，西天王母娘娘来到人间，送给汉武帝四颗仙桃。这仙桃的味道鲜美无比，武帝吃后连声叫好，随后小心翼翼地收起桃核。西天王母问武帝何故，武帝说："我想留着再种。"王母笑道："此桃三千年才结果，中夏（中夏，犹指中原，泛指黄河中下游地区）地薄，种了也无用。"武帝无奈，只好作罢。这寿桃后来便成了长寿的象征。桃子当然不是一年四季都有的，于是用面粉来做寿桃便相沿成俗。

此外，中国人做寿还有其他一些礼节。

寿联。寿联因男女性别、年龄等不同，措辞、用典也有区别。例如男八十寿联："渭水一竿头试钓，武陵千树笑行舟。"女七十寿联："金桂生辉老益健，萱草长春庆古稀。"双寿联："花放水仙夫妻偕老，图呈王母庚婆双辉"等。

寿幛。用整幅或大幅布帛题以吉语贺辞，祝贺寿辰。一般大小如中堂，多金色或红色。从明代起盛行幛词，并形成寿幛。

寿屏。一种祝寿用的书画条幅，上面题以吉语贺辞或寿星老人、寿桃、八仙人画之类。一般为四条幅、六条幅或八条幅联列成组，挂于壁上。也有为雕刻镶嵌的祝寿用座屏或插屏，陈列于几案上。

寿图。祝寿用的画图，其中有八团图、子孙万代图、龙凤图、百寿图、寿山福海图、富贵耄耋图、福禄寿图等。

八团图。为寿器的一种油画图案，两面各画四个大圆圈。圆圈中画花卉或一个篆体"寿"字，寿字四周画五只凤凰，象征"五福（福与凤谐音）

捧寿"。

龙凤图。是寿器的油画图案，寿器左边画一条龙，昂首腾舞；右边画
一只凤，展翅飞翔。

子孙万代图。祝贺老年妇女寿辰的礼品。图面多呈圆形，上一大葫芦，
两侧各一小葫芦，葫芦根蔓相连，有葫芦叶数片，葫芦蔓很长很长，民俗
以此象征"万代长久"之意；大葫芦下种生小葫芦，寓意"子孙不断"，整
个画面即为"子孙万代图"。

"猴寿"。草书猴形的寿字。

百寿图。摹写古今各字体寿字一百个，组成百寿图，用以祝寿之用。
有的是一个大"寿"字的笔画中，布满一百个各不相同的寿字或用各种不
同的字体写一百个寿字，此俗明代以前就已流行。

寿山福海图。图中一大海，海中有岩石及飞来的蝙蝠。岩石代表山，
蝠谐音"福"。寓"福如东海，寿比南山"之意。

富贵耄耋图。是为七十到九十岁老人祝寿的礼品。图中下方画盛开的
牡丹花一株，飞蝶于花中缭绕，有猫几只，作欲扑蝶之状。"耄"，据《礼
记·曲礼》中注释："八十、九十曰'耄'。"《诗经·秦风·东邻》："逝
者具耋。"《毛传》："耋，老也，八十曰耋。""耄""耋"者皆长寿。牡
丹花俗称富贵花，猫谐"耄"，蝶谐"耋"，三者组成图，即为"富贵耄
耋图"。

福禄寿图。为寿星家中堂悬挂的祝寿图，图中一老人持桃伴鹿，上有
飞蝠。鹿谐"禄"，作官升意；蝠谐"福"，喻好消息；寿星老人，喻被贺
者万寿。通常画面上寿星后面有一小童翘首仰视蝙蝠飞来状，称作"翘盼
福音"。

有人这样说，在全世界，或许只有中国人有两个年龄，一个周岁，一个虚岁。对于"周岁"怎么回事，可能一般人还能说得清楚，而虚岁如何"虚"，却是件很容易让人迷惑的事情。

很多人认为，周岁加一岁得出的结果就是虚岁，这是一个似是而非的说法。其实，很多时候，所谓"虚岁"这个概念一般只用于男人，此即"男进女满"，意思是男人按虚岁计算年龄，女人按实岁计算年龄。况且在实际的计算中，虚岁也不仅仅就是周岁加一岁那么简单。虚岁的具体计算方法是这样：一个人一出生就算一岁；如果恰好这人出生在农历年年末，那么不但一出生就算一岁，并且一到大年初一又要加一岁，如此算来，这个孩子到了满实岁一岁时，按虚岁就已经是三岁了。

因此，在计算虚岁时，春节是个特别重要的时间点，每过一个春节，虚岁就应该加上一岁。如果一个人的生日是阴历的腊月中下旬，那这个人还没有满月，他的虚岁就到两岁了。那种单纯认为虚岁就是周岁加一岁显然是不完全正确的。

知道了这个道理，我们就会理解，为什么很多老人往往会提前一两年过自己的七十大寿、八十大寿了。

第5章　婚姻礼俗篇

媒人：娶妻如何？匪媒不得

原典

媒氏掌万民之判。凡男女自成名以上，皆书年月日名焉，令男三十而娶，女二十而嫁。凡娶判妻入子者，皆书之。

——西周·周公旦《周礼·地官·媒氏》

匪我愆期，子无良媒。

——《诗经·卫风·氓》

民俗探源

在古代中国，婚姻需要"父母之命，媒妁之言"。所以，在专偶婚制产生以后，媒人也就诞生了，随后，它在中国婚姻的舞台上跑前跑后，东奔西跑，摇舌鼓噪，相当活跃。它在婚姻的历史舞台上是个重要的角色，常被待为上宾。《礼记·典礼》中说："迎亲之日，为媒介者，峨其冠，华其服，高视阔步，大有唯我独尊之慨。主人必先于其大门之外，设方桌一席，席置水果醇酒若干，择饮士二三立待于前。俟媒介至，一声恭喜，强令痛饮……然后……迎接升堂，款以上宾之礼，为客中重要人物矣。"

可见，媒人的起源很早，《诗经》就有"娶妻如何？匪媒不得"的诗句，说明早在周代，媒人就已成为婚姻的要件了。《诗·卫风·氓》中有

"匪我愆期，子无良媒"的诗句。《周礼·地官·媒氏》载："媒氏掌万民之判，凡男女自成名以上，皆书年、月、日、名焉。"说明了媒的社会职能。古代除媒氏的记载外，还有媒官和媒互人的记载，《三国志》有"为设媒官，始知聘娶"，是设立专门的官职，按正统的礼数指导、管理婚嫁。媒官又称"媒互人"，是官媒，是整个政府中独特的一员。《元史·卷一八五》载："镇民张复……叔母孀居且瞽，丐食以活……思诚怜其贫，令为媒互人以养之。"此外，宋代冥婚盛行，还有为鬼作媒的"鬼媒人"。

后代的礼制和法律中都明确规定，婚姻必须有"媒妁之言"，如《唐律》中规定："为婚之法，必有行媒。"按照古代的礼制，标准的婚姻要经过六个环节——六礼，即纳采、问名、纳吉、纳征、请期、亲迎，基本上每个环节都需要媒人穿针引线。

媒在历史上有过许多别称，诸如月老、红娘、冰人等，说媒也有许多别称，如执柯、作伐等。"月老"是月下老人的简称，是冥间专管婚姻的官儿。唐代李复言的《续玄怪录·定婚店》有关于他的一段故事：杜陵地方有个叫韦固的小伙子，父母双亡，想早些娶媳妇。一次外出，途中住在宋城南店，遇到一位老人靠着口袋坐着，借月光看书。韦固探头去看只字不识，心想，我也念过几天书的，连梵文都懂，这书上的字怎么不认识呢？便问老人，老人说是"婚牍"，专写谁娶谁人、谁嫁谁人的。又问口袋里是什么，老人说是红绳子，用来系夫妇的脚腕子的，说是即便山水阻隔或是世代仇譬，系住了就没法跑，总要结成婚姻。小伙急切之下，问老人他的婚事如何。老头说他的妻子是店北卖菜瞎老婆子的女儿，才3岁，要等到17岁时才能嫁过来。小伙见是个丑陋的女孩，一怒之下便派仆人行刺，伤了女孩的眉际，然后逃之夭夭。14年后，韦固做了相州参军，刺史王泰很赏识，把女儿嫁给了他。这位女子容貌端丽，只是眉问常贴个花贴子，问了才知是过去刺伤的那个女孩，是被郡守收养的。自此以后，韦固与这女子恩爱至笃。由此，后世人称媒人为月老，称定婚的男女为"赤绳所系"。

称媒也被称为"冰人"。孝廉令狐第梦见自己站在冰上，和冰下人说话。索统圆梦解释说，冰上为阳，冰下为阴，主阴阳之事。你在冰上和冰下的人说话，人阳语阴，主为人说媒。因而，你当为人作媒，冰河开了，婚姻也就成了。由此，后世人称媒人为"冰人"，或简称"冰"。明代谢谠《四喜记》中《忆双亲》曰："这一曲《鹧鸪儿》，就是我孩儿的冰人月老。"《聊斋志异·寄生》云："父遗冰于郑，郑性方谨，以中表为嫌，却之。"香港武侠小说大师金庸的《倚天屠龙记》写张翠山、殷素素和"金毛狮王"谢逊乘冰山浮向北极，张殷二人原本两情相悦，在生死危难中终成姻缘，而两人陷于这种境地，皆谢逊所为，谢便无意中成了"冰人"。这实在是"冰人"的绝妙注脚。

称媒人为红娘，这是众所周知的，故事源于《西厢记》。不过，红娘之为媒，全然不同于世俗间的那些媒婆了，她是美满婚姻的使者，为青年男女所钦敬。正是由于这种原因，当代为大龄青年解决婚姻问题的人从来都被别人称作红娘或自称红娘。然而，无论如何，媒都应该成为人类婚恋史的过去，都应该在未来彻底隐去它的身形。21世纪，婚姻自主、自由恋爱。交通、通信、互联网的不断发展，人们在生活和工作过程中，青年男女接触的机会较多，个性意识较强的青年人大部分都自由恋爱了。然而，好的传统习俗还须保持和发扬。民间谚语说得好：初浆的衣裳不用捶，美满的婚姻不用媒。

当然，中国有种婚姻事先是不需要媒人的，叫"指腹为婚"。古婚俗，两妇同孕，指腹约定，产后若为一男一女，则结为两姓之好，这称为指腹为婚。古之指腹为婚，即今旧俗所称的胎婚。胎婚，多由双方父母为未生儿女预定婚姻，后经媒人交换首饰，以待成年结婚。

《南史·韦放传》载："放与张率皆有侧室怀孕，因指腹为婚姻。其后，各产男女，而率亡。放乃以子娶率女，以女适率子。"《北史·王慧龙传》载："子宝兴，少孤，事母至孝为尚书卢遐妻，崔浩女也。初宝兴母及遐妻俱孕，浩谓曰：'汝等将来所生，皆我之自出，可指腹为亲'。"这一习惯，似始于六朝。六朝重门第，士庶之见，深入人心，彼此不得通婚，而胎婚独行于士族。

宋司马温公不以此俗为然，他说："世俗好于襁褓童稚之时，轻许为婚。亦有指腹为婚者，及既长，或有无赖，或有恶疾，或家贫冻馁，或丧服相仍，或从官远方，遂致弃信负约，速狱致讼者多矣。先祖太尉书曰：'吾家男女，必俟既长议婚，既通书，不数月必成婚，故终身无此悔，乃子孙所当法也'。"《元史·刑法志》载："诸男女议婚，有以指腹割襟为定者，禁之。"可知元时已禁止指腹为婚。然而指腹为婚的陋俗绵延未绝，直到民国时民间尚有所闻，法律也不过问。

不过在现代社会这个婚姻自由的时代，媒人已经失去了应有的职能。在现代婚礼上，

媒人可能只是一个摆设了，要在婚礼上专设一酒席谢媒人。至于指腹为婚，就作为陋习被人唾弃而不存在了。

相亲：两亲相见，谓之相亲

原典

不待父母之命，媒妁之言，钻穴隙相窥，逾墙相从，则父母国人皆贱之。

——战国·孟子《孟子·滕文公下》

男家择日备酒礼诣女家，或借园圃，或湖舫内，两亲相见，谓之相亲。男以酒四杯，女则添备两杯，此礼取男强女弱之意。

——南宋·吴自牧《梦粱录》

民俗探源

古时男女授受不亲，女子更是"大门不出，二门不迈"，身处深闺，难睹芳容。在经媒人说合之后，男方一般会提出"看一看"，这种在媒人的带领下到女方家里作初次访问的活动就称之为"相亲"，俗称"看亲"。

相亲的日子由男方提出，由媒人决定时间并通知男女双方，双方都应做好准备。

相亲的方式有两种。一种是由男方父母或婶婶、姑姑等出面，择日走访女家。女方家长一般都会让女儿出来露露面，如倒茶、点烟，男方家人乘势打量女子的容貌、身材、体态、举止等。在泉州、连城等地，还有看女子手掌的习俗。相亲时的观手掌不像算命看相者那样考究、玄乎，通常只是根据女子手掌的软硬和皮肤的粗细来判断她是否有福气。手掌柔软、皮肤细嫩的就是好相，而骨骼突出、肌肉僵硬、皮肤粗糙的就是没有福气的恶相。福建民间还普遍忌讳女子"断掌"（亦称"横掌"，即掌上有一条粗深的纹路自左而右横贯正中，如将手掌从中横断），认为这种女子"命硬"，注定要克死丈夫（男子断掌，则被视为当大官之命）。

另一种是男子本人由媒婆或尊长带着到女家相亲，在观察女方的同时，也接受女方的审视。但男女两人并没有长坐倾谈，女子只是稍微现身一下，就又躲入内室。在漳平，相亲俗称"看新娘"，一般是男子站在大坪（天井）内，女子经过打扮后从左巷头（偏厅）行过大厅进入右巷头，仅此短暂一现而已。与此同时，女方的父母及其他亲属也在观看男子。在建宁，男方登门相亲时，女子先隐蔽窥视，若无异议，便出门倒茶，男子乘机瞥上一眼，若表示同意，就接过茶水。

《东京梦华录》记载，相亲时，男方的亲人或者母亲到女方家，如果看中了，就送一枝钗子插在女孩头上，叫作"插钗子"；如果不中意，就会留下一两块彩缎，给女方压惊，这亲事也就算了。从记载上看，男方对女方是有选择权的，起码男方家长看到了女孩的长相。而女方只能凭媒人三寸不烂之舌，稀里糊涂地把女儿嫁出去。洞房之夜，女子"看见员外须眉皓白，暗暗地叫苦"，咒怨媒人"将我误了"。

无论何种形式的相亲，男方如果感到满意，都会有所表示。一般是送给女子一个小红包，俗称"见面礼"，连女方家庭其他成员也得搭上一份。在清流等地，男方家人还会留下来吃顿饭再走。在莆仙一带，相亲者若吃下对方煮的点心——鸡蛋、线面，即表示中意。在建阳，男青年临走前，姑娘会亲自泡一碗糖开水端给男方喝，若男方喝完这碗糖水，就算是表示满意；若喝下半碗，表示尚须请媒人中介磋商，留有进退周旋的余地；若只是象征性地沾一沾嘴唇，乃出于礼貌，表示不同意该门亲事。

当然，女方也可能会去男方家"拜访"，这在有的地方叫作"看当"。若女方父母不愿意接受款待，执意告辞，表明这门婚事难以告成。此时，男方当然不可费力强留。女方父母通过察看男方家庭情况，欣然接受邀请或者将奉上的香茶一饮而尽，结局则是皆大欢喜。

在相亲之前，一般还会有个"合婚"的过程。合婚又称"合年命""合八字"，古称"卜吉"。在双方同意议婚之初，必须进行"合婚"。古时，人们把男女的幸福灾祸都寄托在命运上，如果"年命"不合，则一切皆好也不能婚配。古人迷信，认为一个人的生辰可以反映出他的命运，而男女双方八字的合与不合则会影响当事人甚至双方家庭的命运。合则是福，不合则是祸。

合婚要先看命相，根据人的生辰八字和阴阳五行的配合，一个人的命相有金命、木命、水命、火命、土命之分。在五行中，有相生者，即木生火，火生土，土生金，金生水，水生木；也有相克者，即水克火，火克金，金克木，木克土，土克水。如果男女二人的命相相生就是命相相合，若是命相相克，就是不合。例如《红楼梦》中尤二姐病重，产下一个未成的男婴，就说是被属兔的冲了。但是用它预测婚姻的祸福则是最流行的方法，并形成了相生相犯的口诀，如下："自古白马怕青牛，羊鼠相逢一旦休；蛇见猛虎如刀斩，金鸡遇犬泪交流；龙逢玉兔云端去，猪与猿猴不到头。"

经过仔细推算，男女双方的命相属相都相合，这样才会走相亲的程序。

说媒：地上无媒不成婚

天上无云不下雨，地上无媒不成婚。

——俗语

雍雍鸣雁，旭日始旦。士如归妻，迨冰未泮。

——《诗经·邶风·匏有苦叶》

民俗探源

封建社会中的传统观念是男女"授受不亲"，强调"天上无云不下雨，地上无媒不成婚"；"父母之命，媒妁之言"。这个"媒妁"指的就是媒人。说媒又叫做媒，就是通过媒人从中说合，让男女双方共结秦晋之好。说媒一般有以下几个步骤。

首先是纳采。纳采，就是男家请媒人向女家说明缔结婚姻的请求。纳采是要携带礼品的。古代用雁，所以这个仪式也称"奠雁"。纳采用雁，有一定的讲究："雁候阴阳，待时乃举，冬夏北，贵有其所。"雁是候鸟，冬天飞往南方，夏季则生活在北方，来去有时。纳采用雁，实际上就等于告诉女家"男大当婚，女大当嫁"，应该像雁那样适时选择其所在。

后世纳采的礼物非常丰富，有时多达五十多种。例如汉代的纳采礼物就有合观、鸳鸯、九子蒲（或墨）、双石、五色丝、长命缕、蒲带、棉絮、卷柏、嘉禾、阿胶、干漆、鱼、鹿等。这些礼物都有先锋赞文，提及这些礼品的象征意义。

其次是纳吉。纳吉是问名之后的下一步。在问名和纳吉之间，有一个内容并不算简单的"地下工作"，即合婚，这也可以看作是纳吉的一部分内容。

纳吉之后，"婚姻之事于是定"，双方交换的帖子类似于后世的结婚证书。此后，男女双方都受到社会伦理的约束，婚姻的终止再不是随便的事情，而要经过双方的协商或外人的调解。同时，男方逢年过节都要给女家送礼，有些地区称之为"缀节"，并且还要供给女方四季衣物。正是因为纳吉的这种特殊意义，人们才对其象征性代表——帖子格外重视，好多地方称其为"龙凤帖"。

最后是纳征。纳征，是男女双方婚约已明确下来后，男家送礼给女家。它是男家迎娶女方必经的最重要的程序。亦即后世的过礼、送嫁妆、卜彩礼。纳征，一般说来，很多物品都必须是成双成对出现的。人们很忌讳单数，认为那是不吉利的象征。

旧时的纳征相当于现在的送聘礼，送礼时间，按惯例一般定于新娘正式过门的前一天。

纳征，北方叫"过大礼"，也

称"完聘""大聘"。这是进入婚姻阶段的重要标志，也是中国婚姻习俗中最重要、最有特色的一环。当男家去女家送聘礼时，必须选择偶数的吉日，由媒人（多半是女性）和男方父母与亲戚（主要是男方的姑母）等，携带聘礼去相亲。把"生庚"二字用金线缝在红绸上，所带的聘礼包括金花店（簪）两对、金环（金镯）两对、金戒指（一只金的，一只铜的）一对、豚肉、喜酒、羊、糕仔、红绸二尺四寸、乌纱绸七尺、蜡烛四对、爆竹、礼香两把、耳饰两对、姜花（糖米花饼）、礼饼等。完聘的聘礼，都陈列在由两个人扛抬的大食盒上，然后按照顺序吹鼓手走前，媒人押后，沿街吹吹打打，送到女家。

接过聘礼的女家，取出其中的一部分聘礼，另外再加上十二种礼物，送还男家作为答礼。然后再由女家向男家奉茶，最后男家才接受女家的酒筵款待。接受此种丰盛酒筵款待的男家，要给每桌酒席奉送银钱谢礼。

这时男家和女家都要筵请亲友，表示两家已经结成秦晋之好。

现代社会，婚姻自主程度越来越高，媒人的光环已日趋暗淡。有的根本不用媒人，一切都是自己做主。有的虽有媒人，但媒人只管牵上线头，介绍两人认识，其余全由自己去谈。有的男女双方从相识、相知到相爱，直到谈婚论嫁的时候，才共同选定一个合适的人"当"媒人，去向双方的家长说透并向社会公众发布。这样的媒人，就只是名义和象征意义上的了。而对于一些苦于无人牵线搭桥的另类情况，求助于"婚姻介绍所"倒是一种不错的选择。

迎亲：上午接亲，晚上拜堂

原典

送子涉淇，至于顿丘。匪我愆期，子无良媒。

——《诗经·卫风·氓》

伐柯如何？匪斧不克。取妻如何？匪媒不得。伐柯伐柯，其则不远。我觏之子，笾豆有践。

——《诗经·豳（bīn）风·伐柯》

媒氏何所营？玉帛不时安。佳人慕高义，求贤良独难。众人徒嗷嗷，安知彼所观。

——汉魏·曹植《美女篇》

尔卜尔筮，体无咎言。以尔车来，以我贿迁。

——《诗经·卫风·氓》

从一惶恐，自陈湖湘人，迎亲窃禄，求哀不已。

——南宋·陆游《老学庵笔记》

叔氏为禄养，迎亲就寒毡。

——清·归庄《噫噫》

上午接亲，晚上拜堂。

——俗语

之子于归，百两御之。维鹊有巢，维鸠方之。之子于归，百两将之。
维鹊有巢，维鸠盈之。

——《诗经·召南·鹊巢》

民俗探源

迎亲，是婚姻的最后一道程序。它是前期获女家允许后而进行的，相当于后世的婚礼大典或狭义的婚礼。古时的婚礼仪式不是一天就能完成的，有时要持续两三天。近代婚礼多为三天，大典之前的一天，女家派人来"铺房"或"暖屋"；中间的一天是迎亲日，迎来新娘后要拜堂合卺，这是正式的婚礼大典；次日闹房。有的地方婚礼为两天，有的只有中间的一天。在婚礼正日，从迎娶到闹房，其间的仪俗丰富多彩，达几十种之多。

在迎亲队伍到来之前，还要做许多准备，一般包括如下内容：

挽面（绞脸）——按照旧式风俗习惯，妇女除非结婚，绝对不可以剃掉脸上的汗毛。唯独在结婚的前夕，也就是在"上头戴髻"之前，才能开始人生第一次的"挽面"。方法是由一名具有"挽面"经验的妇女，手拿一根坚韧的细线，用两手使线呈两角交叉状，紧贴在出嫁女子的脸部，然后用手一弛一张，就可以拔掉脸部的茸毛，使脸部光洁明净。

上头戴髻（上盖头）——就是男女两家各选一个黄道吉日，分别在自宅同时举行。男家是在自宅正庭的中央设一个"五升村"，让新郎坐在上面，面对神佛与祖先的灵位。

这时就要请一个"好命人"，从新郎后面给他梳三次头，然后再让他穿上结婚礼服，戴上礼帽，祭拜大公（太上皇）、三界公（三界大帝）、观音佛祖与祖先，祈求结婚后子孙绵延不绝、万世其昌。

梳头插簪的仪式完了，就穿上结婚礼服，戴上"盖头"，向三界公和其他神佛先祭拜，然后给父母各敬一杯茶，父母喝完之后，也要祭拜天公及其他诸神佛。

在男家，要赶紧布置新房，选择一个好时辰，才能安放新人用的床铺，并祈求神佛保佑平安，所以特称之为"安床"。其他一切用品也都要新买，屋里屋外更要打扫清洁，大门和房门都贴上对联，门楣上还要挂一块长条红布，上面绣有吉祥的词句。女家也要把房间布置得焕然一新，准备招待祝贺的亲友和迎亲的新郎。

食姐妹桌（与姐妹惜别宴）——女子出嫁，即脱离生身父母之爱，从此就要与兄弟姐妹离别，到另外一个新环境度过一生。所以在出嫁的当天，姐妹之间不胜依依之情，而特别举行一次惜别宴，称作"食姐妹桌"，兄弟姐妹在席间说些吉利话，祝福这位出嫁的新人婚姻美满。

惜别宴完了之后，新娘就要进入化妆室，开始人生之中最重要的一次化妆，且在穿上结婚礼服戴上盖头后，回到闺房，静候男家的迎亲。

拜堂：我家新妇宜拜堂

双杯行酒六亲喜，我家新妇宜拜堂。

——唐·王建《失钗怨》

何处春深好，春深嫁女家。青衣转毡褥，锦绣一条斜。

——唐·白居易《和春深二十首·春深嫁女家》

民俗探源

男家把女方迎来之后，也并不是马上进门，而是把喜轿关在门外，俗称此为"憋性子"，意思是把新娘的性格憋得柔顺些。喜轿进门以后，又有许多仪俗。虽然这些仪俗并不一定全部存在于某一地区，但也都是存在过的。

撒谷豆。即在喜轿进门以后，撒谷、豆等，用意是避邪。这是一项比较古老的仪俗，宋以后比较流行，其用意在避"三煞"（青羊、乌鸡、青牛之神），三煞忙于啄食，就危害不到新娘了。

喜轿到院子里，要从预先摆好的炭火盆上慢慢跨过，意思是烧去一切不吉利的东西，日后夫妻会越过越红火。

落轿以后，新郎要象征性地朝喜轿射三次箭，称为"桃花女破周公"，也叫"煞",也是避邪驱祟的意思。

新娘从轿里出来,又有传席之仪。所谓席,也就是铺在地上的红毯。这种习俗在唐代就普遍存在了。唐代诗人白居易的诗《和春深二十首·春深嫁女家》写道:"何处春深好,春深嫁女家。青衣转毡褥,锦绣一条斜。"从诗中可以知道,当时铺的是毡褥。到宋代,人们娶媳妇,轿子进大门,也是"传席以人,弗令履地",这种仪俗的用意,即传宗接代。清人笔记《不下带编·卷二》记载:"今杭惜用米袋承毯,名曰'传袋',又曰'袋袋相传,以袋隐代'。"近人胡朴安的《中华全国风俗志》也记述了浙江的传席风俗:"新妇进门,布袋铺地,辗转更换,令步其上,谓之传袋,犹言传代也。"出轿时,用米袋直铺至花烛前,新娘脚踏米袋,寓意步步高、代代好。

下轿以后,一些地区有跨鞍的仪俗。新娘要跨过马鞍,"鞍"与平安的"安"谐音,这个仪俗的意义就是祝福新郎新娘平安。

新郎、新娘进门后,接着就要"拜堂",又称"拜天地"。拜堂的地方一般在洞房门前,设一张供桌,上面供有天地君亲师的牌位,供桌后方悬挂祖宗神幔。新郎、新娘就位后,由两位男宾引导,行三跪九叩礼,参拜天地、祖宗和父母。然后女东男西,行夫妻对拜礼。雁北、大同一带,拜堂时新郎拜,新娘却不拜,与常俗殊为不同。

入洞房：春宵一刻值千金

原典

久旱逢甘雨，他乡遇故知；洞房花烛夜，金榜题名时。

——北宋·汪洙《神童诗》

洞房昨夜停红烛，待晓堂前拜舅姑。妆罢低声问夫婿，画眉深浅入时无？

——唐·朱庆馀《近试上张籍水部》

幸洞房花烛，得吹箫侣，短檠（qíng）灯火，伴读书郎。

——无名氏《沁园春》

春宵一刻值千金，花有清香月有阴。歌管楼亭声细细，秋千院落夜沉沉。

——北宋·苏轼《春宵》

民俗探源

拜堂完成之后，新郎新娘就要入洞房了，仪俗也是一系列的。诸如坐帐，亦称"坐福"，即新郎新娘双双坐在洞房的炕沿或床边，新郎将自己的左衣襟压在新娘的右衣襟上，表示男人应该压女人一头。

撒帐，这项仪俗是指亲朋在新人入洞房以后，把喜果等撒向新娘怀中，撒在合欢床上，甚至撒向洞房的每一个角落。撒帐的仪俗始于汉代。据记载，汉武帝娶李夫人的时候，要宫人撒五邑同心花果，他们则用衣裙盛着，接到得越多，就预示着得子越多。后世的撒帐和汉武帝时的撒帐用意是相同的，只是所撒的物品有些不同了。一般常见的是枣、栗子、花生等，利用谐音表示"早立子"、男孩女孩"花搭着生"。

入洞房以后还有吃"子孙饺子"的仪俗。古时北京的子孙饺子是由女家包好带来的，由男家煮熟，同时男家还要做长寿面。吃子孙饺子的时候，照例要有一群孩子在窗外问："生不生？"娶亲太太或新郎回答："生！"或者干脆把饺子煮得半生不熟，让新娘自己说"生"。这叫"讨口彩"，是早生孩子的吉兆。

古代婚礼有同牢合卺的仪俗。"同牢"指新人入洞房以后一起吃一牲牢。一起喝酒则叫"合卺（jǐn）"，卺是由同一个瓜、瓠等分剖两半儿做成的瓢。南北朝时的齐，合卺用方（食器），两卺用锁锁着。唐代用酒杯，称"双杯"。宋代将两杯用彩线相连，对饮一杯，称"交杯"，喝毕，掷杯于地，若一仰一合，象征阴阳调谐，大吉大利。同牢、合卺发展为后世的团圆饭、喝交杯酒。

与同牢、合卺同样表示成婚的还有"结发"（一称合髻）。结发本来指束发，后来把原配夫妻称为结发夫妻。结发本来不是婚礼的仪俗，后来演化出婚礼结发的仪俗，即将新婚夫妻的头发象征性地结扎一下，也有新郎新娘分别剪一缕头发用彩线扎在一起做信物的。

洞房里还有一个仪式是"喝交杯酒""守花烛"。交杯酒的习俗开始于周代。《礼记·昏义》记载："（夫妇）共牢而食，合卺而酳。"以一个瓜、瓠剖成两个瓢叫"卺"，举行结婚仪式时，新郎新娘各执一方用酒漱口，就叫"合卺"，此俗演变到后来为"喝交杯酒"。

在古代，婚礼中使用的蜡烛上多半绘有龙凤彩饰。后世以花烛喻结婚。何逊《看伏郎新婚》诗云："何如花烛夜，轻扇掩红妆。"新婚之夜，新娘新郎通宵不睡，谓之"守花烛"。不守花烛者，新人睡后，伴娘须时时进房察看花烛有无损灭，恐有不祥之兆。迷信者有"左烛尽新郎先亡，右烛尽新娘先亡"之说，故如一烛灭时，即将另一烛熄灭。

闹洞房：增添热闹气氛

原典

嫁女之家，三日不息烛，思相离也；娶归之家，三日不举乐，思嗣亲也。

——西汉·戴圣《礼记·曾子问》

绸缪束薪，三星在天。今夕何夕，见此良人？子兮子兮，如此良人何！

——《诗经·唐风·绸缪》

俗间有戏妇之法，于稠众之中，亲属之前，问以丑言，责以慢对，其为鄙黩（dú），不可忍论。

——东晋·葛洪《抱朴子·疾谬》

三日无大小。闹喜闹喜，越闹越喜。人不闹鬼闹。

——俗语

交丝结龙凤，镂彩结云霞。一寸同心缕，千年长命花。

——南北朝·庾信《题结线袋子诗》

侬既剪云鬟，郎亦分丝发。觅向无人处，缩作同心结。

——唐·晁采《子夜歌》

婚礼不用乐，幽阴之义也。婚礼不贺，人之序也。

——西汉·戴圣《礼记·郊特牲》

洞房昨夜停红烛，待晓堂前拜舅姑。妆罢低声问夫婿，画眉深浅入时无？

——唐·朱庆馀《闺意献张水部》

民俗探源

闹房习俗始于先秦汉代时期，婚礼淳朴、肃穆。孔子在《礼记·曾子问》中描述闹洞房的嫁娶情景时说："嫁女之家，三日不息烛，思相离也；娶归之家，三日不举乐，思嗣亲也。"反映了先秦婚礼的淳朴习尚，没有喧嚷纷闹大操大办的场面。入汉以后，社会经济有了长足的发展，人们不再满足古板而沉闷的旧式婚礼，不再固守"三日不举乐"的古训，开始大操大办，使婚礼蒙上世俗的喜庆色彩。

闹洞房是传统婚礼中不可缺少的一个环节，可以算作是婚礼的高潮，各地都有闹洞房的习俗。闹洞房除逗乐之外，还有其他意义。据说闹洞房能驱逐邪灵的阴气，增强人的阳气，闹洞房从积极的意义上说，能增添热闹气氛，驱除冷清之感，因而有的地方又称之为"暖房"。旧时代男女结合多是经人介绍，相互之间比较陌生，闹洞房能够让他们消除陌生感，为新婚生活开个好头。此外，闹洞房还能使亲友彼此熟识，显示家族的兴旺发达，增进亲友间的感情。

闹洞房活动在进行到一定时候，新郎要领着新娘"作揖认亲"。凡是男家的尊长，都要在傧相的赞礼声中一个个进来让新郎新娘拜见，而且要赏一个红包给新娘作见面礼，称之为"作揖包封"。同时，长者要拱手回个"半礼"。这种仪式，能显示家族的团结。

闹洞房是"三天不分大小"，新郎新娘乃至新郎的父母往往会被他人甚至晚辈们取笑捉弄，被捉弄取笑者不能生气，以免破坏新婚的喜庆气氛。当然，闹洞房的人也不能太出格，不能闹得太久，以免影响新婚夫妇休息。尤其不可粗暴起哄，引发不愉快的事。近年来常有因闹洞房过分给新郎新娘带来身心伤害，甚至导致新娘受伤、瘫痪的报道，这样闹洞房就超过了限度，应当引以为戒。

第6章 节气文化篇

传统历法和纪年：天干地支两相配

天干地支两相配，用于历法看轮廻。年月日时均如此，自古到今一脉随。

——《天干地支》歌诀

阴历：每月的时间长度以月亮圆缺交替一次为根据，月亮圆缺变化一次大约是 29.5 天，为构成整数，排列为大月 30 天，小月 29 天，平均为 29.5 天。一年为 354 天，每年的总日数比阳历少 11 天，经过若干年之后，就会出现六月飞雪、十二月酷暑之怪现象。这种日期与季节不对应，不利于农业生产。在历史上也称阴历为太阴历。

阳历：年的时间长度以地球绕太阳公转一周为根据，一年的时间长度大约是 365.2 422 天，即 365 天 5 个多小时，阳历取整数，平年 365 天（大月 31 天、小月 30 天、2 月 28 天），四年一闰（2 月 29 天），闰年为 366 天。阳历与月亮圆缺无关。现在国际上通用的公历就是阳历。

阴阳历：每月日数与阴历相同，但在年的总日数上以设闰月来与阳历中的年总日数相接近。我国在春秋时期创造了"十九年七闰法"，即 19 年里面 7 年算是闰年，闰年多加出一个月来，为 13 个月，这样安排和调节的结果是，阴阳历既反映了月亮的圆缺，也与随阳历而来的气候冷热变化相适应了。我国现在使用的农历就是阴阳历。不少人将农历称为阴历，其实，这只是人们一种习惯上的称呼。

现在大多采用公元纪年，但对一些历史事件的描述，人们还习惯用干支的年号来代称如"戊戌变法""辛亥革命"等，那么，何谓干支纪年法呢？

干支纪年是中国古代的一种纪年法。即以甲、乙、丙、丁、戊、己、庚、辛、壬、癸为天干，子、丑、寅、卯、辰、巳、午、未、申、酉、戌、亥为十二支，把干、支顺序配合。如甲子、乙丑等，经过六十年又回到甲子。周而复始，循环不已。我国农历现仍沿用干支纪年。

干支纪年萌芽于西汉，始行于王莽，通行于东汉后期。汉章帝元和二年（公元 85 年）朝廷下令在全国推行干支纪年。有人认为中国在汉武帝以前用干支纪年。这就是太岁纪年，用太岁所在纪年，干支表示十二辰（把黄道附一周天分为十二等分）。木星 11.862 年绕天一周，所以太岁约 86 年多走过一辰，这叫作"超辰"。在颛顼历上，西汉武帝太初元年（前 104 年）是太岁在丙

子，太初历用超辰法改变为丁丑。汉成帝末年，由刘歆重新编订的三统历又把太初元年改变为丙子，把太始二年（前95年）从乙酉改变为丙戌。到东汉时，历学者没用超辰法。所以太岁纪年和干支纪年从太始二年表面一样。但是用天干和地支搭配纪年的表现方式相传自黄帝时期就开始了，在殷墟商代考古发现过六十甲子表的残片。

干和支的含义：干支是天干、地支的合称。干指天干，共有10个符号：甲乙丙丁戊己庚辛壬癸；支指地支，共有12个符号：子丑寅卯辰巳午未申酉戌亥。干和支组合后用于纪年。即将十天干和十二地支按顺序搭配组合成干支，用于纪年。按此排法，当天干10个符号排了六轮与地支12个符号排了五轮以后，可构成60干支。续排下去又将恢复原状，周而复始，即如民间所说"六十年转甲子"。

二十四节气：来自混元前

原典

春雨惊春清谷天，夏满芒夏暑相连。秋处露秋寒霜降，冬雪雪冬小大寒。每月两节不变更，最多相差一两天。上半年来六廿一，下半年是八廿三。

——《二十四节气歌》

二十四节气，来自混元前。老息他无分，新阳便有缘。从教寒又暑，惯得海为田。此理须看破，何妨日当的。

——宋·陈著《次韵王得淦长至》

民俗探源

二十四节气是中华民族的先民们在远古时代开创的一部历法。这部历法首先确认了一年是 365 天，它和同时代古埃及人确认的一年天数相同。后来，先民们从农业生产出发，又将一年划分为二十四个节气段，每个节气段约 15 天，一年 12 个月，每月两个节气，一年共二十四个节气。这个历法符合地球绕太阳运行的一个回归年的周期规律，是中国人在古代创建的"太阳历"。后来在夏朝时又将二十四节气和中国的"太阴历"结合，改革了太阴历，制定了"阴阳合历"的夏历，也就是现在我们常说的农历。

早在春秋战国时期，我们的祖先就有了日南至、日北至的概念。随后人们根据月初、月中的日月运行位置和天气及动物生长等自然现象之间的关系，把一年平分为 24 等份，并给每等份取名，这就是二十四节气的由来。地球自转一周，就是一天；地球围绕太阳公转一周，就是一年。事实上，二十四个节气也就是表示地球在轨道上的 24 个不同的位置。

我国古代创造二十四节气，是为了适应"天时"，以获得农业丰收，是在反复的实践中，综合天文、物候、农业、气象等各方面经验总结出来的。早在西周就知道用"土圭"测日影的方法来定二至（夏至、冬至）二分（春分、秋分）。今天在河南登封县还保存着世界上最古老的天文台——土圭建筑。到秦代《吕氏春秋·十二纪》里的节气已有 8 个，即立春、春分、立夏、夏至、立秋、秋分、立冬、冬至。汉代《淮南子·天文训》中已有关于二十四节气的记载，与今天的二十四节气完全一样。

从天文学上讲，二十四节气根据地球围绕太阳运行的轨道（黄道 360度），以春分点为零点，分为 24 等分点。每个等分点都根据气候变化、物候特点、农作物生长而设立专有名称。其顺序是立春、雨水、惊蛰、春分、清明、谷雨、立夏、小满、芒种、夏至、小暑、大暑、立秋、处暑、白露、秋分、寒露、霜降、立冬、小雪、大雪、冬至、小寒、大寒。

其中立春、春分、立夏、夏至、立秋、秋分、立冬、冬至是用来划分一年四季的，"二分""二至"是季节的转折点，"四立"表示季节的开始；小暑、大暑、处暑、小寒、大寒表明一年中最热、最冷的时期；白露、寒露、霜降反映气温下降的过程与程度；雨水、谷雨、大雪、小雪反映降雨降雪的程度；惊蛰、清明、小满、芒种反映季节和农作物的生长现象。为了便于记忆，有人根据上述节气名称顺序，编写了一首《二十四节气歌》

春雨惊春清谷天，夏满芒夏暑相连，秋处露秋寒霜降，冬雪雪冬寒又寒。

在这首节气歌中，每句除一两个字外，其余每一个字都代表一个节气。如第一句中除天字外，其余各字代表（立）春、雨（水）、惊（蛰）、春（分）、清（明）、谷（雨）六个节气，其余各句可照此类推。

立春：春朝大于年朝

原典

春朝大于年朝。

——俗语

立春之日，皆青幡帻，迎春于东郭外。令一童男冒青巾，衣青衣，先在东郭外野中。迎春至者，自野中出，则迎者拜之而还。

——南朝宋·范晔《后汉书·祭祀志》

春日饮酒茹葱，以通五脏也。

——战国·庄子《庄子》

民俗探源

按我国传统农历，立春是春季的第一天，自古以来颇受重视，民间也有"新春大如年""春朝大于年朝"的说法。

立春作为节气形成于周代，而立春的重要习俗——迎春的产生和正式举行则开始于东汉时期，《后汉书·祭祀志》记载说："立春之日，皆青幡帻，迎春于东郭外。令一童男冒青巾，衣青衣，先在东郭外野中。迎春者至，自野中出，则迎者拜之而还。"此后历经各个朝代，成为官方重要的礼俗活动，到清朝时，达到高潮。在清朝，迎春礼仪由中央政府制定并且在全国统一施行。

在古代，立春的习俗有很多。

打春。打春又叫"鞭春"，是鞭打春牛的简称。春牛是一头泥塑的土牛，以桑木为骨架，身高四尺，长三尺六寸；头尾全长八尺；画四时八节三百六十日十二时辰图纹。

打春，通常在立春时刻或立春日早晨举行。打春仪式最高由皇帝亲自主持，太监执行。南宋周密《武林旧事》卷二中说："立春，前一日，临安府造进大春牛，设之福宁殿庭，及驾临幸，内官皆用五色丝彩杖鞭牛。御药院例取牛睛以充眼药，余属直阁婆掌管。预造成小牛数十，饰彩幡雪柳，分送殿阁，备随以金银线彩段为酬。"

地方上，各个县以上的政府都要主持打春牛活动。这一天，府官相关官员身穿朝服，带着一班随从，抬着春牛到后土祠举行仪式，宣读祭文，然后用"五彩鞭神"抽打春牛，直到春牛被打碎，将碎了的泥土拌和五谷撒向空中，祈求后土娘娘保佑全年风调雨顺、五谷丰登。立春后一天，举行"劝耕"仪式，官员们来到扬州郊外田野"省耕旧舍"，由主要官员亲自驾牛套犁，扶着犁把耕田，再象征性地撒些谷物种子，意味着春天的农作开始。

抢春。官吏打春后，春牛破碎，人们抢取牛土和牛纸的行为称为"抢春"。有些地方，制作春牛时在牛腹中事先放些食品，供人们争抢。

打春官。打春官流行于浙江等地。每年立春日的"迎春"活动中，由当地管农事的胥吏，有时是乞丐扮演春官，头戴无翅乌纱帽，身穿朝服，脚登朝靴，坐在四周围上红布的明轿中巡游街市，表演幽默风趣的动作。也有拿着"春鞭"边走边表演赶牛的。人们争向春官掷米，谁掷中了一年吉利。

戴春鸡。春鸡又叫迎春公鸡。立春前，年轻妇女用彩色碎布缝制"送春娃娃""唤春咕咕（布谷鸟）""迎春公鸡"之类节日佩饰物，立春日佩挂在孩子胸前或左衣袖上，预示新春吉祥。未种牛痘的孩子，春鸡嘴里还要衔一串黄豆，以鸡吃豆来寓意孩子不生天花、麻疹等疾病。

写春贴、作春福。春贴是立春时节用来装饰房屋的。这个习俗早在晋代荆楚地区就已经存在，如《古今图书集成》和《岁时杂咏》记载，北宋司马光和欧阳修都写有类似绝句的春贴。

春盘、春饼、春酒。春盘源自晋代五辛盘，用于宴席和馈赠。这"五辛"分别是：小葱、大蒜、辣椒、姜和芥末。《遵生八笺》记载，晋于立春日以芦菔（萝卜）、芹菜为春盘。唐代立春用的春盘，据杜甫《立春》诗写道："春日春盘细生菜，忽忆两京梅发时。盘出高门行白玉，菜传纤手送春丝。"就有生菜和萝卜丝。苏轼的诗歌菜单上写宋时的春盘，"辛盘得春韭""青蒿黄韭试春盘"，则是青蒿和黄韭。明清立春用萝卜和生菜制作春盘。时代和地域不同，盘中之物也就稍有变化，但大都是用"五辛"搭配时新的蔬菜。

春饼与春盘齐名，早在唐代就已出现。春饼是把小面团擀成薄饼烙制而成的。"春饼卷春盘"，即将萝卜细丝和其他的辛辣菜蔬用春饼裹卷共食。清代林兰痴有诗曰："调羹汤饼估色春，春到人间一卷之。二十四番风信过，纵教能画也非时。"

吃春饼是北方人的习俗。春饼就是用白面擀成圆形的饼，用饼铛或锅烙制而成。在清朝时，春饼的制作程序是：擀面皮加包火腿肉、鸡肉等物或四季时令菜心，油炸供客。又咸肉、蒜花、黑枣、胡桃仁、白糖共碾碎，卷春饼切段。到了现在，春饼的吃法演变为春饼抹甜面酱，卷洋角葱后食用。

庄子说："春日饮酒茹葱，以通五脏也。"立春无酒，农舍间会少了红发酡颜的醉翁，农民们也少了"把酒话桑麻"的谈兴。宋诗中提到立春饮的酒常是黄柑酿的。现在，北方人喝的是烧酒，南方人饮的是米酒。

雨水、惊蛰："种稻""冒鼓"

雨水种稻。

——农谚

凡冒鼓必以启蛰之日。

——西周·周公旦《周礼》

初闻雷则抖衣，日蚤虱不生。

——明·刘侗、于奕正《帝京景物略》

惊蛰日，取石灰糁门限外，可绝虫蚁。

——唐·孙思邈《千金月令》

民俗探源

雨水节气的含义是降雨开始，雨量渐增，在二十四节气的起源地黄河流域，雨水之前天气寒冷，但见雪花纷飞，难闻雨声淅沥。雨水之后气温一般可升至0℃以上，雪渐少而雨渐多。可是在气候温暖的南方地区，即使隆冬时节，降雨也不罕见。

雨水不是节日，所以这天民间很少有过节的习俗活动，不过在四川一带，每年雨水节气时，当地出嫁的女儿要带上罐罐肉、椅子回去拜望父母。

久婚未孕的女儿，也要带上礼物回娘家。母亲会给女儿缝制一条红裤子，穿在衣裤里面，以示吉祥，祈求来年得子。

对于庄稼来说，雨水这天最宜种稻和移植柑橘，农谚说："雨水种稻。雨水节，接橘。"

民间将惊蛰称为"二月节"。其由来是源于东汉刘歆的《三统历》。在东汉之前的西汉《礼月令疏》将惊蛰放在正月，将清明放在二月。《三统历》将惊蛰改为二月节。既然是节，自然有许多相应的节日习俗。

惊蛰是雷声引起的。古人想象雷神是位鸟嘴人身，长了翅膀的大神，一手持锤，一手连击环绕周身的许多个天鼓，发出隆隆的雷声。惊蛰这天，天庭有雷神击天鼓，人间也利用这个时机来蒙鼓皮。《周礼》卷四十《挥人》篇上说："凡冒鼓必以启蛰之日。"

晚清民初时惊蛰这天有"咒雀"的风俗。《中华全国风俗志》说："惊蛰为旧历二月节，是日清晨，农家之家尝听见雀鸣，即唤起牧童，往田间咒雀。牧童得命，手提铜器一具，急忙跑至田间，顺着田埂而行，随行随敲，随敲随唱咒雀词曰：'金嘴雀、银嘴雀，我今朝来咒过，吃着我的谷子烂嘴壳……'其意盖谓今日咒过，迨到谷熟之时，鸟雀便不敢来啄；必须将自家所有之田埂走遍，始可回家。"相传这种咒雀词念过之后，五谷成熟时，鸟雀就不会去啄吃谷米。

有些地方的人在惊蛰时听到第一声春雷，赶快使劲抖衣服，认为这样不但可以抖掉身上的虱子跳蚤，而且一年都将免受这些寄生虫的骚扰。晚明刘侗、于奕正《帝京景物略》卷二《春场》里就说："初闻雷则抖衣，日蚤虱不生。"

《千金月令》上说："惊蛰日，取石灰糁门限外，可绝虫蚁。"石灰原本具有杀虫的功效，在惊蛰这天，撒在门槛外，认为虫蚁一年内都不敢上门，这和闻雷抖衣一样，都是在百虫出蛰时给它一个"下马威"的举动，希望害虫不敢来骚扰。

对农民来说，惊蛰这天正是他们忙着播种插秧的时刻。民初时安徽含山有一首民谣《春雷动》唱道："春雷动，春雷响，春雷下来农人忙；早晨春雷忙播种，中午春雷忙插秧，晚上春雷把米藏。"惊蛰这天的雷声，保证了秋时的收成。古代农民以惊蛰有无雷声来占卜一年的丰歉，所以农谚中有"惊蛰闻雷，米面如泥（言其多）""惊蛰未蛰（言无雷），人吃狗食"的话。

春分、清明：春分有雨到清明

原典

春分前后，官中祠庙皆有大臣致祭，世家大族亦于是日致祭宗祠。

——清·富察敦崇《燕京岁时记》

清明日，家家门插新柳，俗意谓可祛疫鬼。

——胡朴安《中华全国风俗志》

日月阳阴两均天，玄鸟不辞桃花寒。从来今日竖鸡子，川上良人放纸鸢。

——唐·刘长卿《春分》

春分雨脚落声微，柳岸斜风带客归。时令北方偏向晚，可知早有绿腰肥。

——南唐·徐铉《七绝·苏醒》

仲春初四日，春色正中分。绿野徘徊月，晴天断续云。

——南唐·徐铉《春分日》

立春阳气转，雨水沿河边。

——《节气歌》

民俗探源

春分节气的许多习俗。北京、天津、河北、山东、山西、浙江等地都有春分日酿酒的习俗。1913 年浙江《于潜县志》记载，当地"'春分'造酒贮于瓮，过三伏糟粕自化，其色赤，味经久不坏，谓之'春分酒'"。在山西陵川，这天不仅要酿酒，还要用酒醴祭祀先农，祈求庄稼丰收。

清朝时，官府和世家大族在春分日要祭祖。清代富察敦崇《燕京岁时记》中说："春分前后，官中祠庙皆有大臣致祭，世家大族亦于是日致祭宗祠。"山东平阴春分日祭祖先。贵州平坝春分日建有祠堂的家族要聚集在一起祭宗祠。浙江宣平这天祭家庙。

梁代宗懔《荆楚岁时记》中说："南北朝时，江南人春分这天在屋顶上栽种戒火草，如此就整年不必担心有火灾发生了。"戒火草是哪种植物？清代吴其浚《植物名实图考》中提到两种辟火草：一种是俗称八宝草、佛指甲或火焰草的景天，盆栽置放于屋顶上以辟火灾；另一种则是仙人掌，把仙人掌种在墙头，也具有辟火的功能。

安徽南陵称春分为"春分节"。这天黄昏，乡村的儿童会争相敲打铜铁响器，声传村外，东乡叫"逐厌毛狗"，北乡叫"逐疫气"，南乡叫"逐毛狗"，西乡叫"逐野猫"。广东阳江妇女在这天到山上采集百花叶，舂成粉末，与米粉和在一起做汤面吃，说是能清热解毒。

清明既是节气，又是我国重要的传统节日。由节气演变为节日，"清明"已有两千多年的历史。节气与节日的区别在于，前者单纯反映气候变化和时节的顺序，后者包括一定的风俗活动和一定的纪念意义。清明时祭祖扫墓是主要活动之一。

黄河流域、淮河流域、长江流域等地家家户户清明节这一天在门头上插柳、在屋檐下挂柳、妇女头上簪柳、男子身上佩柳、儿童吹柳管、墓前插柳挂纸钱。《中华全国风俗志》记淮河岸边的寿春（今安徽寿县）岁时说："清明日，家家门插新柳，俗意谓可祛疫鬼。"《芜湖古今》记芜湖风俗时说，清明日"清晨，街市叫卖杨柳。家家折一枝绿柳蘸上清水插上门楣。妇女则结杨柳球，戴在鬓边"。江淮之间的和县、含山、无为等县也有清明节这天用柳叶的焦、青，占卜农作物丰歉的习惯，如谚语说的："清明柳叶焦，二麦（指大麦、小麦）吃力挑"，"檐前插柳青，农夫休望晴"。清代杨韫华《山塘棹歌》说长江下游苏南清明插柳风俗："清明一霎又今朝，听得沿街卖柳条。相约比邻诸姊妹，一枝斜插彩云翘。"

清明正值暮春三月，天清气朗，是出游的好时机，所以有的人把扫墓和郊游结合起来，到野外做春日之游，然后围坐饮宴，抵暮而归。宋代张择端《清明上河图》就描绘了当时东京（今河南开封）清明节时人们扫墓踏青归来的情景。山东博兴的民众认为"清明踏了青，不患脚疼病"。在广东高明，妇女常常携伴郊游拾翠。

另外，清明还有荡秋千和放风筝的习俗。

谷雨："谷雨赏牡丹""单斩蝎子精"

神祠别馆筑商人，谷雨看花局一新。不信相逢无国色，锦棚只护玉楼春。

——清·顾禄《清嘉录》

谷雨如丝复似尘，煮瓶浮蜡正尝新。牡丹破萼樱桃熟，未许飞花减却春。

——宋·范成大《四时田园杂兴》

旅人游汲汲，春气又融融。农事蛙声里，归程草色中。独惭出谷雨，未变暖天风。子玉和予去，应怜恨不穷。

——唐·周朴《春中途中寄南巴崔使君》

春山谷雨前，并手摘芳烟。绿嫩难盈笼，清和易晚天。且招邻院客，试煮落花泉。地远劳相寄，无来又隔年。

——唐·齐己《谢中上人寄茶》

二月山家谷雨天，半坡芳茗露华鲜。春醒酒病兼消渴，惜取新芽旋摘煎。

——唐·陆希声《阳羡杂咏十九首·茗坡》

谷雨过三天，园里看牡丹。谷雨节到莫怠慢，抓紧栽种苇藕芡（qiàn）。

——谚语

民俗探源

谷雨是农田耕作时节，民间的习俗大多与耕作有关。

谷雨节流行禁杀"五毒"。谷雨以后气温升高，病虫害进入高繁衍期，为了减轻虫害对农作物及人的伤害，农家一边进田灭虫，一边张贴谷雨贴，进行驱凶纳吉的祈祷。这一习俗在山东、山西、陕西一带流行。

谷雨贴属于年画的一种，上面刻绘神鸡捉蝎、天师除"五毒"形象或道教神符，有的还附有"太上老君如律令，谷雨三月中，蛇蝎永不生"，"谷雨三月中，老君下天空，手迟七星剑，单斩蝎子精"，"谷雨三月中，蝎子逞威风，神鸡口一嘴，毒虫化为水"等文字说明。山东的谷雨贴采用黄表纸制作，以朱砂画出禁蝎符，贴在墙壁或蝎穴处，寄托人们查杀害虫、盼望丰收与安宁的心理。

河南洛阳是牡丹花的故乡，牡丹盛开时节正值谷雨，所以人们又将牡丹花称为"谷雨花"，并衍生出"谷雨赏牡丹"的习俗。凡有花之处，就有仕女游观。也有在夜间垂幕悬灯，宴饮赏花的，号称"花会"。清代顾禄《清嘉录》记载："神祠别馆筑商人，谷雨看花局一新。不信相逢无国色，锦棚只护玉楼春。"

对于渔民而言，谷雨节要祭海。谷雨正是春海水暖之时，百鱼行至浅海地带，是下海捕鱼的好日子。为了能够出海平安、满载而归，谷雨这天渔民举行海祭，祈求海神保佑。因此，谷雨节也被称为渔民的"壮行节"。这一习俗在今天山东胶东、荣成一带仍然流行。过去，渔民由渔行统一管理，海祭活动由渔行组织。祭品为去毛烙皮的肥猪一头，用腔血抹红，白面大馍馍十个。另外，还准备鞭炮、香纸。渔民合伙组织的海祭没有整猪的，就用猪头或蒸制的猪形馍馍代替。古代村村都有海神庙或娘娘庙，祭祀时辰一到，渔民便抬着供品到海神庙、娘娘庙前摆供祭祀，有的还将供品抬到海边，敲锣打鼓，燃放鞭炮，面海祭祀，场面十分隆重。

"吃好茶，雨前嫩尖采谷芽"。真正的好茶采自谷雨时节，味道香醇。谷雨又名"茶节"，谷雨前采摘的茶叶细嫩清香，味道最佳，因此谷雨品尝新茶，相沿成习。此时也是采茶、制茶、交易的大好时机。相传喝了谷雨茶能解凉消毒，夏天不易生痱子、疱子。

谷雨这一天，北京人有采食香椿的习俗。谷雨节的香椿醇香爽口营养价值高，谚语有"雨前香椿嫩如丝"的说法。香椿有提高机体免疫力、健胃、理气、止泻、润肤、抗菌、消炎、杀虫的功效，可炒食、凉拌、油炸、干制、腌渍。

晋西北地区在谷雨节前后挖野菜吃。春季，植物新芽吐放，把鲜嫩的柳叶、杨叶采回家，泡去苦味，煮渍后加调味可为小菜；榆钱嫩黄，采回摘洗干净，加面粉，俗称"傀儡"。槐花、苜蓿花也同样可照此食用。

在古代，谷雨有个奇特的风俗，庄户人家的大姑娘小媳妇无论有事没事，都要挎着篮子到野外走一圈回来，称为"走谷雨"。她们这样做，意图是想走出一个五谷丰登、六畜兴旺的好年成。

谷雨的河水非常珍贵，被称

为"桃花水"，传说用它洗浴可消灾避祸。谷雨节人们用"桃花水"洗浴，举行射猎、跳舞等庆祝活动。

在陕西白水县，谷雨有祭祀文祖仓颉的习俗。"谷雨祭仓颉"是自汉代以来流传千年的民间传统。

立夏：立夏得食李，能令颜色美

原典

四时天气促相催，一夜熏风带暑来。陇亩日长蒸翠麦，园林雨过熟黄梅。莺啼春去愁千缕，蝶恋花残恨几回。睡起南窗情思倦，闲看槐荫满亭台。

——宋·赵友直《立夏》

立夏之日，蝼蝈鸣；又五日，蚯蚓出；又五日，王瓜生。

——先秦《逸周书·时训》

（孟夏之月）立夏之日，天子亲帅三公、九卿、诸侯、大夫，以迎夏于南郊。还反，行赏，封诸侯，庆赐遂行，无不欣说。

——西汉·戴圣《礼记·月令》

立夏取平日曝晾之米粉春芽，并用糖（táng）面煎作各式果叠，往来馈遗。

——清·潘荣陛《帝京岁时纪胜·立夏》

时逢立夏出奇谈，巨秤高悬坐竹篮。老少不分齐上秤，纽绳一断最难堪。

——苏南民谚

民俗探源

　　立夏在谷雨后 15 日，民间习惯上以为这是春季的结束、夏季的开始。这时大部分地区气候温暖，作物生长发育旺盛。所以农谚说："立夏在朝遍地锄"，"夏天不锄地，冬天饿肚皮"，"夏天多锄地，粒粒吃得饱"，"夏天拾把草，冬天变成宝"，"清明种麻，谷雨花，立夏种稻点芝麻"。

　　中国自古重视立夏节气。据《后汉书》载，此日到来时，皇帝要带领百官，到京城的南郊去迎夏。君臣皆穿朱红色衣服，佩红玉饰，乘坐赤色马，车子、旗帜也是红色的。这是因为按阴阳五行观念，夏是南方，属火，颜色为红。所以在顺应天意，到郊外迎夏天到来时，要以红色为饰。皇帝除了举行迎夏仪式外，并指令司徒等官分赴各地，勉励农民抓紧夏季耕作。

　　在后世，立夏还有尝新等节日活动。如苏州有"立夏见三新"之谚，"三新"为樱桃、青梅、麦子，用以祭祖。在常熟，尝新的食物更为丰盛，有"九荤十三素"之说，"九荤"为鲥、鲚、咸蛋、螺蛳、熄（即放在微火上煨熟；一种烹调方法，用多种香料加工而成为熄鸡）鸡、腌鲜、卤虾、樱桃肉、鲳鳊鱼；"十三素"包括樱桃、梅子、麦蚕（新麦揉成细条煮熟）、笋、蚕豆、茅针、豌豆、黄瓜、苣笋、草头、萝卜、玫瑰、松花。在南通，则吃煮鸡、鸭蛋。

　　进入夏天，由于天热，不但食欲大减，吃不下饭，晚上也睡不好觉，古代中国称这种情形为"疰夏"（疰，夏季长期发烧的病）。为了避免疰夏，在立夏这天有许多礼俗来预防。除了坐在门槛上吃豌豆糕、吃健脚笋外，苏州人还喝"七家茶"，茶叶不能用自己家的，要向邻舍乞讨，还不可少于七家，把讨来的茶叶混在一起，用去年堆在门墙边的"撑门炭"来烧水泡茶喝。喝了七家茶，夏天就可以身体强健，百病不生。小孩子则喂他们吃猫狗吃剩的食物（苏州人称之为"猫狗食"），如此一来，小孩也会像猫狗畜生一样好带好养。

在安徽徽州，立夏日则吃肉、吃苣叶馃，据说吃了肉就可不掉肉，使身体保持强壮。吃了苣叶馃（一种油炸的面食；旧时点心），可不中暑，不生疖。孩子们还吃鸡蛋韭菜油炒饭，也是为防赖夏（瘴夏）。而浙江开化，则吃猪脚，说是"立夏食猪脚，登山不歇脚（脚不酸痛）"。也吃竹笋，叫接骨笋。武义县则吃红枣、桂元煮鸡蛋、吃蚕豆烧肉、竹笋烧肉、蚕豆汤等。江西南昌此日则吃米粉肉，叫作"撑夏"，也是防止夏日消瘦之意。

此外，立夏日还有称人体重之俗。苏南一首《海虞风俗竹枝词》："时逢立夏出奇谈，巨秤高悬坐竹篮。老少不分齐上秤，纽绳一断最难堪。"描述了这种风俗的有趣场面。有的地区还在称完后，吃豆沙馅团子，即塌饼，以求身体健壮。立夏尝新与称体重均与防暑和夏日饮食相关。

其他的习俗还有，河南、贵州、云南等地俗以为立夏日无雨，主旱。俗谚"立夏不下，犁耙高挂"，"立夏无雨，碓头无米"。江苏东台一带，立夏日忌讳小孩坐门槛，说是"立夏日坐门槛，容易打瞌睡"。《月令粹编》中说，妇女在立夏这天把李子榨汁混入酒中喝下肚，称为"驻色酒"，认为能青春永驻。谚语也有"立夏得食李，能令颜色美"的话。

小满、芒种：麦黄农忙，绣女出房

原典

枇杷黄后杨梅紫，正是农家小满天。

——清·王泰偕《吴门竹枝词四首·其四·小满》

最爱江南小满天，樱桃烂熟海鱼鲜。

——明·薛文炳《闲居杂兴》

惊蛰乌鸦叫，小满雀来全。送走三春雪，迎来五月天。江南频落雨，塞北屡经寒。节令轮流去，黎民望瑞年。

——宋·王之道《遣兴》

缲作缲车急急作，东家煮茧玉满镬，西家卷丝雪满簝（yuè）。汝家蚕迟犹未箔，小满已过枣花落。

——宋·邵定《缲车》

五月芒种节后，阳气始亏，阴慝（tè）将萌，暖气始盛，虫蠹并兴，乃弛角弓弩，解其徽弦，张竹木弓弩，弛其弦，以灰藏旃裘毛毳之物及箭羽，以竿挂油衣，勿辟藏。

——北魏·贾思勰《齐民要术》

麦黄农忙，绣女出房。

——谚语

民俗探源

小满相传为蚕神诞辰，因此江浙一带在小满节气期间有一个祈蚕节。我国农耕文化以"男耕女织"为典型，女织的原料北方以棉花为主，南方以蚕丝为主。蚕丝需靠养蚕结茧抽丝而得，所以我国南方农村养蚕极为兴盛，尤其是江浙一带。

蚕是娇养的"宠物"，很难养活。气温、湿度、桑叶的冷、熟、干、湿等均影响蚕的生存。由于蚕难养，古代把蚕视作"天物"。为了祈求"天物"的宽恕和养蚕有个好的收成，因此人们在四月放蚕时节举行祈蚕节。

祈蚕节没有固定的日期，各家在哪一天"放蚕"便在哪一天举行，但前后差不了两三天。南方许多地方建有"蚕娘庙""蚕神庙"，养蚕人家在祈蚕节均到"蚕娘""蚕神"前跪拜，供上酒、水果、丰盛的菜肴。特别要用面粉制成茧状，用稻草扎一把稻草山，将面粉制成的"面茧"放在其上，象征蚕茧丰收。

除了祈蚕，浙江海宁一带在小满还要举行"抢水"仪式。这种仪式多由族长约集各户，确定日期，安排准备，到小满黎明燃起火把吃麦糕、麦饼、麦团等。族长以鼓锣为号，众人以击器相和，踏上事先装好的水车，数十辆一齐踏动，把河水引灌入田，至河浜水干为止。

祭车神也是农村古俗。传说"车神"为白龙，农家在水车基上放置鱼肉、香烛等祭拜，特殊之处是祭品中有一杯白水，祭拜时将白水泼入田中，有祝福水源涌旺的意思。

北魏高阳太守贾思勰《齐民要术》卷三说："五月芒种节后，阳气始亏，阴匿将萌，暖气始盛，虫蠹并兴，乃弛角弓弩，解其徽弦，张竹木弓弩，弛其弦，以灰藏旃裘毛毳之物及箭羽，以竿挂油衣，勿辟藏。"这是说芒种之后夏天炎热闷湿的天气即将来临，因此应把绷紧的弓解开，让弦松弛，免得弓弩被霉湿之气蚀坏。怕潮的皮货毛衣也该埋入干燥的灰堆里防潮，油纸雨衣也要用竹竿晾开，免得因霉生虫，把它蛀坏了。正因为芒种之后，梅雨天就要来临，所以贾思勰提醒人们在芒种时早做准备。

芒种是麦类有芒作物开始成熟收割的季节，同时也是农忙的季节。山西荣河开始收获大、小麦，称之为"农忙"，连妇女也要下地，所以有谚语说："麦黄农忙，绣女出房。"河北盐山这天要用刀在枣树上划几下，叫作"嫁树"，认为这样可以多结果实。

江南地区芒种日举行饯花会。人们认为芒种一过，便是夏日，众花凋谢，花神退位，便要摆设多种礼物为花神饯行。也有的人用丝绸悬挂花枝，以示送别。曹雪芹在《红楼梦》第二十七回写芒种节道："这日，那些女孩子们，或用花瓣柳枝编成轿马的，或用绫锦纱罗叠成干旄旌幢的，都用彩线系了。每一棵树上，每一枝花上，都系了这些物事。满园里绣带飘飘，花枝招展。"

夏至：要嬉夏至日

原典

夏至，日行近道，乃参于上。

——秦·吕不韦《吕氏春秋·有始》

夏至午之半，一阴巳复生。坚冰亦驯至，顾岂一朝成。万物方茂悦，安知有凋零。君子感其微，恻笑几失声。

——元·赵孟頫《夏至》

忆在苏州日，常谙夏至筵。粽香筒竹嫩，炙脆子鹅鲜。

——唐·白居易《和梦得夏至忆苏州呈卢宾客》

李核垂腰祝饐（yì），粽丝系臂扶嬴。

——宋·范成大《夏至二首·其一》

夏至日，进扇及粉脂囊，皆有辞。

——唐·段成式《酉阳杂俎·礼异》

夏至之日始，百官放假三天。

——宋·庞元英《文昌杂录》

夏至入头九，羽扇握在手；二九一十八，脱冠着罗纱；三九二十七，出门汗欲滴；四九三十六，卷席露天宿；五九四十五，炎秋似老虎；六九五十四，乘凉进庙祠；七九六十三，床头摸被单；八九七十二，子夜寻棉被；九九八十一，开柜拿棉衣。

——宋·周遵道《夏至九九歌》

民俗探源

由于夏季节日较少，而夏至又是一个很重要的节令，繁忙的夏收、夏种，迎夏粮入库多于此时展开，需要有较好的饮食。夏至天气又最炎热，要进行种种饮食休息，纳凉防暑，所以夏至便成为了节日，相沿至今。

夏至，古时又称夏节。在《吕氏春秋·有始》中的"夏至，日行近道，乃参于上"是较早的记载。汉代已成为较重要的节日。当然，由于此时正是夏忙，所以节日活动较少。夏至后，人们多要进行种种防暑工作。人们要吃凉食，歇晌午眠，吃补食，以迎接夏收、夏种的繁忙节令。防暑的冷食、凉食在夏至大行其道。

早在周代，就设有专门的为王室管理冰政的"凌人"。《周礼》卷五："凌人掌冰正，岁十有二月，令斩冰，三其凌。"即说于十二月斩下冰块堆积入窖中，要藏三倍于夏日的冰需求量才够（因为冰要融化掉三分之二）。夏季，将冰块放入青铜制的冰鉴中，待其融化，便可降温。以后历代也都有冬季藏冰之俗。

宋代《文昌杂录》里记载，夏至到，百官放假三天。这一天，各地的农民忙着祭天，北方祈雨，南方求晴。《荆楚岁时记》记述，长江中下游正值梅雨季节，人们在夏至这天把菊叶灰撒在农作物上，预防病虫害。

明代《帝京景物略》卷二，也写到当时皇家冬日采冰之事。夏季取冰出来，可供纳凉，或在夏日时赐予大臣。当然要首先满足皇家之需。《燕京岁时记》："京师自暑伏日起，至立秋日止，各衙门例有赐冰，届时，由工部颁给冰票，自行领取，多寡不同，各有等差。"而民间没有赐冰，则主要靠购买。商家于冬日藏冰，

盛夏时卖给海鲜店，或卖给做冷饮生意的小贩，用来冰东西，如《清嘉录》所记。用冰冻过后的冷饮自然更凉爽可口。

古代，夏日冷饮已经极多。《东京梦华录》《武林旧事》里，记录的砂糖绿豆汤、漉梨浆（梨汁）、木瓜汁、卤梅水（酸梅汤）、香薷饮、红茶、苦茶、甘豆汤等，均是今天我们常饮的饮料。另外如凉粉、金银花与菊花汤，今亦常见。民间还有"结茶缘"之俗，即提供免费茶水，于路边摆设茶壶、茶杯供行人饮用解暑，亦是美俗，如今也还存在。

饮食方面，北京、山东是"冬至饺子夏至面"。陕西吃粽子。在南方，农家擀面做薄饼，烤熟，夹杂青菜、豆荚、豆腐及腊肉，祭祖后食用或赠送给亲友。江苏无锡早晨吃麦粥，中午吃馄饨，取混沌和合之意。吃过馄饨，为孩童称体重，希望儿童体重增加，身体健康。湖南浏阳大多吃醮坨。醮坨由米粉做成，加韭菜等作料煮食，又叫圆糊醮。民国以前，很多农户将醮坨用竹签穿好，插到水田的缺口，燃香祭祀祈祷丰收。小孩子和叫花子早待此日，以便到时摘取醮坨，乘机饱食一顿。

有些地区，未成年的外甥和外甥女到娘舅家吃饭，娘舅一定用苋菜和葫芦做菜，俗话说："吃了苋菜，不会发痧；吃了葫芦，腿里就有力气。"也有的到外婆家吃腌腊肉，说是吃了就不会疰夏。

其他的习俗还有，浙江绍兴有"嬉，要嬉夏至日"的俚语。过去，无论贫富之家，夏至日都祭祖，俗称"做夏至"。除常规供品外，特加一盘蒲丝饼。有的吃生黄瓜和煮鸡蛋来治"苦夏"。在夏至，还有求雨或求晴、祭田公田婆等风俗，总之是与农业有关的祈求丰收活动。古代皇帝则于此日祭祀地神。

小暑、大暑：头伏饺子二伏面

原典

暑气至此尚未极也。

——明·王象晋《群芳谱》

暑，热也，就热之中分为大小，月初为小，月中为大，今则热气犹小也。

——元·吴澄《月令七十二候集解》

头伏萝卜二伏菜，三伏还能种荞麦；头伏饺子，二伏面，三伏烙饼摊鸡蛋。

——俗语

倏忽温风至，因循小暑来。竹喧先觉雨，山暗已闻雷。

——唐·元稹《小暑六月节》

小暑开鹏翼，新莺（míng）长鹭涛。

——唐·耿湋《登沃州山》

小暑金将伏，微凉麦正秋。

——唐·武元衡《夏日对雨寄朱放拾遗》

一候腐草为萤；二候土润溽暑；三候大雨时行。

——民谚

大暑三秋近，林钟九夏移。桂轮开子夜，萤火照空时。

——唐·元稹《咏廿四气诗·大暑六月中》

时暑不出门，亦无宾客至。静室深下帘，小庭新扫地。

——唐·白居易《夏日闲放》

老柳蜩（tiáo）蟝噪，荒庭熠燿流。人情正苦暑，物怎已惊秋。

——宋·司马光《六月十八日夜大暑》

民俗探源

《月令七十二候集解》中说："六月节……暑，热也，就热之中分为大小，月初为小，月中为大，今则热气犹小也。"古籍《群芳谱》中也说："暑气至此尚未极也。"这时，暑气上升气候炎热，但还没热到极点。人们常说"热在三伏"，小暑时节，江淮地区虽尚未进入伏天，却已为时不远。提醒百姓特别注意防暑降温。

旧时民间度过伏天的办法，就是吃清凉消暑的食品。俗话说"头伏饺子二伏面，三伏烙饼摊鸡蛋"。这种吃法便是为了使身体多出汗，排出体内的各种毒素。

头伏吃饺子是传统习俗，伏日人们食欲不振，往往比常日消瘦，俗谓之苦夏，而饺子在传统习俗里正是开胃解馋的食物。山东有的地方吃生黄瓜和煮鸡蛋来治苦夏，入伏的早晨吃鸡蛋，不吃别的食物。

小暑节气，有些农作物已经收获，所以有的地方流行"尝新"，如安徽西南部，每到这个时候，人们在院中、屋内摆上供桌，放上小麦，贴上"福"字，焚香放炮，祈求秋后五谷丰登。仪式结束，大人小孩围坐一起，高高兴兴地吃上一顿。

对于喜欢旅游观光的人，趁着天还不太热，成群结队出门游玩赏景，呼吸新鲜空气，欣赏大自然的山花野草。应该说，小暑带给人们的是无限乐趣。

民间大暑习俗较多。鲁南地区这一天特别讲究喝羊肉汤，且称之为"喝暑羊"。直到现在，山东枣庄的一些羊肉汤馆逢大暑日还会出现人满为患的局面。

浙江椒江口附近专门有大暑庙会，其中主要的祈福仪式，就是"送大暑船"。相传晚清时，这一带病疫流行，大暑前后到达顶峰。民间认为这是张元伯、刘元达、赵公明、史文业、钟仕贵"五圣"（均系凶神）所致，于是建五圣庙，祈求"五圣"保佑一方平安。后选大暑为供奉日，并用渔船将供品沿江送到江口外，以示虔诚之心。久而流传，便形成了"送大暑船"的习俗。晚清俞曲园《右台仙馆笔记》卷十二有一则《大暑船》说："同治中，临海县民比年病疫过大暑不瘳，乃于次年相约为送船之会，亦其旧俗然也。其船如商船之式，船具如桅樯舵橹，用具如桌椅床榻、枕簟被褥，食物如鸡彘鱼虾、米谷豆麦，备御之具如刀矛枪炮无一不备；惟盛米之袋甚小，仅受一升，而数则以万计，皆村民所施也。前大暑数日，大建道场，至大暑日，送之出海，听其所之，俗呼为'大暑船'。"

大暑节福建莆田有吃荔枝的习俗，叫作"过大暑"。《荔枝食谱》记载：荔枝要含露采摘，并浸在冷泉中，食时最好盛在白色的瓷盆上，红白相映，更能衬出荔枝色彩的娇艳；晚间浴罢，新月照人，是啖荔枝的最好时间。有人说大暑吃荔枝，其营养价值和吃人参一样丰富。

炎热的夏天过后，时序就到了秋天。从这时开始，应该是天高气爽，月明风清，气温由热逐渐下降的时候了，但很多地区仍处于炎热之中，故素有"敢老虎"之称。这种炎热的气候，往往要延续到九月的中下旬，天气才真正能凉爽起来。在这一时期中，有立秋、处暑、白露、秋分、寒露、霜降六个节气，那么，这六个节气都有什么特点和有趣的习俗呢？

立秋、处暑："贴秋膘""猛将令箭"

原典

兹晨戒流火，商飙早已惊。云天收夏色，木叶动秋声。

——唐·刘言史《立秋》

山云行绝塞，大火复西流。飞雨动华屋，萧萧梁栋秋。

——唐·杜甫《立秋雨院中有作》

万事销身外，生涯在镜中。惟将两鬓雪，明日对秋风。

——唐·李益《立秋前一日览镜》

独行独语曲江头，回马迟迟上乐游。萧飒凉风与衰鬓，谁教计会一时秋？

——唐·白居易《立秋日登乐游园》

夜茶一两杓，秋吟三数声。

——唐·白居易《立秋夕怀梦得》

夜漏向深秋始觉，一天星湿露华明。

——宋·武衍《立秋夕》

三伏熏蒸四大愁，暑中方信此生浮。岁华过半休惆怅，且对西风贺立秋。

——宋·范成大《立秋二绝》

一候鹰乃祭鸟；二候天地始肃；三候禾乃登。处暑三日稻（晚稻）有孕，寒露到来稻入囤。处暑谷渐黄，大风要提防。处暑满地黄，家家修廪仓。处暑花，捡到家；白露花，不归家；白露花，温高霜晚才收花。处暑就把白菜移，十年准有九不离。

——民谚

民俗探源

"立秋"是夏秋之分的重要时刻，但是天气仍很热，晋南民谚："秋后一伏，热死老牛。"不过立秋后可分前后响，即早晚凉、中午热。秋天是收获的季节，也是农家的大节气，民间十分重视。民谚有"秋收大忙，割打晒藏"，"秋收大忙，绣女下床"，"三春没有一秋忙，收到囤里才是粮"，"抢秋夺秋，不收就丢"。我国江南有谚"立秋处暑地起忙，收了早稻种杂粮"。旧时云南等地禁忌立秋日在田间行走。否则，以为对秋收不利。识字人多用红纸书"今日立秋，百病俱休"字样贴于壁上。妇女们也要用红布剪成葫芦形，缝于儿童后裙之上，用以祛病。山东莱西一带，禁忌立秋日洗澡，否则，以为身上会长秋狗子（即痱子之类）。黄县一带则以为秋日洗澡，秋后要拉肚子。

河南、江苏、湖北一带，立秋日还忌雷、雨、风。俗谚有"（立秋日）一雷波万顷"，"雷打秋，晚禾折半收"，"秋甲子忌雨，雨则多涝"，"秋前北风秋后雨，秋后北风干透底"，等等。这些谚语，虽然说法不尽相同，但都表达出了农家对立秋日的重视和祈愿风调雨顺的心情。

立秋日戴楸叶的习俗由来已久。北宋孟元老《东京梦华录》卷八形容立秋这天汴京人戴楸叶的情形说："立秋日，满街卖楸叶，妇女儿童辈，皆剪成花样戴之。"南宋周密《武林旧事》卷三也说："立秋日，都人戴楸叶、饮秋水、赤小豆。"吴自牧《梦粱录》卷四说："立秋日，太史局委官吏于禁廷内，以梧桐树植于殿下，俟交立秋时，太史官穿秉奏曰：'秋来。'其时梧叶应声飞落一二片，以寓报秋意。都城内外，侵晨满街叫卖楸叶，妇人女子及儿童辈争买之，剪如花样、插于鬓边，以应时序。"可见南宋在立秋这天戴楸叶的情景，与北宋相同。

楸是大戟科落叶乔木，最高可达三丈，干茎直耸可爱，叶大，呈圆形或广卵形，叶嫩时为红色，叶老后只有叶柄是红的。据唐代陈藏器《本草拾遗》说，唐朝时立秋这天，长安城里开始售卖楸叶，供妇女儿童剪花插戴。可见这个风俗的古老。

流行于北京、河北等华北地区。这一天，普通百姓家家吃炖肉，讲究一点的人家吃白切肉、红焖肉，以及肉馅饺子、炖鸡、炖鸭、红烧鱼。这种习俗的来历普遍说法是，由于以前我国北方农村地区的生活水平比较低，经过夏季辛苦劳作，为了弥补劳动者身体的亏损，到了立秋节气就要杀猪宰羊，做些营养丰富的菜肴，给那些壮劳力补补身子，也就是所谓的"贴秋膘"。后来，随着部分乡下人进城，这个习俗被他们带到了城里，渐渐地，城里也流行起"贴秋膘"。

安徽太湖、潜山、宿松西南部和江苏北部地区，在"立秋"之夜，人们结伴去私人或集体的瓜园中摸回各种瓜果，俗称"摸秋"。

"咬秋"寓意炎炎盛夏难耐，忽逢立秋，将其咬住不放。北京的习俗是立秋那天早上吃甜瓜，晚上吃西瓜；江苏各地立秋时刻吃西瓜"咬秋"，认为可不生秋痱子；在江苏无锡、浙江湖州，立秋日吃西瓜、喝烧酒，认为可免疟疾；天津讲究在立秋的那一时刻吃西瓜或香瓜，据说可免腹泻。清代张焘的《津门杂记》中记载："立秋之时食瓜，日咬秋，可免腹泻。"清代人们在立秋前一天把瓜、蒸茄、香糯汤等放在院子里晾一晚，到立秋当天吃下，为的是清除暑气、避免痢疾。

咬秋这个习俗到上海变成了向亲友邻舍相互馈赠西瓜。平日吃的都是自种的瓜，这天须吃亲友送来的瓜，除调换口味外，主要是通过互相品尝，发现良种，交流改进栽种技术。

其他的习俗还有，浙江杭州一带大人小孩在立秋时都要吃秋桃，每人一个，吃完把桃核留起来，等到除夕这天，把桃核丢进火炉烧成灰烬，认为这样可以免除一年的瘟疫。辽宁地区立秋日"吃秋饱"，海城、锦县等地吃肉面，义县的城乡居民吃饼、饺子等面食，朝阳吃黄米面饽饽。四川东西部在"立秋"正刻，全家老小各饮一杯"立秋水"，据说可消除积暑，秋来不闹肚子。山东莱西地区立秋吃"渣"，这是一种用豆沫和青菜做成的小豆腐，当地还有"吃了立秋的渣，大人孩子不呕也不拉"的俗语。

处暑过后，秋天的脚步近了，天地间出现了肃杀之气，就古代中国人来说，这时是出征的好时刻，既不会妨碍农事，也配合了秋天的气氛。

处暑是农作物收成的时刻，经过了春耕夏种，到了秋天处暑，田里尽是一片金黄：笑容满面的农夫在收成后，还要举行谢田祖、谢土地公和祭祖等仪式。如在浙江于潜、杭州，农民带着酒肉到田边祭祀田祖。在安吉，农民宰杀牲口祭祀土地公。上海的农民在竹竿上悬挂纸幡，插到田中，各家还在此日祭祀灶神。在贵州仁怀，各家择期尝新，以新米煮饭，敬献给家中长辈。江苏常州的乡村拜祭猛将刘承忠，祈求驱蝗虫保丰收，在田间插三角形小旗，叫作"猛将令箭"，说能驱虫。

白露、秋分："秋兴""昼夜平分"

处暑十八盆，白露勿露身。白露白迷迷，秋分稻秀齐。白露秋分夜，一夜冷一夜。

——俗语

白露凋花花不残，凉风吹叶叶初干。无人解爱萧条境，更绕衰丛一匝看。

——唐·白居易《衰荷》

依松白露上，历坎幽泉鸣。功从猛士得，不取儿女情。

——宋·苏辙《次韵子瞻和渊明饮酒二十首》

兀兀心传，了了忘缘。叶零白露，云散青天。

——宋·释正觉《禅人并化主写真求赞》

白露淹庭树。秋风吹罗衣。

——南北朝·江淹《效阮公诗》

白露暧秋色，月明清漏中。痕沾珠箔重，点落玉盘空。

——唐·雍陶《秋露》

秋分者，阴阳相半也，故昼夜均而寒暑平。

——西汉·董仲舒《春秋繁露·阴阳出入上下篇》

秋汤灌脏，洗涤肝肠。阖家老少，平安健康。白露早，寒露迟，秋分种麦正当时。

——俗语

漏钟仍夜浅，时节欲秋分。泉聒栖松鹤，风除翳月云。踏苔行引兴，枕石卧论文。即此寻常静，来多只是君。

——唐·贾岛《夜喜贺兰三见访》

秋分一夜停，阴魄最晶荧。好是生沧海，徐看历杳冥。层空疑洗色，万怪想潜形。他夕无相类，晨鸡不可听。

——唐·李频《中秋对月》

金气秋分，风清露冷秋期半。凉蟾光满，桂子飘香远。素练宽衣，仙仗明飞观。霓裳乱，银桥人散。吹彻昭华管。

——北宋·谢逸《点绛唇·金气秋分》

民俗探源

福建许多地方"白露"祭扫坟墓。山西和顺祭祀火德大帝，设供祭拜，祈祷神灵庇护。江苏太湖祭祀禹王。禹王是传说中的治水英雄大禹，太湖湖畔的渔民称他为"水路菩萨"。每年正月初八、清明节、七月初七和白露节，这里举行祭禹王的香会。在上海，白露日取露水和墨点小儿额间、背心，以祛百病，名为"天灸"；家有孕妇的这天清晨割苦草储藏，备产妇煎汤。

在浙江苍南、平阳等地，民间这天采"十样白"煨乌骨白毛鸡，据说食后可滋补身体，去风气（关节炎）。这"十样白"是十种带"白"字的草药，如白术槿、白毛苦等，以与"白露"字面上相应。在文成，民间认为白露吃番薯不会发胃酸。福建福州有白露吃龙眼的习俗，而且认为吃得越

181

早就越好，所以不少人家大清早起来，就要喝上一碗龙眼香米粥。

白露以后，农村开始玩斗蟋蟀的游戏，称为"秋兴"；清代顾禄《清嘉录》卷八里做了详细记载："白露前后，驯养蟋蟀，以为赌斗之乐，谓之'秋兴'，俗名'斗赚绩'。提笼相望，结队成群，呼其虫为将军，以头大足长为贵，青、黄、红、黑、白正良为优，大小相若，铢两适均，然后开栅门。时有执草引敌者，曰'坚草'，两造认色，或红或绿，曰'标头'。台下观者，即以台上之胜负为输赢，谓之'贴标门'。分筹马，谓之'花'，花，假名也，以制钱一百二十文为一花，一花至百花、千花不等，凭两家议定；胜者得彩，不胜者输金，无词费也。"

古代中国，朝廷在秋分这天有祭月的仪式，称为"夕月"。夕是黄昏，月亮在黄昏时出现，在黄昏时祭它，所以叫"夕月"。《国语·鲁语》说："（天子）少采夕月。"（"少采"，黼衣也；"夕月"，秋分。）《太常记》一书也说："秋分祭夜明于夕月坛。"夜明就是月亮，因为月亮在夜晚时大放光明，所以称为"夜明"。

天子为什么要选择在秋分时举行祭月仪式呢？因为日代表阳、月代表阴，秋分以后，阴气渐重，世界归月神主宰，所以要向月亮祈

福。《宋史》上说："秋分之时，昼夜平分，太阳当午而阴魄已生，遂行夕拜之祭。"

由于中国在北半球，一年里只有从秋分以后才能看到南极星（也称"老人星"或"南极仙翁"），并且一闪即没，到春分以后，更完全看不到了，因此把南极星的出现看作是祥瑞，皇帝在秋分这天的清晨，也要率领文武百官到城外南郊去迎接南极星，称为"候南极"。《史记·天官》书上说："南极老人见，治安。常以秋分时，候之于南郊。"

寒露、霜降："秋钓边""迎霜降"

原典

吃了寒露饭，单衣汉少见。白露身不露，寒露脚不露。一候鸿雁来宾；二候雀入大水为蛤；三候菊有黄华。（寒露）

——俗语

空庭得秋长漫漫，寒露入暮愁衣单。

——北宋·王安石《八月十九日试院梦冲卿》

萧疏桐叶上，月白露初团。

——唐·戴察《月夜梧桐叶上见寒露》

城中金络骑，出饯沈东阳。九月寒露白，六关秋草黄。齐讴听处妙，鲁酒把来香。醉后著鞭去，梅山道路长。

——唐·韩翃（hóng）《鲁中送鲁使君归郑州》

朔风剪塞草，寒露日夜结。行行到瀛壖，归思生暮节。

——唐·独孤及《海上寄萧立》

岁晚虫鸣寒露草，日西蝉噪古槐风。

——唐·刘沧《留别崔澣秀才昆仲》

一候豺乃祭兽；二候草木黄落；三候蛰虫咸俯。（霜降）

——俗语

霜降三旬后，蓂馀一叶秋。

——唐·元稹《赋得九月尽》

霜降水返壑，风落木归山。

——唐·白居易《岁晚》

民俗探源

　　寒露，地上露水增多，气温更低。我国有些地区会出现霜冻，北方已呈深秋景象，白云红叶，偶见早霜，南方也秋意渐浓，蝉噤荷残。北京人在寒露喜欢登高，景山公园、八大处、香山都是登高的好地方，吸引了众多的游人。此时，秋天加快了脚步，秋风已经吹到江南。华南的人们除了赏菊花，还要吃螃蟹、钓鱼。有个说法叫作"秋钓边"，其中的科学道理是：季节到了寒露阶段，气温下降迅速，深水处太阳已经晒不透了，鱼儿便游向水温较高的浅水区，这就是人们说的"秋钓边"。

　　霜降是秋菊盛开之际，民间在这时举行菊花会，以示对菊花的崇敬和爱戴。北京文人多在天宁寺、陶然亭、龙爪槐等处聚集，参加菊花聚会。菊花会的菊花不仅品种多，而且多为珍品。有的散盆，有的数百盆四面堆积成塔，称作九花塔，红、黑、蓝、白、黄、橙、绿、紫色彩缤纷。品种如金边大红、紫凤双迭、映日荷花、粉牡丹、墨虎须、秋水芙蓉等几百种以上。文人墨客从早到晚饮酒、赋诗、泼墨，直到掌灯时分才离去。

还有一种菊花会，是不出家门的，主要是富贵人家举办。他们在霜降前采集百盆珍品菊花，架置广厦中，前轩后轻，也搭菊花塔。菊花塔前摆上好酒好菜，先是家人按长幼为序，鞠躬作揖祭菊花神。然后邀请至亲好友到家里饮菊花酒、食米糕、赋诗泼墨，自娱自乐。

朝廷在霜降有祭旗神和阅兵大典。阅兵时一定举行骑术表演，骑兵在马上演出各种惊险的特技。明代田汝成《西湖游览志馀》卷十二说："霜降之日，帅府致祭旗纛之神，因而张列军器，以金鼓导之，绕街迎赛，谓之'扬兵'。旗帜、刀戟、弓矢、斧钺、盔甲之属，种种精明。有飙骑数十，飞辔往来，逞弄解数，如'双燕绰水''二鬼争环''隔肚穿针''枯松倒挂''魁星踢斗''夜叉探海''八蛮进宝''四女呈妖''六臂哪咤''二仙传道''圯桥进履''玉女穿梭''担水救火''踏梯望月'之属，穷态极变，难以殚名，腾跃上下，不离鞍蹬之间，犹猿猱之寄木也。"这个活动直到清朝时仍有举行，厉惕斋《真州竹枝词引》说："霜降节祀旗纛神，游府率其属，枯盔贯铠，刀矛雪亮，旗帜鲜明，往来于道，谓之'迎霜降'。尝见由南城墙上，而东而北下至教场，军容甚肃……"

经过了秋高气爽的秋季之后，就进入冬季了，从此将北风呼啸，雪花飘舞，阳气潜藏，阴气盛极，草木凋零，蛰虫伏藏，万物进入冬眠状态。

立冬："养冬""立冬食蔗不齿痛"

立冬之日，水始冰；又五日，地始冻；又五日，雉入大水为蜃。

——《逸周书·时训》

〔孟冬之月〕立冬之日，天子亲帅三公、九卿、诸侯、大夫，以迎冬于北郊。

——西汉·戴圣《礼记·月令》

冬，终也，万物收藏也。

——元·吴澄《月令七十二候集解》

一候水始冰；二候地始冻；三候雉入大水为蜃。

——民谚

冬至之日进酒肴，贺谒君师耆（shì）老，一如正日。

——东汉·崔定《四民月令》

至日为冬至朝，士大夫家拜贺尊长，又交相出谒。细民男女，亦必更鲜衣以相揖，谓之"拜冬"。

——清·顾禄《清嘉录》

秋风吹尽旧庭柯，黄叶丹枫客里过。一点禅灯半轮月，今宵寒较昨宵多。

——明·王稚登《立冬》

冻笔新诗懒写，寒炉美酒时温。醉看墨花月白，恍疑雪满前村。

——唐·李白《立冬》

吟行不惮遥，风景尽堪抄。天水清相入，秋冬气始交。饮虹消海曲，宿雁下塘坳。归去须乘月，松门许夜敲。

——宋·释文珦《立冬日野外行吟》

昨夜清霜冷絮裯，纷纷红叶满阶头。

——宋·钱时《立冬前一日霜对菊有感》

民俗探源

立冬是我国气候寒来暑往的一个分界线，立冬之前为深秋，立冬之后严寒将至。或许是为了迎接冬天的到来，民间因此流行许多习俗。

为了适应气候季节性的变化，调整身体素质，增强体质以抵御寒冬，全国各地在立冬日纷纷进行"补冬"。闽南地区家家杀鸡宰鸭，并加入中药合炖，以增加香味和营养素：有的把西洋参或高丽参切片，包在鸡、鸭脏之中缝好合炖，让小孩子吃了长身体；有的用党参、川七合炖，以加强骨骼健壮。总之，大家都是想方设法大力进补。出嫁的女儿给父母送去鸡、鸭、猪蹄、猪肚之类营养品，让父母补养身体，聊表对父母的孝敬之心。

浙江地区将立冬称为"养冬"，要吃各种营养品进补。如在洞头，这天要杀鸡或鸭给家人补身体；也有吃猪蹄进补的，说是吃前蹄可补手，吃后蹄可补脚。在台湾基隆，称立冬为"入冬"，当地的习俗为杀鸡鸭或买羊肉，加当归、八珍等补药共炖；也有的将糯米、龙眼干、糖等蒸成米糕而食。

潮汕谚语说："立冬食蔗不齿痛。"据说这一天吃了甘蔗，可以保护牙齿，也有滋补的功效。有些汕头市民在立冬日还吃炒香饭。用莲子、蘑菇、板栗、虾仁、红萝卜做成的香饭，深受汕头市民的青睐。

　　江苏苏州传统风俗是立冬吃咸肉菜饭。咸肉菜饭用正宗霜打后的苏州大青菜及肥瘦兼有的咸肉，以及苏州白米精制而成。过去苏州人家烧咸肉菜饭非常考究，都在砖灶上烧。砖灶是用砖砌成的烧稻草的灶头。灶上有根长烟囱穿过屋面，其灶头拔风性能好，火候可根据柴薪多少进行调节，烧出的咸肉菜饭又香又糯。

　　在北方，立冬吃饺子已有上百年的历史。饺子有"交子之时"的意思，除夕夜吃饺子代表新旧两年的交替，而立冬则是秋冬季节的交替，所以也有吃饺子的风俗。天津立冬吃倭瓜饺子。立冬时，市场上很难买到倭瓜。这种倭瓜是夏天买的，存在小屋里或窗台上，经过长时间糖化，做饺子馅，味道既有别于大白菜，也与夏天的倭瓜馅不同，还要蘸醋加烂蒜吃，才算别有一番滋味。

　　北京人在立冬喜欢吃荞面。《京都风俗志》说："立冬日，或有食荞面等物，谓能益人。"配上两碟现腌现吃的大白菜、萝卜或小黄瓜，加点麻油和醋一拌，吃起来十分爽口。

　　上海人在立冬时"扫疥"。民初胡祖德编着《沪谚外编》上卷说："立冬日，以菊花、金银花、香草，煎汤沐浴，曰'扫疥'。"华北、华中一带，冬日天冷，洗澡不便，疥虫、跳蚤等寄生虫便乘机在人身上繁殖起来，皮肤病也容易流行、传染，上海人在立冬这天洗药草香汤浴，正是希望一举把身上的寄生虫全部杀死洗干净，整个冬天不得疥疮。

　　立冬这天有的地方会祭拜地神，表示欢迎冬天的来临，更把初熟的新鲜蔬菜加以腌藏，以备冬日之需。北宋孟元老《东京梦华录》卷九形容当时汴京人在十月立冬时忙着腌菜的情景说："是月立冬，前五日，西御园进冬菜。京师地寒，冬月无蔬菜，上至宫禁，下及民间，一时收藏，以充一冬食用，于是车载马驮，充塞道路。"

小雪、大雪："寒菜""炒米""夜作"

原典

十月中，雨下而为寒气所薄，故凝而为雪。小者未盛之辞。

——元·吴澄《月令七十二候集解》

小雪气寒而将雪矣，地寒未甚而雪未大也。

——明·王象晋《群芳谱》

寂寥小雪闲中过，斑驳新霜鬓上加。

——唐·徐铉《和萧郎中小雪日作》

一候虹藏不见；二候天气上升地气下降；三候闭塞而成冬。（小雪）。冬腊风腌，蓄以御冬。小雪腌菜，大雪腌肉。一候鹖鸥不鸣；二候虎始交；三候荔挺出。（大雪）

——民谚

民俗探源

北方地区立冬前后开始腌藏寒菜，而位于华东的江浙一带因冷得较晚，小雪来时才腌寒菜。清代厉惕斋《真州竹枝词引》里形容江苏仪征在小雪时腌寒菜的情景说："小雪后，人家腌菜，曰'寒菜'。"除了腌寒菜外，仪征人还把糯米炒熟贮存起来，好在寒冬时泡开水吃，当地民谚："炒糯米曰

'炒米'，蓄以御冬。"

除了腌菜炒米，江浙人还在小雪天里酿酒。《清嘉录》卷十说："乡田人家，以草药酿酒，谓之'冬酿酒'。有'秋露白''杜茅柴''靠壁清''竹叶青，诸名。十月造者，名'十月白'。以白面造酒，用泉水浸白米酿成者，名'三白酒'。其酿未煮，旋即可饮者，名'生泔酒'。"

陕南秦巴山区每逢冬腊月，即"小雪"至"立春"前，家家户户杀猪宰羊，除留够过年用的鲜肉外，其余趁鲜用食盐配以一定比例的花椒、大茴香、八角、桂皮、丁香等香料，腌入缸中，7~15 天后，用棕叶、绳索串挂起来，滴干水分，进行加工制作。选用柏树枝、甘蔗皮、椿树皮做柴草熏烤，然后挂起来用烟火熏干而成。熏好的腊肉不仅风味独特，营养丰富，而且具有开胃、祛寒、消食功能。陕南腊肉保持了色、香、味、形俱佳的特点，素有"一家煮肉百家香"的赞语。

大雪节气，全国各地更多的是在冰天雪地里赏玩雪景。南宋周密《武林旧事》卷三有一段话描述了杭州城内的王室贵戚在大雪天里堆雪山雪人的情形："禁中赏雪，多御明远楼，后苑进大小雪狮儿，并以金铃彩缕为饰，且作雪花、雪灯、雪山之类，及滴酥为花及诸事件，并以金盆盛进，以供赏玩。"

大雪白天短、夜间长，人们便利用这个特点，各手工作坊家庭手工就纷纷开夜工，俗称"夜作"。如手工的纺织业、缝纫业、纸扎业、刺绣业、染坊到了深夜要吃夜间餐，这就是"夜作饭"的由来。为了适应这种需求，各饮食店、小吃摊也纷纷开设夜市，直至五更才结束，生意十分兴隆。

我国北方冬季均有食饴糖的习俗。每到十月，街头出现不少敲锣卖饴糖的小摊贩。锣一敲，便吸引许多小孩、妇女、老人出来购买。妇女、老人食饴糖为的是在冬季滋补身体。

冬至：冬至大如年

人冬至阳气起，君道长，故贺。

——汉·班固《汉书》

冬至前后，君子安身静体，百官绝事，不听政，择吉辰而后省事。

——南朝宋·范晔《后汉书》

今日日南至，吾门方寂然。

——南宋·陆游《辛酉冬至》

郊之祭也，迎长日之至也。

——西汉·戴圣《礼记》

至日为冬至朝。士大夫家，拜贺尊长，又交相出谒。细民男女，亦必更鲜衣以相揖，谓之"拜冬"。

—— 清·顾禄《清嘉录》

相传冬至大如年，贺节纷纷衣帽鲜，毕竟勾吴风俗美，家家幼小拜尊前。

——清·徐士宏《吴中竹枝词》

吃了冬至面，一天长一线。

——俗语

民俗探源

冬至又叫"大冬""正冬"。冬至前一天，叫作"小至"或"小冬"，黄河流域也称"冬除""冬住"或"冬除夜"，上海、江苏称"冬至夜"，江苏连云港称"冬晚上"。冬至后一天，在山东叫作"至后"。

古人将冬至看成是阴阳二气的自然转化，是天赐之福。早在春秋战国时代，备受官民重视。商周和秦代，将"冬至"作为一年的岁首。汉代之后，确立冬至为"冬节"，官府有一套隆重的祝贺仪式，叫"贺冬"。《后汉书》称，冬至前后，"百官进行祭天大典"。

冬至的活动曾经十分丰富，民间称为"肥冬瘦年"。

冬至日，古代朝廷有郊祀祭天的典礼。《礼记》卷二十六《郊特牲》说："郊之祭也，迎长日之至也。"可见在周朝时就有皇帝率文武百官到城外南郊迎冬祭天了。此后，历朝在冬至都有这种典礼，礼成后百官还互贺冬节。唐代崔立之《南至隔仗望含元殿炉烟》说："千官贺长至，万国拜含元。"北宋时，皇帝率领文武百官到汴京城南一里多的郊外举行郊祀，对昊天上帝和太祖皇帝祭拜。南宋在杭州城南嘉会门外三里净明院附近的郊外举行郊祀。元、明、清的郊祀，在北京南郊的天坛举行，礼成后回朝举办筵席。明代于慎

行《冬至恭侍庆成大宴》说："南郊夜燎泰坛烟，内殿朝开大庆筵。两陛衣冠承湛露，千门钟鼓震钧天。亲瞻玉几云霄上，久泛仙日月边。温旨三传咸已醉，欢声动地未央前。"可见朝廷里冬节庆筵的盛况。

清朝在冬至这天郊祀如仪，民初徐珂《清稗类钞·冬至郊天》说："每岁冬至，太常侍预先知照各衙门，皇上亲诣圜丘，举行郊天大祭。前一日，御驾宿斋宫，午夜将事坛上帘幄皆蓝色。执事者衣青衣，王公大臣服貂蟒。坛旁有天灯竿三，高十丈，灯高七尺，内可容人，以为夜间骏奔助祭者之准望。届期，正阳门列肆悬灯彩，上辛常雩亦如是。附近庙宇不准鸣钟擂鼓，亦不准居民施放鞭炮，以昭敬慎。"

拜冬又称"贺冬"。宋代，人们每到冬至便更换新衣，庆贺往来，有如过年。清代顾禄《清嘉录》卷十一说："至日为冬至朝。士大夫家，拜贺尊长，又交相出谒。细民男女，亦必更鲜衣以相揖，谓之'拜冬'。"徐士宏《吴中竹枝词》说："相传冬至大如年，贺节纷纷衣帽鲜，毕竟勾吴风俗美，家家幼小拜尊前。"辛亥革命后仍然保留了这个习俗。上海地区过去最看重冬至节，冬至前夕称"冬至夜"，全家合聚欢筵，出嫁的女儿一定携带女婿回娘家吃晚饭。筵上尝新酿的甜白酒、花糕和粳粉圆子，然后在盘中垒上肉块祭祖，有的人家还悬挂祖先遗像。晚饭后，小辈向长辈拜礼。

冬至对长辈们表示礼敬的习俗称为"履长"。《太平御览》引崔浩《女仪》说："近古妇人，常以冬至日上履袜于舅姑，践长至之义也。"这是履长风俗最早的形式，表示为长辈添寿。献履袜的风俗在魏晋时期尤其盛行，才高八斗的诗人曹植写有《冬至献袜颂表》，其中都是"迎福践长"一类的词语所取的也是吉祥平安之意。

山西民间有"冬至节，教书的"之说。这天，教书先生带领学生拜孔子，然后由学董带领学生拜先生，并牵头宴请先生。在山东潍坊，家塾学生在冬至日清晨更换新衣，去拜老师。河北新河的乡塾子弟还要携带酒肉拜谒。山西《虞乡县新志》说："各村学校于是日拜献先师。学生备豆腐来献，献毕群饮，俗呼为'豆腐节'。"

在河南洛宁，家塾、私塾全部放假，祭祀孔子，中午设宴款待老师。在陕西某些地区，冬至日馆东要带领家长和学生，手端方盘，盘中放四碟菜、一壶酒、酒杯，到学校慰问老师，学生向老师叩头请安，家长再和老师相互作揖问候。

冬至这天也有老师设宴答谢学生的。在河北定兴，"教授于家者，以此日宴饮弟子，答其终岁之仪，多食馄饨"。

拜圣是拜大成至圣先师孔子。河北《固安县志》记述："冬至日，行祭先师礼，师生以次肃拜。"冬至也就成了拜圣的日子。

冬至节，民间习惯赠送鞋子。《中华古今注》记载："汉有绣鸳鸯履，昭帝令冬至日上舅姑。"后来，赠鞋给舅姑的习俗逐渐变成了舅姑赠鞋帽给甥侄了。过去的手工刺绣，送给男子的，帽了多做成虎形、狗形，鞋上刺的绣也是猛兽；送给女孩的，帽子多做成风形，鞋上刺绣多为花鸟。

浙江民间冬至在家祭祀祖先，有的到祠堂家庙里祭祀，称"做冬至"。一般人家在冬至前剪纸做男女衣服，冬至送到先祖墓前焚化，称"送寒衣"。祭祀之后，亲朋好友聚饮，称"冬至酒"，这样既怀念了亡者，又联络了感情。

《燕京岁时记》记载："冬至馄饨夏至面。"冬至这天，京城人家大多吃馄饨。南宋时，临安（今杭州）也有每逢冬至吃馄饨的风俗。宋代周密说，临安人在冬至吃馄饨是为了祭扫祖先。到了南宋，开始盛行冬至食馄饨祭祖的风俗。

在老北京，除了市面上叫卖的肥汤粉丝馄饨、白汤大馅馄饨、高汤卧果馄饨以及上海人卖的蛋片馄饨等各色品种外，各家还自己包馄饨、"喝"馄饨。

江南盛行冬至吃汤圆。汤圆也称"汤团"，冬至吃汤团又叫"冬至团"。清代地方志记载，江南人用糯米粉做成面团，里面包上精肉、苹果、豆沙、萝卜丝等馅料。冬至团可以用来祭祖，也可用于互赠亲朋。在广西龙州，冬至称为"汤圆节"，这天早晨，家家做汤圆祭祀祖先，然后老少分食，晚上办酒席致祭，祭后举行家宴。上海过去最讲究吃汤团。人们在家宴上尝新酿的甜白酒、花糕和糯米粉圆子。有诗写道："家家捣米做汤圆，知是明朝冬至天。"

浙江温州的汤圆有甜糖、芝麻和咸肉等多种馅料。在宁海，用赤豆做馅制"糯米圆"，用肉做馅的称"肉炒圆"或"咸圆"。在宁波，汤圆称"冬至汤果"，有的在汤果中加番薯做成"番薯汤果"。

小寒、大寒：过了大寒，又是一年

十二月节，月初寒尚小，故云。月半则大矣。

——元·吴澄《月令七十二候集解》

一候雁北乡，二候鹊始巢，三候雉始鸲（qú）。（小寒）小寒大寒，冷成冰团。

——俗语

佳辰强饭食犹寒，隐几萧条带鹖冠。春水船如天上坐，老年花似雾中看。

——唐·杜甫《小寒食舟中作》

结束晨妆破小寒，跨鞍聊得散疲顽。

——南宋·范成大《早发竹下》

江雨蒙蒙作小寒，雪飘五老发毛斑。城中咫尺云横栈，独立前山望后山。

——宋·黄庭坚《驻舆遣人寻访后山陈德方家》

夜长稚子添书课，霜近衰翁忆醉乡。尽道吴中时节晚，菊花也有一枝黄。

——南宋·陆游《重九后风雨不止遂作小寒》

燕外青楼已禁烟。小寒犹自薄胜绵。画桥红日下秋千。惟有樽前芳意在，应须沈醉倒花前。绿窗还是五更天。

——宋·舒亶《浣溪沙》

大寒年年有，不在三九在四九。大寒大寒，无风也寒。大寒不寒，人马不安。小寒大寒，杀猪过年。

——俗语

大寒为中者，上形于小寒，故谓之大……寒气之逆极，故谓大寒。

——清·鄂尔泰《授时通考·天时》

旧雪未及消，新雪又拥户。

——宋·邵雍《大寒吟》

大寒雪未消，闭户不能出。

——南宋·陆游《大寒》

民俗探源

"小寒"是农历腊月的节气，古人称农历十二月为腊月。腊的本义是"接"，新旧交接的意思。进入腊月要进行重要的"腊祭"活动，《礼记·月令》有类似的话，季冬十二月，天子命典礼官吏举行大傩祭礼。"腊祭"的意思有三个，一是表示不忘记自己及其家族的本源，表达对祖先的崇敬与怀念。二是祭百神，感谢他们一年来为农业所做出的贡献。三是人们终岁辛劳，此时农事已息，借此游乐一番。

自周代以后，"腊祭"之俗历代沿习，从天子、诸侯到平民百姓，人人都不例外。"腊祭"多在宗庙、家庙中进行，也有的在郊外祭祀对农业起着重要作用的神灵。

"过了大寒，又是一年。"这个"年"指的是农历年。再过十多天，"立

197

春"踏雪而来，又是新的一年、新的一个季节了。

天津人每当腊月极寒冷之时，把若干好米洗干净蒸透，再铺摊在芦席上，等冷透后晒干，贮存到干净的瓷缸内，这种米叫"蒸腊米"，收藏几十年也不坏。老年体弱或有病人，用蒸腊米煮饭吃，有益脾胃；夏天吃这种米，可避免泻痢。

我国大多数地方，大寒之后开始进入繁忙的年货准备期。清代《真州竹枝词引》中有"腌肉鸡鱼鸭，曰'年肴'，煮以迎岁"的记载。对于大多数人家，忙年货是一种快乐。

古代社会物质匮乏，生活单调，一年到头，大人孩子就盼着过年好好乐一乐。《燕京岁时记》载："每至十二月，于十九、二十、二十一、二十二四日之内，由钦天监选择吉期，照例封印，颁示天下，一体遵行。封印之日，各院部掌印司员必应邀请同僚欢聚畅饮，以酬一岁之劳。"

第7章　居住环境篇

选址：左青龙，右白虎

气乘风则散，界水则止。古人聚之使不散，行之使有止，故谓之风水。风水之法，得水为上，藏风次之。

——晋·郭璞《葬经》

阳宅须教择地形，背山面水称人心。山有来龙昂秀发，水须围抱作环形。极言寻龙捉穴之难也。

——清·姚延銮《丹经口诀》

汉族作为一个定居的农业民族，不仅注重房屋的居住功用，还将住房与"家"的兴衰命运紧密相连。每一个家族、家庭都希望自己能够发展壮大，光宗耀祖。为达到这一目的，人们便在住宅的建造上大做文章，设法选择有风水龙脉、神灵保佑的区域建房，而一些建房的地点、方位及房屋陈设，由于不符合"风水""相宅"观念就被列为禁忌。

《辞源》说："风水，指宅地或坟地的地势、方向等。"旧时迷信据以附会人事吉凶祸福。再看一下《辞海》是怎么说的："风水，亦称堪舆。"认为住宅基地或坟地周围的风向水流等形势，能招致住者或葬者一家的祸福。

也指相宅、相墓之法。

那么，究竟什么是风水？风水又称"堪舆"、图宅、青囊、相宅之术等，是我国古代文化中一个重要的术数类别。晋人郭璞传古本《葬经》谓："气乘风则散，界水则止。古人聚之使不散，行之使有止，故谓之风水。风水之法，得水为上，藏风次之。"

古人认为："最理想的风水宝地应该是：左青龙，右白虎，前朱雀，后玄武。"即屋宅的东面有蜿蜒流水叫作青龙，西面有绵延大道称之白虎，南面有清澈池塘为朱雀，北面有丘陵俯伏是玄武。这四种条件齐备的地形才是风水宝地。

选择地址，俗谓"相地"，就是对客观事物环境的取舍，可谓建筑的前提。在汉族民间，农耕生产对气候条件和自然环境有着强烈的依赖，渐渐地，便赋予自然高度的精神象征意义，认为自然环境的优劣会直接导致人命运的吉凶祸福。因此，在建筑上，选择好的基地就显得十分重要。宅基地的选择有许多禁忌。明代《阳宅十书》云："南来大路直冲门，速避直行过路人，急取大石宜改镇，免教后人哭声顿。东西有道直冲怀，定主风病疾伤灾，从来多用医不可，儿孙难免哭声来。宅前有水后有丘，十人遇此九人优。家财初有终耗散，牛羊倒死祸无休。"

如果选址不当，也可以用各种方法进行破解。最常见的是悬符法。这些符多用桃板书写，桃板的尺寸有规定。如宽一尺二，合十二月；高一尺二，合十二时。共合二十四气。板上画图，也有的仅仅写个"善"字或"福"字。

桃板写毕，还要择时悬挂。安善板是在四月初八辰时，请公平、正直、涵德的著者撰写并悬挂在显眼处。安吞符是在寅日寅时悬挂。有的符不仅钉在屋前，还要四面钉，甚至八面钉，使邪气从哪个方向都不能侵入。

常用的还有立石法。凡人宅舍有神寺庙宇相冲，就在大石上书写"玉清"二字。凡宅逢盗贼，就在大石上书写"玉帝"二字。凡庙宇房脊冲宅，就在大石上书写"摄气"二字。凡道路冲宅，就在大石山书写"泰山"二字。凡邻屋脊射宅，就在大石上书写"干元"二字。此外，又有写"金刚""天通""干罡戊己""天蓬圣后"等字的。这些大石都重50至100斤，以青石、赤石为吉。如安泰山石，高四尺八寸，宽一尺二寸，厚四寸，埋土八寸，在五龙、五虎日，于寅时立于地。当触犯了虎口之地、龙尾之地、太岁之地时，就以泰山石挡邪。

又有埋物法。以白杨木刻人形、牲畜形埋在土中，也有的用土和泥，做成泥人。土不是一般的土，要古城墙土、灶土、古墓土。水不是一般的水，要古井水、沐浴水。有时埋老鼠、马蹄、蛇皮、猪血、虎骨等。一般埋入一尺二寸深。

又有置镜法。有一种白虎镜，凡人家门前有高楼、庵观、寺院、旗杆、石塔相冲，用此镜悬于门上，镇之大吉。

还有泥墙法。用灶土、市铺土、古墓土、街心土、狗头骨烧灰、岁德方向土，按比例和拌，泥在墙上，在所泥之处贴符。

这些方法往往并用。目的只有一个：从心理上安慰人。实际上，这些方法都不能避祸。谋事在人，成事也在人，那些土、石、符、镜都是不能为人避祸的。

门向：开吉方旺方

大门吉，则合宅皆吉矣，总门吉，则此一栋皆吉矣。房门吉，则室内皆吉矣。明堂宽大斯为福，水口收藏积万金。关煞二方无障碍，光明正大旺门庭。阳宅须教择地形，背山面水称人心。山有来龙昂秀发，水须围抱作环形。

——清·姚延銮《丹经口诀》

《图宅术》曰："商家门不宜南向，征家门不宜北向。"

——东汉·王充《论衡·诘术篇》

角家门不宜西向，宫家门不宜东向。

——清·熊伯龙《无何集》

民俗探源

随着住宅朝向的确定，门窗的方位也被确定。门是内外空间分隔的标志，是迈入室内的第一关口。古人认为门是住宅的吐、纳气之门户，故曰："宜开吉方旺方。"

中国人历来重视各种门的处理，风水更是对其投以深切的关注："宅之吉凶全在大门……宅之受气于门，犹人之受气于口也，故大门名曰气口，而便门则名穿宫。地理作法……全藉门风路气，以上接天气、下收地气，层层引进以定吉凶。"

民间一般立门于南、东南及东三方，俗谓"三吉方"，又以东南为最佳，俗称青龙门。对照传统民居的大门位置，多与此说相合。古代门向的禁忌与住家的姓氏相关。《论衡·诘术篇》云："《图宅术》曰：'商家门不宜南向，征家门不宜北向'。"《无何集》云"角家门不宜西向，宫家门不宜东向"等，便是这种古俗信仰的例子。

门向禁忌更多的是涉及门外的环境。在浙江金华，"旧时正门如果正对别家屋栋、墙角、山头、岩石等，认为是大不吉利的，必须祈求虎神相隔"。认为凡人家门前有西池，为哭字头，不祥；西边有池，为白虎开口，不吉，皆须忌之。天津旧时盖房，忌讳自己的屋门正对着别家的门、窗和山墙，说是"窗户对着门，不打官司就死人"。"门对门，尽死人"。尤以门小者更遭其害，俗话谓之"大口吃小口"。若不能避，须于各自门内垒影壁墙，以挡避邪物侵袭。门口正冲小巷及邻家房前兽头也不行，俗以为不吉，要设法破解。门还忌正冲房檐滴水，俗话说："房檐滴水滴门帮，一年之内死一双；房檐滴水滴门口，不伤大口伤小口。"

总之，这一类关于门的开向、方位的禁忌多是为了避免"气冲"。为了达到这一目的，民间有一简便的方法便是在门边置屏墙一堵，或直或曲。另一方面又要保持"气畅"，因而屏墙多是不封闭的，如入口处的影壁等，使得内部空间还呈现与室外相融合流通的意向。

房前屋后：门前不栽鬼拍手

原典

东种桃柳（益马），西种栀榆，南种梅枣（益牛），北种柰杏。门庭前喜种双枣，四畔有竹木青翠则进财。

—— 清·高见南《相宅经纂》

有指草木言者：如宅东有杏主败；宅西有李主淫；槐主富贵；芭蕉，招祸之类是也。

——清·熊伯龙《无何集》

民俗探源

古人在讲求自然地形之吉的同时，也十分重视相邻建筑位置及向度上的相互关系。总的要求是合乎情理，忌背合，即不能与众人的屋向相反。风水称与众向相反的建筑为"众抵煞"，有"烦恼皆因强出头"的说法。对于屋前空地（称作地台），不能两边低而自己独高，只可人高而略低，过低又不可，这正是中国"中庸""平均"思想在建筑上的表现。

另外，古人还忌在大门前种大树。即使种，也要有选择，"东种桃柳（益马），西种栀榆，南种梅枣（益牛），北种柰杏"。"门庭前喜种双枣，四畔有竹木青翠则进财"（《相宅经纂》卷四）。

河南一带禁忌在院内种植楝树，以为楝子为苦豆，兆主人食苦果。南方沿海一带忌在房屋周围种芭蕉、香蕉。《无何集》说："有指草木言者：如宅东有杏主败；宅西有李主淫；槐主富贵；芭蕉，招祸之类是也。"这些禁忌，貌似无稽，若考察这些不同树种的生长特性，可知其中颇有道理。譬如槐树喜光不耐阴，适宜种于住宅南面。榆树速生，枝叶繁茂，种于宅后有利于防风、御寒。特别有意思的是榆树具有极强的吸附毒气、烟尘的性能，种于宅后能够净化空气保护环境。

而开封一带流传一种"宅忌"民谣："前不栽桑，后不栽柳，门前不栽鬼拍手。""桑"与"丧"字谐音；"柳"指父母死后，送殡多用柳枝做"哀杖""招魂幡"；"鬼拍手"是指杨树，多植于基地，其叶迎风作响，似人拍手。民间还有"屋后不栽槐"的说法。据说古时有尊槐之风俗，槐于古代是吉祥、长寿和官职的象征，因而民间禁忌植槐于屋后。

人们通常所说的风水，实际上包括两种意思。有时指好地形、好风景。有时风水是指风水术，即风水的理论和实践。

严格地讲，风水与风水术是有区别的。风水是一种客观存在。风水术是主观对客观的活动。风水的本体是自然界，风水术的本体是人。

既然人们习惯把风水与风水术混在一起，我们也不必强求分开，只是要注意人们在谈论风水一词时到底是在讲客观还是在讲主观，以便理解人们表述的真正意思。

风水，作为特定的术语，晋郭璞最先作了解释。郭璞在《葬经》云："葬者，乘生气也。气乘风则散，界水则止。古人聚之使不散，行之使有止，故谓之风水。"到底怎样乘？怎样聚？什么叫风？什么叫气？郭璞没有展开论述。

风，是空气流动的现象。水，是水流。气，即所谓的地气。生气，即有生机的地气。乘生气，就是要寻找并利用有生机的地气。风水，就是乘生气的一门学问，是一种择吉地以避凶的术数。

　　清人范宜宾注郭璞《葬经》云："无水则风到而气散，有水则气止而风无，故风水二字为地学之最重，而其中以得水之地为上等，以藏风之地为次等。"这就是说相地的关键是因水聚气，如果没有水，风一吹就会把气吹散。只要有了水，气就会聚集，风也就不会吹拂。有水之地最佳，避风之地次之。

民居布局：民居定矣，事已成矣

原典

由也升堂矣，未入于室也。

> ——春秋·孔子弟子及其再传弟子《论语·先进》

卜外小宅之西，复筑祠一区，敞而为门，竦而为堂，抱而为阁，翼而为两庑两厢，凡三十余楹。

> ——明·陈继儒《大司马节寰袁公（袁可立）家庙记》

入门而弗见也，上堂又弗见也，入室又弗见也。

> ——西汉·戴圣《礼记·问丧》

凡居民，量地以制邑，度地以居民。地邑民居，必参相得也。

> ——西汉·戴圣《礼记·王制》

民居定矣，事已成矣。

在中国老百姓的传统观念中，住居与人事、社会和世界息息相通，并且可以合为一体，人事、社会和整个世界可以反映在任何尺度的住居中。"家"（房子）可以代表"夫"，"室"（房间）可以代表"妻"，"家室"合为"夫妻"。"室人""内人"的称呼都来源于住居。如果是中等家庭规模，四合院二进三进之内称"室"，多居女眷，故而女眷多被称为"内人""室人"。妇女一般生活在二进院落以内，大门不出二门不迈。"高堂"（高高的堂屋）可以代表父母，"庭"（院子）可以代表中央政权。"宇"（屋子的边缘）、"宙"（出入于屋宇），合起来就可以代表整个世界。这种观念与传统社会结构相吻合，从个人到家庭，从家庭到社会，从社会到天下，即所谓"夫妇、父子、君臣"和"修身、齐家、治国、平天下"的结构。总之，中国的家庭社会伦理都体现于其中。

中国民间古代的宫室以及民居一般向南，主体建筑物的内部空间分为堂、室、房。前面正中一间为堂，堂后为室，室的两侧为房，分东房和西房。

堂通常是行吉凶大礼、办红白喜事的地方，一般不住人，江南一带称之为"香火房"；城镇之地称之为"厅"。厅本是官署听事之所，而官署的厅原来也称堂，故古时官员审案称为"升堂"。因此厅堂时常连称，此外堂有时还作为讲学之处，称"讲堂"，民间俗称学校为学堂。先秦时候堂前有阶，堂上东西有两根楹柱，堂东西两壁的墙叫序，堂内靠近序的地方叫东序西序，堂后有墙，与室和房隔开，室与房各有户（即门）与堂相通，古书上所说的户，一般是指室的户，室户偏东。户西相应的位置有一窗口叫"牖"；室还有一个朝北的窗口叫"向"。东房后部有侧阶，通往后庭。古人席地而坐，故堂上的座位以朝南的方向为尊。室内的座位则以朝东的方向为尊，室和房都是住人的。

中国传统的民居可不像现在这样简洁明了，它有很多的名词和讲究。

楼，也就是重屋，《说文解字》里讲楼重屋也。先秦习俗里面重屋是不能住人的，此俗至今在一些农村还盛行。楼下住人，楼上堆放粮食杂物。因此先秦典籍中很少有"楼"字，而楼房的出现也较晚，大约在战国后期。到了汉代才盛行起来。中国古代的楼房一般多为二层，形成传统的固定形式，南方有些地方的竹楼也是二层。

阁。原为阁板之意，为厨房贮藏食物的地方，汉代又指堂序外的两个夹室，即东夹西夹。但随着楼房的兴起，阁遂演变成供游息、远眺，供佛或藏书之用的建筑物，阁的平面为方形、长方形或多边形，一般四周设木桶扇。《淮南子·主术训》："高台层榭，接屋连阁。"至今仍著名的有北京颐和园的佛香阁，大同善化寺的普贤阁等佛阁，宁波天一阁，故宫文渊阁等藏书阁。此外古代俗称女子的卧房为"阁"，出嫁则为"出阁"。

厢。在汉代，厢本指房屋东夹西夹前面的空间，阁与厢之间有门相通。后来泛指正房两边的房子，叫厢房，如东厢和西厢。《西厢记》中秀才张生住的地方就是西厢房。

轩。是有窗槛的长廊或小室。陶潜《饮酒》诗："啸傲东轩下。"杜甫《夏夜叹》诗："开轩纳微凉。"又殿堂前檐下的平台也称轩。古时皇帝不坐正殿而在殿前平台上接见臣属，称"临轩"。

舍。即房屋。古人谦称自己的家为"寒舍""敝舍""舍间"。

斋。一般指书房和学舍。古人喜在厅堂之旁，另辟一小室，作为读书养心之居，故书房俗称"书斋"，此种习俗汉代还不多见，至晋代以后兴起。

寝。古代总称堂室为"寝"。《广雅》里有"寝，堂室也"。周代又有大寝、小寝之分。大寝即堂，又称"正寝"；小寝为室，又称"内寝"。依古代风俗，男子居外女子居内，因此古人称妻为"内人"，即源于此。与此相应的《丧家讣》文中，称男为寿终正寝，女为寿终内寝。现代的寝一般指卧室。

乔迁：吉地也要良辰催

原典

出自幽谷，迁于乔木。

——《诗经·小雅·伐木》

良辰安宅，吉日迁居。

——俗语

别认公侯礼上才，筑金何曾旧燕台。地连东阁横头买，门对西园正面开。不隔红尘趋棨戟，只拖珠履赴尊罍（léi）。应逢明月清霜夜，闲领笙歌宴此来。

——唐·齐己《贺孙支使郎中迁居》

《移徙法》曰："徙抵太岁凶，负太岁亦凶。"抵太岁名曰岁下，负太岁名曰岁破，故皆凶也。假令太岁在甲子，天下之人皆不得南北徙，起宅嫁娶亦皆避之。

——东汉·王充《论衡·难岁篇》

民俗探源

乔迁，特别是进入 21 世纪以来，乔迁、住新房，在城市和乡村已成为常态。购新房、棚户区改造、新农村建设、从旧居搬至新居，依照民间的习俗，幸福事也是有一番讲究的。自己用心装修的新家，按照风俗习惯办事，住进去时图个吉利，总归是一件好上加好的幸福事儿。喜到门前，清风明月；福临宅地，积玉堆金。那么，民间的习俗和习惯，都有哪些呢？

乔迁，这个汉语词汇，出自《诗经·小雅·伐木》"出自幽谷，迁于乔木"。乔迁，鸟儿飞离深谷，迁到高大的树木上去。祝贺用语，贺人迁居或贺人官职升迁之辞。乔居，用于搬入新房叫"入宅"，迁入旧屋叫"移徙"。因阳宅管当下的气运，主宰一家人的健康、财富、事业等，故不能忽视，应当慎重。

在过去，迁居以农历八日为安，于天亮前进行，取"越搬越亮"之意。届时先在四水归堂的厅中，四角上香拜祭，俗称拜四方神，然后在厅的中央拜祭一次，之后安奉门口土地。拜当天，再安奉祖先神位，这样手续便完成了。其它的物品依照传统宜忌摆设，多数大件的东西早就搬到固定位置，只将随身东西和那些小摆设；或者多多少少都是轻便的物品，顺便带到新居。

迁居时，一般做法是"搬家先搬灶"，搬家时必须先把灶王爷迁移到新居后，其他东西才可搬进屋子，另外有些人还带些泥土过去，可以避免水土不服，并在搬完家当天黄昏，祭拜地基主。之前一晚上，最好换上一些硬币，将这些硬币由主人房床下开始撒起，直至全屋都是硬币，然后才离去。第二天搬进去时，一打开门即已购得的新扫帚将硬币扫进主人房内，然后用红色的绒布包住这批硬币，放在床下。仪式完了，就可以开始搬东西入屋了。

老北京人，乔迁新居前首先要鸣放鞭炮。上海人在乔迁新居时除了放鞭炮，还要燃香。据说烧香不只是为了祈福，还为了安慰土地公公。

在浙江杭州湾一带，乔迁中最先搬入的是"发蓝"。所谓"发蓝"，是用彩纸糊成的小竹篓，里面放上头发等物品，用于悬挂在厅室中柱的角顶，取其发达之意。再搬入梯子和晒小孩衣裤的"节节高"等，讨步步登高的吉利。其后，还搬入万年青、吉祥草各两盆，柴米各一担，取"万年吉祥""柴米丰足"之意。

在江苏苏北一带，搬迁叫"进宅"。进宅时，先搬进一盆吉祥草和一盆万年青，以象征万事吉祥，再放鞭炮，搬进老爷柜和家堂神龛，已获祖先之保佑。然后将"子孙桶"拎进房，以期"子孙平安、万代绵长"，接着搬入家具，在家具上放芝麻秸、芦柴、安豆（豌豆）、稳子（稻、麦的种壳），以象征"节节高""长远发财""安安稳稳"。

广东人比较讲究风水，搬入新居后，要宴请亲朋好友，举行入伙仪式。这一仪式都是在遵从传统习俗的基础上进行了改良。新居入伙前必须将门窗打开通风两三天，叫引进吉气。而后"拜四角"，向土地神明打个招呼，同时驱走蛇虫鼠蚁和不洁之物。入伙仪式前一天，装一桶开水放在厅中，开电风扇吹，代表风生水起。选择吉日良辰，门口贴上红纸写着"进宅大吉"字样，室内供奉"天神、土地、门神"和祖先牌位，置办丰盛酒菜，宴请亲朋好友，热热闹闹中走完入伙仪式的各种程序。以示红红火火、蒸蒸日上。

迁居时，禁忌也同样有很多。古代是俗忌太岁。《论衡·难岁篇》记载："《移徙法》曰：'徙抵太岁凶，负太岁亦凶。'抵太岁名曰岁下，负太岁名曰岁破，故皆凶也。假令太岁在子，天下之人皆不得南北徙，起宅嫁娶亦皆避之。"因为面对太岁所在方位和背向太岁所在的方位迁居皆凶，所以民间为了稳妥起见，迁居时必须避开太岁。

此外，民间还有"六月、腊月不搬家"的习俗。也有忌正月、九月迁屋，以为这月迁屋不吉。但总体归纳起来，有以下四点是应该做到的：一是择吉日，以当地风俗行事。二是生灶火，搬入新居的当天必须开火做饭，人与火组成"伙"，气旺，丁旺，团团圆圆、甜甜蜜蜜、快快乐乐、美满幸福。三是空手不入宅，搬家第一次走进去的时候，手上要拿东西，以示以后丰衣足食。四是提前亮灯，新屋提前亮灯，民间说法叫"火庵"，意味家庭兴旺。

一般而言，在老黄历上所标示宜入伙的日期，都是黄道吉日，用来入伙是没有问题的。只须注意每日所相冲的年份不是你的生肖和日神即可。在择日的基础上，可以再选择良辰，确定搬家吉时。同时还可以准备一些神台、供品、蜡烛等祈福常用之物。另外搬家不得晚间入宅，按照习俗，

通常搬家要在下午三点之前完成。新房入住前，还需要适当买些具有象征意义的食物，如红萝卜、生菜、发菜、大蒜、汤圆、带子、红枣、芝麻、绿豆、红豆、油、盐、酱、红糖等，这些东西所代表的含义就不用多说了，总之是代表吉祥、如意、健康、发财等。新房入住当天要贴好对联、门头上挂上红布大花。新房入住当天还要摆喜酒或请亲戚朋友到家里来做客，越热闹越好。

第8章　信仰祈福篇

三星：天上三吉星

原典

人间福禄寿，天上三吉星。岁星所照，能降福于民。

——俗语

福星高坐把福施，禄星送子下祥云；寿星骑鹿送蟠桃，三星高照喜临门。

——民歌

寿星，盖南极老人星也。见则天下理安，故祠之，以祈福寿。

——西汉·司马迁《史记·封禅书》

禄饵可以钓天下之中才，而不可啖尝天下之豪杰。

——元·脱脱和阿鲁图等《宋史·陈仲微传》

民俗探源

福、禄、寿三星，流传于我国年深日久，家喻户晓。千百年来，我国民间一向将福、禄、寿三星作为交往礼仪和日常生活中幸福、吉利、长寿的象征。正如江南民间小曲中所称颂："福星高坐把福施，禄星送子下祥云；寿星骑鹿送蟠桃，三星高照喜临门。"

在俗语中，福和美好总是联系在一起的：好地方称"福地"，好消息叫

"福音"，体态富贵是"福相"；看到好景象叫"眼福"，吃到好东西叫"口福"，连交"桃花运"也被戏称为"艳福不浅"，那些总能不费力气就赶上好事的、逢凶化吉的叫"福将"；能给别人也带来好处和希望的人称"福星"。总之，人们都希望福星高照，这样福神也就应运而生了。

古时称木星为岁星，谓其所在有福，所以又称"福星"。旧时，星相术士说："岁星所照，能降福于民。"

由于我国民间传统把"福星"作为吉祥之神，在日常生活中也就形成种种关于"福"的民间习俗和礼仪。如封建时代妇女行礼致敬，要屈膝弯身，双手按住右腹，口称一声："万福、万福。"送亲朋好友出远门，也要恭手相送，口称"一路福星"，也习惯称"祝福你，一路顺风"。农村造新房，到了上梁时，也要挂一块红布，写上"紫薇高照"（即"福星高照"）。最为隆重的要数春节的年终大典"祝福"：从腊月十五日开始，就要舂糕裹粽、杀鸡宰鹅、买鱼买肉，日夜忙着准备"福礼"。到了"祝福"吉日，凌晨就烧煮"福礼"，用两张或四张八仙桌拼拢，摆上鸡、鹅、元宝肉、猪头、鱼等"五牲福礼"，祭祀"祝福菩萨"。然后再祭祀祖先。除夕之夜，男女老少，合家团聚，吃团圆饭，称为"散福"。

此外，民间年画"天官赐福"中的天官是最常见的福神，天官是道教"三官"之一，三官的职能为天官赐福、地官赦罪、水官解厄。年画中的天官，其典型形象是身着朝官红色袍服，绣龙玉带，手持大如意，慈眉悦目，五绺长髯，一副雍荣华贵之像。天官赐福的"福"，也包含着财运，所以有的年画，又把天官作为财神。

禄星，顾名思义，是主管功名利禄的星官。和天官福星一样，他也是由一颗星辰演化而来。但他的形象变化却远比福星要复杂许多：有人认为他就是著名的文昌星也称文曲星，保佑考生金榜题名。也有人认为他原本是一位身怀绝技的道士，擅长弹弓射击，百发百中。还有人认为他就是那位著名的美男子兼亡国之君——五代十国时期后蜀皇帝孟昶。因为他英俊潇洒的形象，博得众多女性的好感，最终又附会他为最出名的送子神仙——张仙。

古代封建社会以科举取士，士人一旦通过科举考试，便可以做官发财。禄，即官吏的俸禄。高官厚禄是士人一心向往的，于是便产生了禄神崇拜。由于古代的科举考试主要是做文章，禄神崇拜便也包含对文运的祈求，所以禄神又不仅仅是士人的主宰神，也是一般崇拜文化、崇拜文才的百姓所喜爱的吉祥神，或可称文神。

当然，也有读书人不要当官，不要禄位的，《宋史·陈仲微传》所说"禄饵可以钓天下之中才，而不可啖尝天下之豪杰"，就是一例。我国著名古典小说《红楼梦》也写到，贾政要宝玉读书上进，以求取功名利禄，遭到贾宝玉的蔑视和拒绝。他把功

名利禄看得像粪土一样，并把专门投奔功名、猎取利禄的人骂做"禄蠹"。

在封建社会里，十年寒窗，读书做官，是读书人的唯一出路。因此，过去读书人常把"金榜题名"时，作为人生四大喜事之一。影响所及形成民间对"禄星"的崇拜风俗。《史记·天官书》记载，文昌宫第六星是专管司禄的禄星。关于禄星，民间有几种说法：一说，张仙，姓张名远霄，五代眉山人，入青城山，学道升仙。一说，张仙，姓张名恶之，越嵩人，晋末后秦人。另一说，张仙就是宋后蜀主孟昶，他原是孟知祥第三子，后来平步青云，当了皇帝。他曾为自己画《张弓挟弹图》。后来，宋平了蜀，花蕊夫人带了此图到宋宫，将画中此人托名为张仙，说能使人有子，才祭祀他。后来传到民间就把他作为祈子之神，称为"张仙送子"，也就是传统戏曲中所唱的"禄星抱子下凡尘"。

寿，就是寿命。《史记·封禅书》司马贞《索隐》云："寿星，盖南极老人星也。见则天下理安，故祠之，以祈福寿。"

寿，自古以来，有"五福寿当先"的说法。寿神即寿星，又叫南极老人星，是二十八宿的角和亢。传说只有天下太平之际才能见到，没有它时，便兵荒马乱。每当它一出现，人们便争相向它祈求享福和长生。自周、秦始都把祭祀寿星列为国家祭典，一直到明代始罢。东汉，国家还将祭老人星和敬老结合起来，为全国进入古稀之年的老人分发饰以鸠鸟的玉杖。

寿，在民间美术中，常常用鲜桃作为象征。表现寿星的年画和民间工艺品被用来作为向老人祝寿的礼品。"寿星""老寿星""寿星老儿"也常常成了对高寿者含有敬意的称呼。

五福：五福临门

五福：一曰寿，二曰富，三曰康宁，四曰攸好德，五曰考终命。

——汉儒著作汇编《尚书·洪范》

五福：寿、富、贵、安乐、子孙众多。

——汉·桓谭《新论》

家膺五福，堂享三寿。

——唐·陈子昂《临邛县令封君遗爱碑》

国人喜欢讨个吉利，所以经常把"五福临门、三阳开泰"一类的话挂在嘴边，但要问起五福的具体所指，大多数人可能会一片茫然。

"五福临门"是指哪五福？"五福"这个名词，原出于《尚书·洪范》。现在已成为家喻户晓的辞句了，几乎大部分的人都知道"五福临门"这个成语，可是很少人知道"五福"所指的是哪五种福。至于福临门的原理，明白的人就少之又少了。到底五福是什么呢？

五福的说法，出自《尚书·洪范》。第一福是"长寿"，第二福是"富贵"，第三福是"康宁"，第四福是"好德"，第五福是"善终"。亦即寿、富、康宁、好德、善终。长寿是命不夭折而且福寿绵长；富贵是钱财富足而且地位尊贵；康宁是身体健康而且心灵安宁；好德是生性仁善而且宽厚宁静；善终是生命即将结束时，没有遭到横祸，身体没有病痛，心里没有挂念和烦恼，安详而且自在地离开人间。

按照一般理解，只有五福全部合起来才能称得上幸福美满，缺少其中任何一项都可能会出大问题。例如有的人虽然长寿却贫贱度日，有的人富贵却短命，有的人富贵却健康情况不佳，有的人虽然富贵但十分操心，有的人贫贱而善终，有的人富贵长命最后却遭横祸不得好死……人生境遇多得不胜枚举。因此，只有五福全部拥有才是完美的，其余的各种情况都是美中不足，是有缺陷的福。

古人认为，今生的境遇不好，都是由于过去（包括前世）所造的恶行（恶业）的结果。譬如说，过去或前生爱虐待动物的人，今世就多病；过去杀害动物的人，今世就会尝短命的苦果；过去或前生吝啬的人，今生就会贫穷；过去或前生傲慢的人，今世就卑贱；过去或前生激动好怒的人，今世就丑陋；过去或前生以残忍的方式杀害人类或其他动物，今生就会不得好死。长寿而贫贱的人是因为他过去慈爱动物，而却吝于施舍；富贵而短命的人是因为爱施舍财物，而却杀害动物；丑陋而富贵的人是因他过去慷慨大方，可是却容易发脾气；容貌端庄而地位卑微的人是因为前世有容忍心、持守戒律，而轻视他人所导致的结果。总括一句话，五福有缺陷，主要是由于行善和积德不完全。

在传统文化中，最重要的是第四福——好德。有生性仁善、宽厚宁静的德，这是最好的福相。古代中国人认为德是福的原因和根本，福是德的结果和表现，随时行善，广积阴德，才可以培植其他四福使之不断增长。

门神：贴在门上守住家

王为群姓立七祀，诸侯为国立五祀，大夫立三祀，适士立二祀，皆有门、庶士、庶人立一祀，或立户，或立灶。

——西汉·戴圣《礼记·祭法》

东海度朔山有大桃树，蟠屈三千里，其卑枝东北曰鬼门，万鬼出入也。有二神，一曰神荼，一曰郁垒，主阅领众鬼之害人者。

——先秦·佚名《山海经》

今俗法，每以腊冬除夕，饰桃人，垂苇索，画虎于门，左右置二灯，象虎眠，以驱不祥。

——晋·干宝《搜神记》

门神皆甲胄执戈，悬弧佩剑，或谓为神荼、郁垒，或谓为秦琼、敬德，其实皆非也。但谓之门神可矣。夫门为五祀之首，并非邪神，都人神之而不祀之，失其旨矣。

——清·富察敦崇《燕京岁时记》

则门神阴气之神，是阴阳别气在门户者，与人作神也。

——西汉·戴圣《礼记·月令》

民俗探源

门神是我国民间最流行的神祇之一，其历史之久、流传之广、种类之多，在诸神中是很突出的。说起门神的来历，不能不追溯到上古时期的祭门和挂桃人习俗。

古代先民们由最初的"巢居""穴居"，逐渐进化到了"屋居"——学会了建造茅棚屋舍。屋舍不但可以遮风避雨，防止野兽和敌人的侵袭，还能存放食物财产，使人类得以生息安居。于是人们十分感激门户造物主。早在周朝，就有了祭门的风俗，其用意与祭灶祭社（土地）相同。门神的产生还与古人的鬼神崇拜有关。殷周尚鬼，人们将许多坏事和怪事都看成是鬼怪作祟，对此充满恐惧心理。房门的出现，虽可防范敌害闯入，但古人还觉得缺乏安全感，需要有个能降鬼降妖的神明，来替自家"站岗放哨"，因此人们必须造出一个"门神"来，保护自家的性命和财产。《白毛女》中喜儿唱的"门神门神骑红马，贴在门上守住家；门神门神扛大刀，大鬼小鬼进不来"，正是这种心理的写照。

最初的门神是两个"桃人"——用桃木雕成神像，悬于门上。他们其实是两位神将的化身：神荼和郁垒。传说他们二人是奉黄帝之命把守"鬼门"的，发现害人的恶鬼，没说的，马上捆起来扔到山后去喂老虎，于是妖魔鬼怪们望风而逃。人们用桃木雕成二神模样，春节时挂于门上，使恶鬼不得进入，保护自家一年平安。雕桃人比较麻烦，逐渐简化为用桃板一左一右钉在门上，上面画二神图像或干脆写上二位的大名或画些符咒，此即桃符，开后世楹联（对联）之先河。

继捉鬼喂虎又出现以历史上的著名武将为崇拜对象的门神。武将门神虽也是神，但与神荼、郁垒、钟馗等相比较，"神"味儿少了，而多了些

"人"味儿。

　　唐代以后，出现的最著名的武将门神，当首推秦琼、尉迟恭。有一阶段唐太宗李世民情绪很不好，晚上睡觉常常听到卧房外边抛砖掷瓦，鬼魅呼叫，弄得后宫夜夜不宁。他很害怕，将此事告诉君臣。秦叔宝说："臣戎马一生，杀敌如切瓜，收尸犹聚蚁，何惧鬼魅？臣愿同敬德披坚执锐，把守宫门。"李世民同意。当夜果然无事。自此以后，便让二将夜夜守卫。后来李世民嫌二人辛苦，便命画工绘二人如往常守卫的全身像悬挂在门口，邪祟从此便绝迹了。上有所好，下必效仿，于是门神就传到了民间，至今民间所贴门神还有秦琼、敬德的形象。

　　二门神像通常贴在临街大门上，极其威猛，堪可镇住鬼魅。除秦琼、尉迟恭以外，武将门神尚有赵云、马超、薛仁贵、盖苏文、孙膑、庞涓、黄三太、杨香武、燃灯道人、赵公明、马武、姚期、萧何、韩信乃至哼哈二将等。北方还有以孟良、焦赞为门神的，可能二人的身世不太硬气，曾落草当过强盗，故不登大雅之堂。这二位只屈尊降贵，在牛棚、马圈等处充当守卫。

　　以后，只有驱鬼镇妖一种功能的武将门神，已不能满足人们的多种需要，于是又出现了文官门神和祈福门神。后者寄托了人们祈望升官发财、福寿延年的愿望和心态。

　　文官门神以赐福天官居多，大都贴于院内堂屋门上，以别于街上驱鬼镇邪的武士门神，并含有迎福进财之意。

　　文官门神大都与升官发财有关，而祈福门神却与多子多福、福寿延年挂钩。二者有时也配对，如天官（或状元）门神，常与进子娘娘匹配。此外，还有喜神、和合二仙、刘海、招财童子等。

　　祈福门神上常常画一些吉祥物，取其吉利，多用谐音，以借双关之意。

224

如爵、鹿、蝠、喜、马、宝、瓶、鞍等，寓"爵禄福喜，马报平安"。

如此，门神已成为具有驱邪魔、卫家宅、保平安、助功利、降吉祥等多种功能的保护神，成为民间诸神中最受群众欢迎的俗神之一，至今兴盛不衰。

灶神：上天白人罪状

原典

"上天言好事，下界降吉祥。""上天去多言好事，下界回宫降吉祥。"

——对联

（灶神）居人间，司察小过，作谴告者也。

——西汉·戴圣《礼记·记法》

月晦之夜，灶神亦上天白人罪状。大者夺纪，小者夺算。

——东晋·葛洪《抱朴子·微旨》

古传腊月二十四，灶君朝天欲言事。云车风马小留连，家有杯盘丰典祀。猪头烂热双鱼鲜，豆沙甘松粉饵团。男儿酌献女儿避，酹酒烧钱灶君喜。婢子斗争君莫闻，猫犬角秽君莫嗔。送君醉饱登天门，杓长杓短勿复云，乞取利市归来分。

——宋·范成大《祭灶诗》

相传，灶神的职责是执掌灶火，管理饮食，同时也为天庭监察下界民情。每年腊月二十四灶神上天述职，人们便在前一天进行祭祀，希望他能"上天言好事"，给家里带来福瑞。《礼记·记法》说："（灶神）居人间，司察小过，作谴告者也。"可见，人们认为一家之事，无论什么都逃不过灶神的眼睛，做了好事他会上天汇报，降下祥瑞；做了坏事，他会上天揭发，降下灾殃。祭灶与其说祭祀神灵，倒更像是人们对良知、对天命的敬畏。

中国是信奉多神的国家，在我国古代人们信奉的众多神灵中，灶神在民间的地位是最高的。民谚曰："二三祭灶，二四扫屋……"即指每年的腊月二十三（一说二十四）祭祀灶神。灶神，俗称灶君、灶爷、灶王爷，是由原始的火崇拜发展起来的一种神祇崇拜。

腊月二十三（有的地方是腊月二十四），人们一大早就把好吃的东西摆在灶神的牌位前，然后嘴里不停地念叨，大意是让灶神上天去向玉皇大帝汇报，说他（她）一年来受到优待，请玉皇大帝赐福本家。随后还要拿出特别黏的糖，由大伙代替灶神吃，意思是说，即使不能上天说好话，也决不能说坏话，索性把嘴封住。

早在春秋时期，人们就流传着"与其媚于奥，宁媚于灶"的俗谚。孔子在向其弟子解释人们"媚于灶"的原因时指出："不然，获罪于天，无所祷也。"（见《论语·八佾》）也就是说，如果不讨好灶神，他就会向上天告你的恶状。所以，人们如果要祈福禳灾，便要对灶王爷恭恭敬敬，如不得用灶火烧香，不得击灶，不得将刀斧置于灶上，不得在灶前讲怪话、发牢骚、哭泣、呼唤、唱歌，不得将污脏之物送入灶内燃烧等，名目繁多。每年到了腊月二十三或二十四，灶王爷要升天报告一年的情况时，人们还要为灶王爷摆上供品，供上好吃好喝的，这就是所谓的祭灶。祭灶时，麦芽糖和酒是必不可少的，酒是为了让灶王爷喝得忘乎所以，晕头转向，而麦芽糖又甜又粘，把它糊在灶神嘴上，一来灶神嘴吃甜了，就不好再恶言恶语，只能说好话，二来麦芽糖粘住嘴巴，想说坏话也张不开口，只能说个含含糊糊。老百姓把"拿了人家的手短，吃了人家的嘴软"这一套人世生活经验，也用在了对灶神的供奉上。宋代范成大《祭灶诗》即云："古传腊月二十四，灶君朝天欲言事，云车风马小留连，家有杯盘丰典祀。猪头烂热双鱼鲜，豆沙甘松粉饵团。男儿酌献女儿避，酹酒烧钱灶君喜。婢子斗争君莫闻，猫犬角秽君莫嗔，送君醉饱登天门，杓长杓短勿复云，乞取利市归来分。"这哪里是祭灶，分明是向灶神送礼行贿。

古时祭灶不分身份的贵贱、高低，上至皇宫、大臣，下至平民百姓，对灶神都是毕恭毕敬。据有关资料记载：每年腊

月二十三，清朝皇帝例行在坤宁官大祭灶神，同时安设天、地神位，皇帝在神位前行九拜礼，以迎新年福禧。祭灶这天，坤宁官设供案，安放神牌，神牌前安放香烛供品，殿廷中设燎炉、拜褥。像民间一样，在灶君临升天汇报工作前，要用粘糖封住嘴，以防他在玉帝面前胡说八道。祭灶时，宫殿监奏请皇帝到坤宁宫佛像、神像、灶君前拈香行礼。礼毕，宫殿监再奏请皇后依次向灶君等神位行礼。灶神的崇拜，从早期的企求降福，到后来的谨盼避祸，曲折地反映了古代人们对自己命运的茫然不解，只能把自己遭遇的各种吉凶祸福托之于神，而灶神不许有怨言、说怪话、发牢骚的种种禁忌，则被统治者加以利用，成为束缚人们思想的一种工具。现在，随着社会的发展与不断进步，祭灶的风俗渐渐淡化，它必将慢慢远离人们的生活。

月神：西瓜月饼敬老天

原典

男不拜月，女不祭灶。

——俗语

中秋夜，人家各置月官符象，符上兔如人立；陈瓜果于庭；饼面绘月官蟾兔；男女肃拜烧香，旦而焚之。

——明·陆启浤《北京岁华记》

每户瓶兰、香烛，望空顶礼，小儿女膜拜月下，嬉戏灯前，谓之"斋月宫"。

——清·顾禄《清嘉录》

闷来时独自在月光下，想我亲亲想我的冤家。月光菩萨，你与我鉴察：我待他的真情，我待他的真情，哥！他待我是假！

——明代·佚名《桂枝儿》

大明生于东，月生于西，此阴阳之分，夫妇之位也。

——西汉·戴圣《礼记·祭器》

民俗探源

旧时民间传统八月十五拜祭月神，腊月二十三祭祀灶神，几乎家家户户无一例外。不过在拜祭过程中，有一个重要禁忌，即"男不拜月，女不祭灶"。

民间信仰认为月亮是月神，又称月姑、月亮娘娘、月亮奶奶、太阴星君。拜月之俗始自先秦，魏晋时广泛流传，唐宋至明清一直盛行不衰。至今我国各地仍有许多中秋祭月的"拜月坛""拜月亭""拜月楼"等古迹遗存。据说北京的"月坛"就是明朝嘉靖九年（1530年）修造的供皇家祭月的地方；北京颐和园，也是清朝慈禧太后率大臣、后妃和宫女祭月的场所。

过去拜月仪式很隆重，方式也很多。或供月光神枅，或以木雕月姑为神像，都把神像供在月亮出来的方向，设供案，摆供品，焚香烧纸，下跪叩拜。《北京岁华记》载："中秋夜，人家各置月官符象，符上兔如人立；陈瓜果于庭；饼面绘月官蟾兔；男女肃拜烧香，旦而焚之。"《清嘉录》载："每户瓶兰、香烛，望空顶礼，小儿女膜拜月下，嬉戏灯前，谓之'斋月宫'。"有些地方的妇女边拜月还边念叨："八月十五月亮圆，西瓜月饼敬老天。敬得老天心欢喜，一年四季保平安。"苏州的妇女们则盛行"走月亮"。据《清嘉录》载，中秋夜，妇女们打扮得花枝招展，结队出游，或拜亲访友，或到尼姑庵寺庙上香，直到鸡声响起，还婆娑于月下。

无论从史料记载还是从民间相传看，拜月的主角都是妇女，祭灶的主角都是男性。中秋节男子可以赏月、玩月、咏月，但一般不去祭拜。腊月二十三送灶，则是"男儿酌献女儿避"。

土地神：土地之主也

原典

社者，土地之主也。

——战国·公羊高《公羊传》

社者，土地之主，土地广博，不可遍敬，故封土为社而祀之，报功也。

——汉·应劭《风俗通义·祀典》

今凡社神，俱呼土地。

——清·翟灏《通俗编·神鬼》

王为群姓立社曰大社，诸侯为百姓立社曰国社，诸侯自立社曰侯社，大夫以下成群立社曰署社。

——西汉·戴圣《礼记·祭法》

鹅湖山下稻粱肥，豚栅鸡栖半掩扉。桑柘影斜春社散，家家扶得醉人归。

——唐·王驾《社日》

民俗探源

土地神又称"土地公公""土地公""土地爷"，民间信仰最为普遍的众神之一，流行于汉族地区，部分受汉族文化影响的少数民族也有信仰。土地神属于民间信仰中的地方保护神，在 1949 年及其以前，凡有汉族人群居住的地方就有供奉土地神的现象。在中国传统文化中，祭祀土地神即祭祀大地，现代多属于祈福、保平安、保收成之意。土地神也是道教诸神中地位较低的神祇。

在一般民间的信仰中，神明多半会有明确的出身，但土地神的出处很多，传说之多不胜枚举，此举中之两例。一说为：周朝一位官吏张福德，生于周武王二年二月二日，自小聪颖至孝，三十六岁时，官朝廷总税官，为官廉正，勤政爱民，至周穆王三年辞世，享年一零二岁，有一贫户以四大石围成石屋奉祀，不久，由贫转富，百姓咸信神恩保佑，乃合资建庙并塑金身膜拜，取其名而尊为"福德正神"，故生意人常祀之，以求生意发展。

另一说为：周朝上大夫的家仆张明德（或张福德），主人赴远他地就官，留下家中幼女，张明德带女寻父，途遇风雪，脱衣护主，因而冻死途中。临终时，空中出现"南天门大仙福德正神"九字，盖为忠仆之封号，上大夫念其忠诚，建庙奉祀，周武王感动之余说："似此之心可谓大夫也。"故土地公有戴宰相帽者。

明清以后民间又多以名人作为各方土地。例如，清代翰林院及吏部所祀之土地，传为唐代大文人韩愈。杭州太学一带，原是岳飞的故乡，于是太学就奉岳飞为土地神。现在的土地庙中常配祀有土地婆婆，其俗约起于南宋。

《公羊传》注曰："社者，土地之主也。"土地神为一方乡土的保护神，过去在每一村落都建有土地庙，但大都非常简陋，有的甚至只由四块石头相垒而成。一般在祭宗祠、扫墓、破土之前总要先祭祀土地神。俗传二月初二为土地神诞辰日，届时家家作祭，土地庙中除供拜外，还演戏娱神，为土地公公祝寿。土地神的配偶称"土地奶奶"。

第9章 文娱礼俗篇

斗鸡：芥羽张金距

原典

季、郈之鸡斗。季氏介其鸡，郈氏为之金距。

——春秋·左丘明《左传·昭公二十五年》

长筵坐戏客，斗鸡观闲房。群雄正翕赫，双翅自飞扬。挥羽激清风，悍目发朱光。觜落轻毛散，严距往往伤。长鸣入青云，扇翼独翱翔。愿蒙狸膏助，常得擅此场。

——魏晋·曹植《斗鸡》

生儿不用识文字，斗鸡走马胜读书。贾家小儿年十三，富贵荣华代不如。能令金距期胜负，白罗绣衫随软舆。父死长安千里外，差夫治道挽丧车。

——唐·佚名《神鸡童谣》

选俊感收毛，受恩惭始隗。英心甘斗死，义肉耻庖宰。

——唐·孟郊《斗鸡联》

舟子抱鸡来，雄雄踌高岸。侧行初取势，俯啄示无惮。先鸣气益振，奋击心非懊。勇颈毛逆张，怒自眦裂肝（gàn）。

——宋·梅尧臣《晚泊观斗鸡》

何曾解报稻粱恩？金距花冠气逼云。白日枭鸣无意问，唯将芥羽害同群。

——唐·韩偓《观斗鸡偶作》

戚戚怀不乐。无以释劳勤。兄弟游戏场。命驾迎众宾。二部分曹伍。群鸡焕以陈。双距解长绁。飞踊超敌伦。芥羽张金距。连战何缤纷。从朝至日夕。胜负尚未分。专场驱众敌。刚捷逸等羣。四坐同休赞。宾主怀悦欣。博弈非不乐。此戏世所珍。

——魏晋·应场《斗鸡诗》

民俗探源

斗鸡是古代盛行的游戏。斗鸡是人们利用雄鸡的好斗性，借鸡的善打善斗，夺食夺偶，互相残杀，激烈地互相啄咬，直到有一只公鸡败下阵来取乐赏玩消遣的娱乐活动。活动规则是将两只雄鸡放在场中，使之互相啄斗，斗赢者取胜。斗鸡属于一种禽戏，古代称为"斗戏"。

据传，纪子为周宣王养斗鸡，经过40天的训练，这些鸡如同木头鸡般，平日里它们一动不动，但相斗起来，一般的鸡不敢与之交锋。可见，我国从很早就有了斗鸡及训练斗鸡的人。"呆若木鸡"成语即来源于此。原意应是纪渻养的鸡像木头一样，神气安逸，这样的鸡才算养到家了，后来借指人修炼到家了。

斗鸡的场面充满了血腥味、战争味。后来，作为博弈，斗鸡更多是一种消遣、逗乐。

斗鸡最早主要是王公皇室贵族们的娱乐活动，与百姓娱乐无关。《左传·昭公二十五年》载："季、郈之鸡斗。季氏介其鸡，郈氏为之金距。"季平子和郈伯都酷爱斗鸡。据说，山东阳沟出产斗鸡。这里的鸡长到3岁就很魁梧、善斗。于是斗鸡的两家都用山东阳沟的斗鸡。两家为了战胜对方，季平子采用了"介其鸡"的方法。"介"是铠甲。此法是给鸡头装上类似铠甲的特别的鸡甲，增强斗鸡的防御性，还给鸡头上涂上狸膏，让对方的鸡望盔闻味而畏惧；邱邵伯采用"为之金距"的方法。"距"指鸡爪。此法是给鸡爪套上锋利的金属利器套，以加强斗鸡的进攻力。季、邱两家的一攻一防，可谓用心良苦。看来，斗鸡游戏很久就有一套方案的。

《斗鸡诗》："芥羽张金距，连战何缤纷。从朝至日夕，胜负尚未分。"诗句"芥羽张金距"写的就是"介其鸡""为之金距"两种斗鸡方法。诗中描写的斗鸡游戏，从朝至夕，胜负不分，精彩绝伦，宾主欢愉。这种博弈是激烈的，也是世间珍稀的游戏。"游戏北官，驰逐平乐，观鸡鞠之会，角狗马之足，上大欢乐之"。这段话记载了汉武帝斗鸡的事实。汉武帝时，刘太公把斗鸡带到宫里，皇帝权贵竞相斗玩。于是就形成了专门斗鸡、蹴鞠，供皇上观赏娱乐的"鸡鞠之会"。汉朝，斗鸡风气盛行。汉武帝常和宠臣董偃斗鸡取乐。汉成帝在鸿嘉年间仿照汉武帝，依然热衷于斗鸡。汉景帝斗鸡更是不计成本。据说，他嗜斗成性，一年耗费稻谷 2000 石，用来饲养斗鸡和其它禽类，其花费之巨令人瞠目。"好臂鹰走狗，骋马斗鸡"，是骄横权臣梁冀好斗鸡走狗的明证。汉代斗鸡，皇宫为最，风气盛行。

斗蟋蟀：人挑拨虫双斗

原典

微虫亦可伤，何事苦争强。百胜终归死，一秋空自忙。吟残庭际月，冷怯草根霜。不入儿童手，谁能较短长。

——宋·顾逢《观斗蟋蟀有感》

七月在野，八月在宇，九月在户，十月蟋蟀，入我床下。

——《诗经·豳风·七月》

人挑拨虫双斗，搏精神有败伤。胜者叫败下阵，残无情观其赏。

——佚名《虫斗》

民俗探源

斗蟋蟀是古代民间博弈游戏，是古老的娱乐活动。斗蟋蟀，也叫斗蛐蛐、秋兴、斗促织。斗蟋蟀是人们借蟋蟀相斗观赏取乐的娱乐活动。斗蟋蟀是中国特有的文化生活。蟋蟀又叫"蛩""促织"，是寻常的小昆虫，比较普遍地生长在北方的村庄和野外。它以好斗闻名。

中国蟋蟀文化，历史悠久，源远流长，是具有浓厚东方色彩的中国特有的文化生活，也是中国的艺术。在《诗经·豳风·七月》中有："七月在野，八月在宇，九月在户，十月蟋蟀，入我床下。"这段文字写蟋蟀以反映季节的变化。古人观察蟋蟀的生长、生活，七月热天蟋蟀在野外，八月就在院子里了，九月就进入房门里，十月天冷就在人们床下了。先民们从昆虫的活动感知季节、安排农事，更见先民对蟋蟀的关注和热爱。在古代，上至皇亲国戚、达官显贵，下至斗升小民、平头百姓，无不对这一小小的昆虫趋之若鹜。斗蟋蟀不但成了家喻户晓的娱乐游戏，而且渗透到中华民族源远流长的文化艺术当中。

古人记述有一蟋蟀方首斗金鸡的故事。故事说，蟋蟀方首战胜了强敌，正振翅有声，以鸣得意。忽有金鸡闻声而至，猛然啄之。方首机警，跳出盈尺。鸡再逐，见方首已在爪下。现者汗背，寻之不果。但见金鸡伸颈摇冠，咯咯乱叫，不能自已，方见方首已跃上鸡冠，力叮不释，迫使金鸡败北。这故事自然是夸张的，但却写出了蟋蟀不畏强敌的精神。难怪其优胜者常常赢得人们给予的"铁枪""无畏"，乃至"大将军""威猛将军""虫王"等雅号美称了。凡目睹过斗蟋者皆知，蟋蟀之勇猛精神，实不减于雄禽猛兽。

斗蟋蟀仅有雄性，它们为保卫自己的领地或争夺配偶权而相互撕咬。二虫鏖战，战败一方或是逃之夭夭或是退出争斗，倒是鲜有"战死沙场"的情况。斗蟋蟀游戏富有哲思。所以有佚名《虫斗》中说："人挑拨虫双斗，搏精神有败伤。胜者叫败下阵，残无情观其赏。"诗中两只蟋蟀被人挑拨开战，一只精神抖擞，打败对手，似乎在炫耀胜利，大声鸣叫。另一只败阵而去，人们只管呐喊助威，不去关心弱者。似乎借斗蟋蟀诉说某种人生哲理。

蟋蟀生长的适应性很强，只要有杂草生长的地方，就可能有蟋蟀生长生存。如果要求蟋蟀生长的个大体强，皮色好，与地质、地貌、地形就很有讲究了。古书上说，北方硬辣之虫与生于立土高坡，这就说明地形地貌与蟋蟀的发育体质很有关系。很多书上也提到，深色土中出淡色虫大多善斗，淡色土中出深色虫必凶。

蟋蟀从原先的听其声，发展到现在的观其斗，从这一微小的侧面，说明社会历史发展的进步。在赵宋时代，在朝野内外大兴斗蟋蟀之风，并将"万金之资付于一啄"，这已是历史事实。

据说，斗蟋蟀始于唐代，盛行于宋代。到了清代时，活动益发讲究，先蟋蟀要求无"病"（仰头、卷须、练牙、踢腿）外观颜色也有尊卑之分，"白不如黑，黑不如赤、赤不如黄"。体形雄而矫健。蟋蟀相斗，要挑重量与大小差不多的，用蒸熟后特制的日蔽草或马尾鬃引斗，让他们互吹较量，几经交锋，败的退却，胜的张翅长鸣。旧时城镇、集市，多有斗蟋蟀的赌场，今已被废除，但民间仍保留此娱乐活动。这一活动始终受到人们的广泛喜爱，长兴不衰，呈现出年甚一年的趋势。

放风筝：纸花如雪满天飞

原典

正月鹞，二月鹞，三月放个断线鹞。

——俗语

约陈稀从中起，乃作纸鸢放之。以量未央宫远近，欲穿地入宫中。

——元·林坤《诚斋杂记》

侯景围台城，简文缚纸鸢，飞空告急，搬取救兵解围。

——唐·李亢《独异志》

小儿不知风凉薄，一心欲趁西风紧。纸鸢上天线扯断，漠漠羌天只有云。

——无名氏《纸鸢上羌天》

夜静弦声响碧空，宫商信任往来风。依稀似曲才堪听，又被风吹别调中。

——唐·高骈《风筝》

结伴儿童裤褶红，手提线索骂天公。人人夸你春来早，欠我风筝五丈风。

——清·孔尚任《风筝》

民俗探源

中国是风筝的故乡，放风筝更是有着 2000 年的历史，人们已经把它当成了重要的游艺活动。放风筝又称放断鹞，民间俗称"正月鹞，二月鹞，三月放个断线鹞"。清代顾禄《清嘉录·卷三》"放断鹞"中说："纸鸢，俗称'鹞子'，春晴竞放，川原远近，摇曳百丝……清明后，东风谢令，乃止，谓之'放断鹞'。"意思是说，春天里春风由下往上吹，适于放风筝，过了清明，因风向不稳就不宜再放风筝，所以玩到清明为止，而清明这天玩一年里最后一次风筝就称为"放断鹞"。

在古代，风筝可是最早的飞行器。说到风筝，这里面还有个有意思的传说呢。

相传，当年秦朝末年民不聊生，刘邦、项羽举兵抗秦，最终灭掉了秦朝。然而为了争天下，他们二人又开始了楚汉之争。一次，刘邦率军攻城，半路就被项羽截杀了。项羽的江东兵可不是吃素的，很快刘邦就被包围了。在外面的张良知道了里面的消息，他也犯难了。这时，他向天空一看，一只鹞子在天上盘旋，他突生一计。他用竹子扎成了一只大鹞子，然后在上面又描上了颜色，从远处一看，就跟真的一样。张良钻到了鹞子里，借着一阵大风飞上了天。在天上，张良就用萧吹起了楚国的乐曲。下面的楚兵一听，顿时人心涣散，大家都想念自己的家乡了。项羽一见人心涣散，便下令撤兵了。这样，张良的"大纸鹞"救了刘邦的性命。

当然这只是传说，但是自从张良之后，人们便在清明这天放起了风筝。其实，人们发明风筝只是想圆上天的梦。在先秦的文献中，就记载说，当时的巧匠鲁班就造出了一只木鸢，这种木鸢可以乘风而起，人们凭借它可以在空中自由翱翔，就像鸟儿一样。

后来随着造纸的发明，人们就想到了可以把纸糊在竹子上面，做成鸟的形状，这样就更加轻便了。这种装着哨子的纸鸢飞上青天后，就会发出像乐器"筝"一样的声音，因此人们才把它称为"风筝"。而在五代时期，人们才真正用"风筝"来替代纸鸢。

风筝最初发明并不是用于娱乐的。当时行军打仗很需要传递信息，在没有信鸽的条件下，人们便会利用风筝。相传，当年侯景叛乱，南朝梁武帝被困金陵，就是利用风筝向外送信求救兵的，可惜失败了。但在军事上，到了危急关头人们还是会试一试的。

到了宋代，放风筝作为一项游艺活动，才在民间普及开来。当时，人们还把风筝做成了人脑袋的模样，并把它画成各式各样的人物，甚至是周围亲友的模样。这样大家就都飞上了青天，这当然只是一种娱乐行为，并没有人身攻击的意味。

风筝到了清代，已经很完美了。无论是风筝的造型、设计还是放的技巧，都相当地成熟了。在清代，放风筝还成了一种竞技活动。像在佛山就有"放纸鸢"比赛。大概是每年九月初十，佛山都会有一场风筝大赛，当然是很正规的比赛了，既有主持人又有裁判员，同时还有明确的比赛规则。十个人是一个小组，放风筝有明确的距离规定。十个人中，起跑的所用距离较短的，并且垂直而上的风筝，所成的角度越小，就越能获胜。为了测量高度和远度，佛山当地的人，还特意制作了"标竿"。这样看来，在清朝放风筝已经成了一个极规范的娱乐活动。

荡秋千：绿杨影里戏秋千

此（荡秋千）北方山戎之戏，以习轻（敏捷）者。

——隋·隋炀帝《古今艺术图》

秋千者，千秋也。汉武祈千秋之寿，故后宫多秋千之乐。

——唐·高无际《汉武帝后庭秋千赋》

天宝宫中，至寒食节，竞竖秋千，令宫嫔辈戏笑以为宴乐。帝呼为半仙之戏，都中市民因而呼之。

——五代·王仁裕《开元天宝遗事》

二女娇娥美少年，绿杨影里戏秋千。两双玉腕挽复挽，四只金莲颠倒颠。红粉面对红粉面，玉酥肩共玉酥肩。游春公子遥鞭指，一对飞下九重天。

——明·唐伯虎《秋千诗》

画架双裁翠络偏，佳人春戏小楼前。飘扬血色裙拖地，断送玉容人上天。花板润沾红杏雨，彩绳斜挂绿杨烟。下来闲处从容立，疑是蟾宫谪降仙。

——宋·惠洪《秋千》

民俗探源

荡秋千是中华大地上很多民族共有的游艺竞技项目。据现有文献记载，它源自先秦。

《古今艺术图》上说："此（荡秋千）北方山戎之戏，以习轻（敏捷）者。"（见清翟灏《通俗编》卷三一）山戎是古代北方的一个少数民族，属地在今天的北京市及其周围地区，秋千原是其进行军事训练的工具。春秋五霸之首的齐桓公带兵打败山戎后，将其国土划归燕国，秋千也随之向南流传，后来逐渐演变成游戏的用具。

荡秋千日后主要为宫中、闺中女子的游戏或传统节日广场狂欢内容。汉武帝时宫中盛行荡秋千。唐人高无际《汉武帝后庭秋千赋》云："秋千者，千秋也。汉武祈千秋之寿，故后宫多秋千之乐。"荡秋千在当时主要是为了强身健体。唐代宫廷把荡秋千称为"半仙戏"，五代王仁裕在其笔记《开元天宝遗事》中说："天宝宫中，至寒食节，竞竖秋千，令宫嫔辈戏笑以为宴乐。帝呼为半仙之戏，都中市民因而呼之。"

荡秋千一方面可以"摆疥"（医治疾病），另一方面可以"释闺闷"。《金瓶梅词话》第二十五回开头写吴月娘、孟玉楼，潘金莲、李瓶儿等在花园里荡秋千的场面，并引用了据说是出自唐伯虎之手的《秋千诗》。诗云："二女娇娥美少年，绿杨影里戏秋千。两双玉腕挽复挽，四只金莲颠倒颠。红粉面对红粉面，玉酥肩共玉酥肩。游春公子遥鞭指，一对飞下九重天。"

李清照亦填有一首《点绛唇·蹴罢秋千》。一时间，荡秋千几乎成了女性的专利品。大概在唐宋以后，随着城市经济的发达，市民阶层的大量涌现，荡秋千才演变成节日中广场的狂欢节目。杜甫有诗云："十年蹴鞠将雏远，万里秋千习俗同。"刘禹锡亦有："秋千争次第，牵曳彩绳斜。"可见荡秋千习俗流传之广之盛。

宋代诗僧惠洪也有一首题为《秋千》的诗："画架双裁翠络偏，佳人春戏小楼前。飘扬血色裙拖地，断送玉容人上天。花报润沾红杏雨，彩绳斜挂绿杨烟。下来闲处从容立，疑是蟾宫谪降仙。"

从以上描述荡秋千习俗的诗作中，我们便可窥见当时这种习俗的全民性。也许人们对传统秋千玩腻了，寻求新花样，秋千习俗开始变化。

宋代出现了"水秋千"。据南宋吴自牧《梦粱录》等书的记载，不管是在北宋都城汴梁的金明池，还是在南宋都城临安的西湖、钱塘江，都举行过这种杂技表演。每逢夏季举行水秋千表演时，上自皇帝妃子、王公大臣，下至庶民百姓，竞相观看。表演之前，先在水中置两艘雕画精美的大船，船头竖起高高的秋千架。表演时，船上鼓声大作，船尾上杂耍艺人先要练上竿，然后表演者按次序登上秋千，奋力悠来荡去。当秋千悠到和秋千架的横梁相平之时，他们双手脱绳，借秋千回荡之力跃入空中，在空中翻个跟斗，然后投身入水。因表演者姿势各异，看上去惊险优美而又变化无穷。"水秋千"类似现代跳水运动，是宋代杂技的新发展，在中国杂技史上占有重要地位，对后世颇有影响。

唐宋之后，荡秋千习俗普及全国，盛况空前。当然，荡秋千流变花样最多的是我国的少数民族地区。

朝鲜族最喜爱荡秋千这一传统竞技游艺活动了，这一活动常在节日举行，有时还进行比赛。节日里，姑娘们身穿色调艳丽的彩裙，围在秋千旁，争试高低，只有挑选出来的能手，才能参加运动会的比赛。比赛时，在高空的彩带上悬挂一串金黄色的铜铃，比赛选手荡起秋千，看谁能碰响铜铃，碰到的次数越多，成绩越高。飘逸的长裙，叮当悦耳的铃声，惊险的摆荡，令人叹为观止。

我国台湾高山族人称荡秋千为"渺绵"，是"飞天"的意思，这与汉族人对秋千的传统认识是相同的。

云南西北及川南纳西族的荡秋千习俗俗称"秋千会"。纳西族东部的秋千会多在每年夏历正月初一至初四举行，西部则于正月初六开始，历时4~5天不等。清代《盐源竹枝词》云："高悬彩架接云天，共庆新年胜旧年；姊妹艳装争奇丽，倩郎抛索送秋千。"丽江白沙村一带，当年结婚的新娘常以红绳系秋千扶手，用点心、瓜子等招待荡秋千者，以此讨得平安吉利。永宁等地于"秋千会"的最后一天由女青年备办酒席款待前来赛秋千的男青年。席间男子用锅烟抹女子脸，互相追逐嬉戏，以抹黑为吉。传说古时"秋千会"期间有魔鬼来捉拿美女，后因以此法遮颜，防遭鬼害，成为会中的又一习俗。

除了最为常见的吊秋千外，一些民族还有许多秋千的变种。

新疆柯尔克孜族的荡秋千游艺，当地人称"阿拉提巴坎谢里钦吉克"。该族荡秋千有歌相伴，这歌就叫"秋千歌"。青海土族荡秋千用的是轮子秋。维吾尔族玩的秋千更为奇特，叫"沙哈尔地"，意为"空中转轮"，每逢春秋季节和举办婚礼时荡玩。在我国西南少数民族地区还流行有磨秋、风车秋千等秋千形式。

踩高跷：双枝长倍其身

原典

宋有兰子者，以技干宋元。宋元召而使见其技。以双枝长倍其身，属其胫，并趋并驰，弄七剑迭而跃之，五剑常在空中，元君大惊，立赐金帛。

——战国·列子《列子·说符》

民俗探源

踩高跷是民间盛行的一种群众性技艺表演。高跷本属我国古代百戏之一种，早在春秋时已经出现。我国最早介绍高跷的是《列子·说符》篇："宋有兰子者，以技干宋元。宋元召而使见其技。以双枝长倍其身，属其胫，并趋并驰，弄七剑迭而跃之，五剑常在空中，元君大惊，立赐金帛。"从文中可知，早在公元前五百多年，高跷就已流行。

高跷的起源，学者们多认为与原始氏族的图腾崇拜，与沿海渔民的捕鱼生活有关。据历史学家的考证，尧舜时代以鹤为图腾的丹朱氏族，他们在祭礼中要踩着高跷拟鹤跳舞。

古文献《山海经》中有关于"长股国"的记述，根据古人的注释，可知"长股国"与踩跷有关。从"长脚人常负长臂人入海中捕鱼也"这一注释中，我们不难想象出脚上绑扎着长木跷，手持长木制成的原始捕鱼工具在浅海中捕鱼的形象。而更令人感兴趣的是，今日居住在广西防城沿海的京族渔民，仍有踩着长木跷在浅海撒网捕鱼的风习。

今人所用的高跷，多为木质，表演有双跷、单跷之分。双跷多绑扎在小腿上，以便展示技艺；单跷则以双手持术跷的顶端，便于上下，动态风趣。其表演又有"文跷""武跷"之分，文跷重扮相与扭逗，武跷则强调个人技巧与绝招，各地高跷，都已形成鲜明的地域风格与民族色彩。

高跷表演者不但以长木缚于足行走，还能跳跃和舞剑，高跷分高跷、中跷和跑跷三种，最高者一丈多。据古籍中记载，古代的高跷皆属木制，在刨好的木棒中部做一支撑点，以便放脚，然后再用绳索缚于腿部。表演者脚踩高跷，可以作舞剑、劈叉、跳凳、过桌子、扭秧歌等动作。北方的高跷秧歌中，扮演的人物有渔翁、媒婆、傻公子、小二哥、道姑、和尚等。表演者扮相滑稽，能唤起观众的极大兴趣。南方的高跷，扮演的多是戏曲中的角色，关公、张飞、吕洞宾、何仙姑、张生、红娘、济公、神仙、小丑皆有。他们边演边唱，生动活泼，逗笑取乐，如履平地。据说踩高跷这种形式，原来是古代人为了采集树上的野果为食，给自己的腿上绑两根长棍而发展起来的一种跷技活动。

第10章　乡土传统篇

农耕：才了蚕桑又插田

原典

农人告余以春及，将有事于西畴。

——东晋·陶渊明《归去来兮辞》

雨足高田白，披蓑半夜耕。人牛力俱尽，东方殊未明。

——唐·崔道融《田上》

微雨众卉新，一雷惊蛰始。田家几日闲，耕种从此起。丁壮俱在野，场圃亦就理。归来景常晏，饮犊西涧水。

——唐·韦应物《观田家》

乡村四月闲人少，才了蚕桑又插田。

——南宋·翁卷《乡村四月》

田家少闲月，五月人倍忙。夜来南风起，小麦覆陇黄。

——唐·白居易《观刈麦》

民俗探源

农耕是伴随中国古代农业经济生活和农业生产生活而产生的。它贯穿于古代人类生产实践活动的全过程，具有东方农业文化的特色，居于物资生产的核心地位。

我国是典型的农业国家，农耕生活深刻地影响了中国传统文化，并孕育了不少经典的农耕诗词篇章。这些反映农耕的诗词篇章体现了浓厚的民俗文化内容。如李绅《悯农》"春种一粒粟，秋收万颗子"；陶渊明《归园田居》"种豆南山下，草盛豆苗稀"；陆游《龟堂杂题》"长腰玉粒出新春，秋获真成亩一钟"等。这些诗句还原了先民的农耕生活画面。借助古诗词，我们可以了解古代中国的农耕文化。

先民的农耕应是一种小农经济的生活方式。抒写小农经济农耕生活方式的诗句，引领我们回归我们祖先的自然经济时代，也引领我们体会农耕经济时代的民情和风范，让我们感受民俗中积极的文化内涵。

古人以耕作为业。古人的耕作生活在《黄帝耕作图》里有详尽体现。《黄帝耕作图》是最早的农耕文化记述，是古人耕作生活的真实写照。它记述的应该是在农耕经济基础上建立起来的文明文化。这些文化是先民在长期农业生产中形成的，是以服务于农业和农民自身娱乐为中心的文化。人们在《黄帝耕作图》中发现了"耒"和"耕"二字。《说文解字》解释：'耒，手耕曲木也。从木推丰。古者垂作耒耜，以振民也。"这种解释与《黄帝耕作图》中的"耒"很接近。"耒"是汉字部首之一，从"耒"的字，均与原始农具或耕作有关，可见"耒"就是最原始的农具，其它"耒"字旁的农具都是由"耒"派生出来的。人们推测早在大汶口文化的后期，东夷地区就已经使用了"耒"这种犁地农具。最初"耒"犁地的尖端犁铲并不一定非得是金属的，因为黄河中下游冬天一般都在零下十几度，冲积平原的土地经过冬天冰冻、春天解冻以后土地格外松软，只要用"耒"字状的树枝，把两面的枝杈截断斫尖以掘土，劳动者双手握住主干，就可以在松软的土地上划出垄沟来。《皇帝耕作图》中较大的树枝主干前头有人或牲口牵引，后面有人扶持，划出垄沟的效率就会更高，以此就可以播种。这样以树枝做成的农具，可能就是最早的"耒"，但是这种耒只能划出较浅的垄沟而不适应于硬地或深耕。"耒"耕体现了耕作工具的形状，古人居然用树枝犁地。可见我们的祖先早在 5000 多年前就已经使用了这种简单的播种工具，《黄帝耕作图》揭示了它的真正用途及其形状。《纂文》载："养苗之道，锄不如耨，耨不如铲。铲柄长二尺，刃广二寸，以铲地除草。"可见古代的劳动工具主要是斧斤、耒耜、锄、铲、耨等。这些劳动工具在当时已经推动了社会进步，提高了劳动效率。但和现在的现代化技术比，当然是落后多了。

捕鱼：渔家开户相迎接

原典

偶向芦花深处行，溪光山色晚来晴。渔家开户相迎接，稚子争窥犬吠声。

——南唐·李中《渔父》

江上往来人，但爱鲈鱼美。君看一叶舟，出没风波里。

——宋·范仲淹《江上渔者》

呵冻提篙手未苏，满船凉月雪模糊。画家不识渔家苦，好作寒江钓雪图。

——明·孙承宗《渔家》

卖得鲜鱼二百钱，籴粮炊饭放归船。拔来湿苇烧难着，晒在垂杨古岸边。

——清·郑板桥《渔家》

天山鸟飞绝，万径人踪灭。孤舟蓑笠翁，独钓寒江雪。

——唐·柳宗元《江雪》

白头波上白头翁，家逐船移浦浦风。一尺鲈鱼新钓得，儿孙吹火荻花中。

——唐·郑谷《淮上渔者》

民俗探源

　　说到冬捕，真是历史悠久了。冬捕最早可追溯到辽金时期。据史料记载，辽帝喜欢吃"冰鱼"。每年腊月，辽王率领文武百官在查干湖面上搭建帐篷，冰面打开后，鲜活的鱼儿就接二连三地跳上冰面，历史上称这种冬捕为"春捺钵"。如今冬捕已经成为东北的一种民族文化，使渔猎文化得以传承、发扬，各民族之间借此交流融合。

　　在东北地区，是游牧、农耕和渔猎三种文化并存，尤其是渔猎文化，自史前时代一直延续到了今天。以前大家冬捕无疑是为了生存，而现在冬捕

不仅是人们的生活方式，还成为了旅游项目，名扬四海，很多人在冬天去东北旅游，都不想错过盛大的冬捕场面。其中最有名的冬捕地点就是吉林省松原市的查干湖。

查干湖冬捕已经成为冬季渔猎文化的一个代表，被列为国家级非物质文化遗产。"冬捕经济"彰显文化内涵，连续举办多年的渔猎文化活动，体现了文化与经济的共生，不仅唤醒了一湖胜水，更带富了一方百姓，拉动了一方经济，也让当地打造出了一张"经济＋文化"的冰雪名片。

冬捕久而久之便形成了一种文化，而每次打开冰面时候捕到的第一头鱼，则成为了寓意最好的"头鱼"。

寓意吉祥、好运，历来都是游客以及商家争抢的好彩头。买头鱼是一种喜庆，意味着新的一年有好的开头，年年有余，预示着企业或者家庭在新的一年昌盛、繁荣。在民间一直都流传着一种传说，吃头鱼将带来好运。

采摘：采菊东篱下

原典

陟彼北山，言采其杞。偕偕士子，朝夕从事。王事靡监，忧我父母。溥天之下，莫非王土。率土之滨，莫非王臣。大夫不均，我从事独贤。

——《诗经·北山》

采莲南塘秋，莲花过人头。低头弄莲子，莲子清如水。

——佚名

山有枢，隰（xí）有榆。

——《诗经·唐风·山有枢》

万宅十余亩，草屋八九间。榆柳荫后檐，桃李罗堂前。

——东晋·陶渊明《归园田居·其一》

六月食郁及薁，七月亨葵及菽，八月剥枣，十月获稻，为此春酒，以介眉寿。七月食瓜，八月断壶，九月叔苴，采荼薪樗，食我农夫。

——《诗经·豳风·七月》

民俗探源

远古人类架木为巢，依林而居，采撷而食是最原始的生存状态，草木之食庇护先民度过了艰难困苦的生活。采摘是远古人类最根本的生活方式。农耕时代，靠天吃饭，采摘是生活中重要的一部分，反映采摘生活是诗歌中精彩的内容。诗人们赋予采摘更深刻丰富的内容。陶渊明"采菊东篱下，悠然见南山"，可见采摘应是古人日常生活内容。"花开堪折直须折，莫待无花空折枝"，说明采摘应顺时而为，应时而摘。贾岛"松下问童子，言师采药去"，可知古人采药也是日常生活内容。在众多的采摘诗中，我们可以看到先民们原始的生存状态和丰富的文化心理。

采摘反映劳动生活，古人的采摘远不是现代人温饱之余的消遣。和今人相比，古人采摘的范围要大得多，采摘的目的也不像我们单纯，他们不是为了消食，不是为了消遣，而是为了生活，为了生产，为了生命，有时是为了祭祀。《诗经》总共收诗歌305首，其中写到采摘的就有20多首。可以说距离今天三千年到两千五百多年的《诗经》时代是采摘的时代。《诗经》中采摘的对象主要是草本植物：荇菜、卷耳、繁（fán）、蕨、薇、（浮萍）、藻、葑、菲、荭、葛、萧、艾、桑、黄、苓、杞、芑、菽、蓝等都是古人的采摘对象。

《诗经·豳风·七月》中说："六月食郁及薁，七月亨葵及菽，八月剥枣，十月获稻，为此春酒，以介眉寿。七月食瓜，八月断壶，九月叔苴，采荼薪樗，食我农夫。"记述了农人一年四季的生产劳动和生活，详细描绘了三千年前我国农奴的生活和劳动场景，展示了一幅全景式社会生活图景，洋溢着浓郁的节气风俗，是不可多得的反映采摘、播种、收获、庆贺、生活的风俗画。

诗里采摘反映超负荷劳作。一年十二个月农奴们年年都过着这样循环不断、永无休止的牛马般的生活。农奴们劳动的场所：田间、桑林、织房、染房、谷场、果园、酒房、宫室、猎场、冰上……他们的劳动繁重、紧张。

农奴们在经济、政治、人身等方面受到压迫和剥削。

无穷无尽的劳作、不能温饱的生活、无人身自由的忧惧、精神上受蹂躏的辛酸是农奴生活的全部。诗里，没有剑拔弩张的斗争气氛，也没有金刚怒目式的抗争姿态，只有渗透了农奴斑斑血泪的生活事实。诗透露了农奴的朦胧觉醒意识和不满。

种植：孟春之月，盛德在木

孟春之月，盛德在木。

——西汉·戴圣《礼记》

榆柳荫后园，桃李罗堂前。

——东晋·陶渊明《归园田居》

持钱买花树，城东坡上栽。但购有花者，不限桃杏梅。

——唐·白居易《东坡种花二首》

楼东一株桃，枝叶拂青烟。此树我所种，别来向三年。桃今与楼齐，我行尚未旋。

——唐·李白《寄东鲁二稚子》

五亩之宅，树之以桑，五十者可以衣帛矣。

——先秦·孟子弟子《寡人之于国也》

先民们有非常悠久的植树造林传统，文人也留下了不少植树造林的诗篇，这些种植诗篇蕴含着丰富的文化意味。

古人种树的历史非常久远了。《礼记》载："孟春之月，盛德在木。"古人种树时间是初春，种树被认为是一种很有功德的行为。《周礼》载："山虞掌山林之政令，物为之厉而为之守禁，仲冬，斩阳木；仲夏，斩阴木。凡服粗，斩季材，以时入之，令万民时斩材，有期日。凡邦工人山林而抡材，不禁，春秋之斩木不入禁。凡窃木者有刑罚。山虞以时斩材，而林衡受法于山虞，以严其戒，一有不平，则计其守其之功过而赏罚之矣。"据记载，古代设有专门掌管国家山林的官员，叫"林衡'或"山虞"。"山虞"负责制定保护山林资源的政令，对树木的栽种砍伐进行决策，职位较高。"林衡"负责巡视山林、执行禁令等，是受山虞领导的，职位较低。"为人君而不能谨守其山林菹泽草莱，不可以立为天下王。能树百棵使繁衮者，置之黄金一斤，直食八石。"这是齐国名相管仲提倡植树的名言。他建议君王要谨守山林。他还要求贫民布衣房前屋后种桑麻，城墙周围种荆棘，用以巩固城防。他还主张对植树大户进行奖励，为了鼓励民众种树，承诺能种

一百棵树并使其繁盛，则奖励黄金一斤，粮食八石。古人认为不能保护生态环境资源，就不能治理好国家。古代统治者十分重视资源保护，对山林保护意识很强，规定在一定的季节内不得随意砍伐树木，并对植树造林有贡献者实施奖励措施。

《孟子》中记载："五亩之宅，树之以桑，五十者可以衣帛矣。"这是孟子向国君献的计策。孟子提倡植树种桑，以保障民生。当时，即使诸侯混战，四方割据，植树依然盛行。

说到种树，似乎应该说到屈原。据说现在十堰的大楸树沟、小楸树沟就是屈原种树的地方。相传，屈原出生之日，他母亲做梦，梦见仙女送来一个大柑橘。他母亲刚要接过来，那柑橘突然变成一棵橘树，不一会儿，树上挂满了又圆又大的橘子。恰在此时，屈原就出生了。邻居们闻声而来，看到了屈家门前的一棵橘树。后来，屈原长大了，非常喜爱橘树，常给树修枝施肥，橘树长得枝繁叶茂。说来也怪，那棵橘树的叶子很神奇，熬水一喝，能治好村民的小疾小病；吃了树上的丹橘，可以根除大病。于是，屈原就用树上的橘籽培育了一棵颗橘苗，赠给远近的乡邻，结果这里满山遍野长满了橘子。后来，楚地成为橘树的故乡。关于屈原种植橘树是有诗为证的。屈原在《橘颂》中说："后皇嘉树，橘徕服兮。受命不迁，生南国兮。深固难徙，更壹志兮。绿叶素荣，纷其可喜兮。"这首诗是屈原年少行冠礼时所写的诗，诗赞美了橘树高洁的品质。屈原写橘突现橘的本性，即只有生长于南土，才能结出甘美的果实；迁徙北地，得到的是又苦又涩的枳实。"橘生淮南则为橘，生于淮北则为枳"反映了橘的这一秉性。屈原借橘"受命不迁，生南国兮"的秉性，表达自己矢志不渝的爱国情志。屈原以南国的橘树作为砥砺志节的榜样，表达对橘的热爱和赞美。屈原爱橘、种橘确实有其事。

赶集：必于其日聚

原典

岭南之市谓之虚……山东人谓之集。每集则百货俱陈，四远竞凑，大至骡、马、牛、羊、奴婢、妻子，小至斗粟、尺布，必于其日聚焉，谓之"赶集"。

——明·谢肇淛《五杂俎·地部一》

沂邑集场甚多，著名者三十馀处，尚有义集、小集不计其数，通工易事，莫便于赶集。

——清·刘书年《沂水桑麻话》

每月三八大集，几十里的人都去赶集。"

——清·刘鹗《老残游记》

民俗探源

"集"就是"集市""市集"的简称。自古以来就有了集，它是随着剩余产品的增加和交换的需要自然产生的。集市，说得通俗一点就是在特定的日期和地点，小商贩聚集在一起出售货物的露天广场。

箩筐、簸箕、铁锹把、背篓等都是村民自己手工制作的。有的外地客也会买上一个背篓，穿着水桶裤或东巴裤和葛布鞋，一副入乡随俗的样子。

各地对这种民间商业活动的叫法不同，比如北方地区一般通称为"集"，而在南方和西南地区则分别称为"场""街""墟（圩）"等。虽然如今不乏高档和舒适的购物场所，但露天集市仍然保留了下来，除了价格低的原因，还因为逛集市早已成为民间的一种风俗。

赶集则是逛集市这种风俗中的一种。如今在偏远的山区、农村或城乡交界处仍然很盛行。"赶集"是山东一带的叫法，云贵川一带称之为"赶场"或"赶街"，湘赣地区称为"赶墟"，湘桂粤一带称为"赶闹子"，客家人则叫"赴圩"。在客家人的口语中，把约定俗成的集市交易称为"圩日"，人们到集市上交易、办事，就叫赴圩。虽然叫法不同，但有一个明显的共同点，就是"赶"。是因为这种集市一般时间较短，多者不过一天，少则半天，甚至半个时辰，所以要赶紧去交易，晚了就赶不上啦！

赶集的日期和周期各地不同。比如云南大理三月街是每月的初二开始，每隔七天一次；青岛惜福镇大集是每月农历逢二和七，每隔五天一次。

一般来说，赶集的周期与当地的人口密度有关，人口密集的地方周期较短，人口稀疏的地方周期较长。赶集的地点一般选在交通较为方便的乡镇的露天场地或者街边。

赶集的商贩有些是职业的，他们要么有自己的店铺或摊位，要么专门到各个集市上贩卖商品。而有的则是附近的村民，他们把自己多余的农副产品或者专门制作的手工制品带到这里来卖，贴补家用。还有一些是处理闲置物品的或其它什么原因需要到集市上交易的人。

在客家人的口语中，一般把乡镇称为"墟"，把约定俗成的集市交易称为"墟日"。墟日文化丰富多彩，它成为客家人生活中的重要组成部分。各乡镇的墟日有不同的日子，一般是分为"一四七"墟、"二五八"墟、

"三六九"墟。两个相邻的墟镇，它们的墟日总是相邻一天而不会重复，这样就能让买卖双方都有较多的交易机会。旧时有些小商贩来往于附近墟镇做生意，几乎每天都赴墟。各墟场墟期都是三日一墟。赴墟最多人的时间是端午节、中秋节，春节前夕农历十二月二十五至二十九天天都是墟日。因为当地有些人几乎每墟都赴，所以称他们为"六墟伯"。

墟日的前一天叫"墟上日"。有些从远地来做生意的商人会在这天先住在墟上的客店里，待第二天早上把货物摆到墟场上或能够占一个好的摊档，希望早点卖完自己的货物。墟日的第二天叫"墟下日"，这天是最没有生意做的日子。一般墟镇里的商贩都在这个时候进城采购或补货，为下一个墟日的好生意做准备。

墟日这天，农户把自己生产的粮食、日用品挑到乡镇所在地去进行交易；小商小贩更是闻风而动，把城里的商品运到乡下的墟场上叫卖。需要购物的农民带上钱往墟里赶，叫"赴墟"。在墟场上双方买卖讨价还价地完成了交易。"墟日"的商品交易一般按商品的内容分类，如粮食方面的有"米行"；家禽牲畜类的有"鸡行""猪行"；服装类的有"布行"等。各墟镇按其历史习惯形成了不同的特色。农民把自己的产品摆在规定的地方去卖。

墟日最热闹的要数另一类的小商贩，如卖老鼠药、卖跌打药（有的"撮把戏"兼卖跌打药）。他们把其行业或产品的特点编成顺口溜高声叫卖。诸如："老鼠药，老鼠药，家家用得着，一家买到了，邻居都安乐；上夜吱吱叫，下夜硬翘翘……"之类，几乎人人耳熟能详。"撮把戏"的戏班有3~5人，旧时比较有名气的戏班是杨玉燕马戏团、"鬼马祥""李牛皮""大力士王剑锋"，表演的节目有单掌开砖、手拍酒瓶等，表演时把腰中的功夫带解了又系，系了又解，然后鼓劲运足气用手掌或头把砖块打断，把酒瓶拍碎……客家人通常也把这些"撮把戏"的人叫作"走江湖的人"。

旧时，客家地区的男女婚嫁由父母做主，普遍采用"相亲"的形式来选择对象，墟日是相亲最佳的日子，在媒人的牵引下双方父母带上自己的孩子在墟上的小饭店会面，此风俗延续到 20 世纪 70 年代。

赴墟的人各自回家离开墟场叫作"散墟"。散墟的时间不等，按各墟场的情况而定。大客家网了解到人们把人流量小、交易量少、散墟早的这种墟叫作"黄虫察墟"（"黄虫察"即蟑螂），一般到上午 11 点已经散墟。

客家地区的"墟日文化"有着其深厚的地方特色，它是客家人文的组成部分。有些地方史志均有记载。

集可以说是我国民间的民俗文化，农村赶集不是新鲜事，农民购物都是到集市上去，在农村集市轮流办，三六九张庄集，二五八李村集。还有逢五逢十的集。赶集，很多时候不仅仅是买东西，对于农村人来说还有份放松和享受的惬意。

第11章　古老工艺篇

刺绣：黼黻文章

公衣黼黻（fǔ fú）之衣，素绣之裳，一衣而王采具焉。

——战国时期《晏子春秋·谏下十五》

黼黻为章，宫徵成音，经综纬错，其行钦钦。

——宋·叶适《故宝谟阁赵公墓志铭》

灿灿黼黻裳，乃出寒女治。

——清·黄鹭来《杂诗》

黼黻之美，在于杼轴。

——西汉·刘安及其门客《淮南子·说林训》

民俗探源

史传黄帝时代就有彩绘花纹的记载。那就是说，古代原始人类早懂得用色彩来美化自己。开始时将颜色涂在身上，称"彰身"；再进一步刺在身上，称"文身"；后来就画在衣服上，再发展成绣在服装上。《尚书》说虞舜的衣服有五彩花色，上衣六种花纹，即日、月、星辰、山、龙、华虫；下裳六种花纹，为宗彝、藻、火、粉米、黼、黻。共十二种花纹，称十二章。这里至少有两种是刺绣的（指黼黻）。西汉《礼记·祭义篇》中说，古代天子诸侯都有公室养蚕。蚕熟，献茧缫丝，把它们染成红、绿、玄、黄等色，以为"黼黻文章"（即用不同色彩的丝线，在礼服上刺绣成各种图案）。据《辞海》，"黼"（音辅）字解释为在古代礼服上绣半黑半白的花纹；"黻"字解释为在古代礼服上绣半青半黑的花纹。至于"文章"，用青、红两色线绣称之为"文"，用红、白两色线绣称之为"章"。总之一句话，刺绣发源很早，古已有之。

关于刺绣的文献记载创于虞舜，考古出土遗物目前发现仅到商周。原始刺绣用途，本为装饰衣服以表征地位尊卑，具有政治辅助工具的作用；后来逐渐扩充为美化生活的装饰物，并且普及民间。至于刺绣具备的艺术性，随着发展阶段变化，呈现不同的特色。

早期的刺绣遗物显示，周代尚属简单粗糙；战国渐趋工致；汉代开始展露艺术之美。因为经济繁荣，百业兴盛，丝织造业尤为发达；又当社会富豪崛起，形成新消费阶层，刺绣供需应运而兴，不仅已成民间崇尚广用的服饰，制作也迈向专业化，尤其技艺突飞猛进。从出土实物看，绣工精巧，图案多样，呈现繁美缛丽的景象，堪称为这项民族工艺奠定优秀的传统。

此后，刺绣继续发展，在提供衣饰器用方面，不断扩张生活使用范围和层面。此外，其间刺绣还曾担负过服务宗教的任务，时在魏晋至隋唐。此一期间，佛教鼎盛，信徒为示虔诚，选择代表尊荣与费时耗工的刺绣，作为绘制供养佛像方式，谓为绣佛，至唐盛极一时。

唐代刺绣发展另一成就，便是绣法上的推陈出新。唐前一直流行唯一"锁绣"法，至此发明了"平针绣"，也就是通行至今的绣法。这种绣法因为针法多变化，刺绣者更能发挥创作自由与艺术表现，很快取代"锁绣"而风行，于是带来刺绣发展史上的另一崭新时代。

宋代是我国刺绣发达臻至高峰的时期，无论产品质量均属空前，特别是在开创纯审美的艺术绣方面，更堪称绝后。

明代是我国手工艺极度发达的时代，承继宋代优良基础的刺绣，顺应时代热烈风气，继续蓬勃昌盛，而且更上层楼。

清代刺绣的发展，大致上承续着上述明绣的情形，整个二百余年间，维持兴盛不坠而外，也有两点值得视为突出成就的：一是地方性绣派如雨后春笋般兴起，著名的有苏绣、粤绣、蜀绣、湘绣、京绣、鲁绣等，各自树立自我特色，形成争奇斗妍的局面；二是晚清吸收外国日本刺绣长处，甚至融和西洋绘画观点入绣，前者为沈寿首创的"美术绣"，后者则有江苏杨守玉发明的"乱针绣"，为传统绣注入新血和新面目。

刺绣作为一个地域广泛的手工艺品，各个国家、各个民族通过长期的积累和发展，都有其自身的特长和优势。在我国除了苏绣、湘绣、粤绣和

蜀绣这"四大名绣"外，还有京绣、鲁绣、汴绣、瓯绣、杭绣、汉绣、闽绣等地方名绣。我国的少数民族如维吾尔、彝、傣、布依、哈萨克、瑶、苗、土家、景颇、侗、白、壮、蒙古、藏等也都有自己特色的民族刺绣。

绣花鞋：平头鞋子小双鸾

原典

结伴踏青去好，平头鞋子小双鸾。

——宋·王观《庆清朝慢·踏青》

刬袜步香阶，手提金缕鞋。

——南唐·李煜《菩萨蛮》

独自立瑶阶，透寒金缕鞋。

——清·纳兰性德《菩萨蛮》

下覆百姓，上饰帝王。

——春秋时期·荀子《荀子》

民俗探源

绣花鞋可以称为"中国鞋"。它的如何起源的，在山西晋南流传这"晋国鞋"的传说。

2600 年前的春秋战国时期，群雄争霸，山西晋国是个小国，晋献公当上国君后，一举吞并了 10 个小诸侯国，晋国自此成为一方霸主。为了让全国百姓永远记住他的文治武功，他命令宫中女子必须在鞋面上绣上石榴花、桃花、佛手、葡萄等 10 种花果，还下令全国平民女子在出嫁时必须以这种绣了 10 种纹样的"十果鞋"作为大婚礼鞋，以便世世代代不忘晋献公的赫赫战绩，这种绣花鞋被称为"晋国鞋"。此后，晋国的刺绣工艺又从绣花鞋延伸到绣花衣以及其它用品上。绣花鞋的刺绣修饰手法沿袭了东方装饰唯美的审美风尚，注重鞋面的章法，鞋帮的铺陈，并配以鞋口、鞋底的工艺饰条。彩色丝线从鞋头到鞋跟，鞋垫甚至鞋底都绣上繁缛华丽的纹样。

在鞋类大家庭中，鞋文化与刺绣艺术完美结合的中国绣花鞋是华夏民族独创的手工艺品，这种根植于民族文化中的生活实用品被世人誉称"中国鞋"。

我国战国时期伟大的哲学家荀子就出生在绣花鞋的故乡，他在《荀子》一书中记录了推广用铁针刺绣的绣花工艺，书中是这样说的："有物（铁针）于此，生于山阜，处于室堂。无知无巧，善治衣裳。不盗不窃，穿窬而行。日夜合离，以成文章。以能合从，又善连衡。下覆百姓，上饰帝王。功业甚博，不见贤良。时用则存，不用则亡。臣愚不识，敢请之王。"

荀子不但推广了用铁针刺绣的绣花工艺，并从哲学的角度出发称赞了绣花铁针。在《荀子·赋》中，荀子认为：铁针不仅能在鞋上绣花还能"下覆百姓、上饰帝王"，铁针和绣花工艺还为经济的繁荣与社会的稳定作出了贡献。

由此可见，绣花鞋以及绣花鞋工艺早已成为中国传统文化中不可或缺的一部分了。由于鞋子是日用品，也是容易消耗的产品，荀子时代的绣花鞋并没有保存下来。但是我们可以从文人笔下的记载中获取有关绣花鞋的记载，历代文人笔下所形容的女子，走起路来婀娜多姿，她们穿着各种形式的绣花鞋，有的上面刺绣着一朵盛开的富贵牡丹花、有的刺绣着一朵鲜艳娇嫩的海棠花、有的刺绣的娇艳欲滴的石榴花……各式各样，千姿百态。可以说这种纯手工刺绣的绣花鞋没有一双是相同的，各有各的特点。

古代女子的千娇百媚也显现在一双经过精心刺绣的鞋子上，惹人怜爱。千百年来，女性从不放弃在绣花鞋上争相竞艳，为了增添足下风姿而努力。如南唐后主李煜笔下的女子，也有穿着绣花鞋的姿态的，在《菩萨蛮》一词中他是这样写的："花明月暗笼轻雾，今宵好向郎边去。刬袜步香阶，手提金缕鞋。画堂南畔见，一向偎人颤。奴为出来难，教君恣意怜。"

词的大意是说：在鲜花盛开，淡月朦胧，轻雾迷蒙的良宵，正好可以和心上人相见。女子手提着绣鞋，光着袜子一步步迈上台阶。"刬袜步香阶，手提金缕鞋"就是描写一位穿着绣花鞋形象的女子的，而其中的"金缕鞋"就是指用金丝线刺绣而成的绣花鞋。

文人墨客笔下的绣花鞋形象在文学作品中是屡见不鲜的，时间一晃就到了清代，绣花鞋工艺经过了几千年的发展，已经衍生出许多新的工艺。清代有一位著名的词人，他叫纳兰性德，曾经填写了一首词作，里面就记载了绣花鞋的样式，这首词牌名也是《菩萨蛮》，原词如下："隔花才歇廉纤雨，一声弹指浑无语。梁燕自双归，长条脉脉垂。小屏山色远，妆薄铅华浅。独自立瑶阶，透寒金缕鞋。"从词中的"独自立瑶阶，透寒金缕鞋"两句中就可以看出：词中描写的女子穿的就是"金缕鞋"，也就是绣织有金丝的鞋子，也可以说是一双用金丝线刺绣而成的鞋子。不管从工艺来说，还是从制作成本来说的，这样的一双金丝绣花鞋的价值是不菲的，应该是当时上流社会中的女性非常喜欢的一种鞋子。

中国结：亲结其缡，九十其仪

原典

君泪盈，妾泪盈，罗带同心结未成。

——宋·林逋《长相思》

之子于归，皇驳其马，亲结其缡（lí），九十其仪。

——《诗经·豳风·东山》

文采双鸳鸯，裁为合欢被。著以长相思，缘以结不解。

——《古诗十九首·客从远方来》

心心复心心，结爱务在深。

——唐·孟郊《结爱》

谁料同心结不成，翻就相思结。

——明·夏完淳《卜算子》

腰中双绮带，梦为同心结。

——梁·萧衍《有所思》

如今绾作同心结，将赠行人知不知。

——唐·刘禹锡《杨柳枝》

风前带是同心结，杯底人如解语花。

——清·黄景仁《感旧四首》

罗带同心闲结遍。带易成双，人恨成双晚。

——北宋·晏几道《蝶恋花》

民俗探源

中国结就像中国的书画、雕刻、陶瓷、菜肴一样，很容易被外国人辨认出来，可见中国结对中华民族的代表性。

中国结艺是中国特有的民间手工编结艺术，它以其独特的东方神韵、丰富多彩的变化，充分体现了中国人民的智慧和深厚的文化底蕴。在北京申办奥运会的过程中，中国结作为中国传统文化的象征，深受各国朋友的喜爱。

中国人相当久以前便学会了打结。而且"结"也一直在中国人的生活中占了举足轻重的地位，结之所以具有这样的重要性，主要的原因之一也是因为它是一种非常实用的技术。这可以从许多史料和传统习俗中见出端倪。

早在旧石器时代末期，也就是周口店山顶洞人文化的遗迹中，便发现有"骨针"的存在。既然有针，那时便也一定有了绳线，故由此推断，当时简单的结绳和缝纫技术应已具雏形。

中国结由于年代久远，其历史贯穿于人类史始终，漫长的文化积淀使得中国结渗透着中华民族特有的、纯粹的文化精髓，富含丰富的文化底蕴。"绳"与"神"谐音，中国文化在形成阶段，曾经崇拜过绳子。据文字记载："女娲引绳在泥中，举以为人。"又因绳像蟠曲的蛇龙，中国人是龙的传人，龙神的形象，在史前时代，是用绳结的变化来体现的。"结"字也是一个表示力量、和谐，充满情感的字眼，无论是结合、结交、结缘、团结、结果，还是结发夫妻，永结同心，"结"给人都是一种团圆、亲密、温馨的美感。"结"与"吉"谐音,"吉"有着丰富多彩的内容,福、禄、寿、喜、财、安、康无一不属于吉的范畴。"吉"就是人类永恒的追求主题,"绳结"这种具有生命力的民间技艺也就自然作为中国传统文化的精髓,兴盛长远,流传至今。

中国结不仅具有造型、色彩之美,而且皆因其形意而得名,如盘长结、藻井结、双钱结等,体现了我国古代的文化信仰及浓郁的宗教色彩,体现着人们追求真、善、美的良好的愿望。在新婚的帖钩上,装饰一个"盘长结",寓意一对相爱的人永远相随相依,永不分离。在佩玉上装饰一个"如意结",引申为称心如意,万事如意。在扇子上装饰一个"吉祥结",代表大吉大利,吉人天相,祥瑞、美好。在剑柄上装饰一个"法轮结",有如轮黑心行,弃恶扬善之意。

在烟袋上装饰一个"蝴蝶结","蝴"与"福"谐音,寓意福在眼前,福运送至。大年三十晚上,长辈用红丝绳穿上百枚铜钱作为压岁钱，以求孩子"长命百岁"，端午节用五彩丝线编制成绳，挂在小孩脖子上，用以避邪，称为"长命缕"。本命年里为了驱病除灾，用红绳扎于腰际。所有这些都是用"结"这种无声的语言来寄寓吉祥。中国人在表达情爱方面往往采用委婉、隐晦的形式，"结"从而义不容辞地充当了男女相思相恋的信物，将那缕缕丝绳编制成结，赠与对方，万千情爱，绵绵思恋也都蕴含其中。梁武帝诗有"腰间双绮带，梦为同心结"。宋代诗人林逋有"君泪盈、妾泪盈，罗带同心结未成，江头潮已平"的诗句。一为相思，一为别情，都是借"结"来表达情意。至于结的表意价值，历代文人墨客有大量生动的描写。纵观中国古代诗词歌赋，从中我们不难发现，绳结早已超越了原有的实用功能，并伴随着中华民族的繁衍壮大，生活空间的拓展，生命意义的增加和社会文化体系的发展而世代相传。

荷包：做得荷包各式殊

原典

为盛烟叶淡巴菰，做得荷包各式殊。未识何人传妙制，家家依样画葫芦。

——唐·刘禹锡《竹枝词》

（曹）操性佻易，自佩小囊，以盛毛巾细物。

——唐·虞世南《北堂书钞》

晋《舆服志》：文武皆有囊缀绶，八座尚书则荷紫，乃负荷之荷，非荷渠也。今谓囊曰荷包本此。

——清·汪汲《事物原会》

销魂，当此际，香囊暗解，罗带轻分。

——宋·秦观《满庭芳·山抹微云》

红地团花金解络。香囊垂四角。

——宋·陈克《谒金门·罗帐薄》

览香囊无语，谩流泪、湿红纱。

——元·白朴《木兰花慢·感香囊悼双文》

何以致叩叩？香囊系肘后。

——魏晋·繁钦《定情诗》

青童抱何物，明月与香囊。

——唐·于鹄《古挽歌》

民俗探源

荷包是中国传统服饰中，人们所随身佩戴的一种装零星物品的小包。荷包的造型有圆形、椭圆形、方形、长方形，也有桃形、如意形、石榴形等；荷包的图案有繁有简，花卉、鸟、兽、草虫、山水、人物以及吉祥语、诗词文字都有，装饰意味很浓。

荷包的前身叫"荷囊"。荷者，负荷；囊者，袋也。所谓"荷囊"，即用来盛放零星细物的小袋。因古人衣服没有口袋，一些必须随身携带的物品（如毛巾、印章及钱币等），只能贮放在这种袋里。最早的荷囊，在使用时既可手提，又可肩背，所以也称"持囊"或称"挈囊"。以后渐渐觉得手提肩背有所不便，才将它挂在腰际，并形成一种习俗，俗谓"旁囊"。制作荷囊的材料，一般多用皮革，故又有"囊"之称。如新疆鄯善苏巴什古墓出土的一件，以羊皮为之，呈长方形，长 6.7 厘米，宽 3.7 厘米，在口部有一拴系的皮带，以备挂佩。现存最早的囊实物，是春秋战国时期的遗物。

汉代以后沿袭其俗，《北堂书钞》卷一三六引《曹瞒传》："（曹）操性佻易，自佩小囊，以盛毛巾细物。"《晋书·邓攸传》也记载：邓攸梦行水边，见一女子，猛兽自后断其囊。由此可见，魏晋时期不论男女，身边都佩有囊。在囊上饰有兽头纹样，也称"兽头囊"。这种饰有兽头纹样的囊形象，在山东沂南一汉墓画像石上还可以看到：中室北壁的东段，画分上下两格，皆刻人物故事。下格中的两人皆戴着布纹的帽子，用带结于头后，衣袖皆卷起，腰束带。其中左边一人加束革带，从右腰革带垂下一虎头纹佩囊，佩囊比较大，做工也精致，还绣有花边。中室北壁西段的上格亦画有相同的一荷包，不同的是人物佩戴的方向不一样，是从左腰革带垂下一虎头纹佩囊。

至南北朝时，佩囊制度正式确立，人们所佩的囊，并非全用皮制，也有用丝织物做成的，但仍然沿用囊的名称。《隋书·礼仪志六》："（北朝）囊，二品以上金缕，三品金银缕，四品银缕，五品、六品彩缕，七、八、九品彩缕，兽爪。官无印绶者，并不合佩囊及爪。"至隋代则专施于良娣以下命妇，以别嫔妃的兽头囊。《隋书·礼仪志七》："良娣，鞠衣之服，银印钮，文如其职。佩采玉，青绶，八十首，长一丈六尺，兽爪囊。余同世妇。保林、八子，展衣之服，铜印环钮，文如其职。佩水苍玉，艾绶……兽爪囊。"兽爪囊，囊之一种，简称"兽爪"或"爪"，是织有兽爪纹样的小型佩囊，北朝官吏常佩于腰际以盛印绶。

"荷包"这一名称，出现在宋代以后。《通俗编·服饰》说："《能改斋漫录》载刘伟明诗'西清直寓荷为橐'，欧阳修启以'紫荷垂橐'对'红药翻阶'，皆读之为芰荷之荷。今名小夹囊曰荷包，亦得缀袍外以见尊上，或者即因于紫荷？"这是将宋代紫荷疑为荷包。袁枚《随园随笔》下有"紫荷非荷包"辨其非。在元杂剧及明清笔记小说中常见有这种提法。所谓荷包，实际上就是以前的荷囊、旁囊及囊。清汪汲《事物原会》记称："晋《舆服志》：文武皆有囊缀绶，八座尚书则荷紫，乃负荷之荷，非荷渠也。今谓囊曰荷包本此。"

元代民间也流行佩戴荷囊，如敦煌壁画元代第332窟甬道的蒙古族供养人画像，前面二人腰部两侧便垂有荷囊。

清代皇帝在年终多用荷包赏赐给大臣。《啸亭续录》就记载：乾嘉时期"岁暮时诸王公大臣皆有赐予；御前大臣皆赐'岁岁平安'荷包一"。

荷包在明清时，也叫"茄袋""顺袋"。《金瓶梅》第三回：西门庆"便向茄袋里取出（银子）来，约有一两一块，递于王婆子，交备办酒食"。这是按宋朝人的称法。《宋史·舆服志》谓金主法物有玉带及皮茄袋。《歧路灯》第二十四回："绍闻从顺袋掏出一封书子，递于夏逢若。"

清代荷包有大量实物传世。通常以丝织物做成，上施彩绣。因制作荷包的质料、造型各不相同，所以名称也不一样，有的造型上小下大，中有收腰，形似葫芦，所以称之为"葫芦荷包"。有的被做成鸡心形，上大下小，俗称"鸡心荷包"。在一些大、中城市，还有专门生产这种饰件的作坊。如《旧都文物略》记："荷包巷所卖官样九件，压金刺锦，花样万千。"据说这种荷包最初是男子用来盛放烟叶的，后来大家觉得十分美观，乃争相仿效，不论男女，都喜佩之。北京《竹枝词》云："为盛烟叶淡巴菰，做得荷包各式殊。未识何人传妙制，家家依样画葫芦。"

除荷包以外，清代男子在腰间还挂有褡裢、扇套、香囊、小刀、眼镜盒等物品，既有装饰意义，又有实用价值。妇女佩此者，比较少见，一般多在衣襟处挂上一二件小型饰物，如耳挖、牙剔和小毛镊子之类。

随着时代的发展、服饰的改变以及人们文化心理的变化，如今荷包在城市里已经成了人们的收藏品，只是在乡村和少数民族地区仍有流行。布依族青年结婚的主要内容之一就是"耍荷包"。荷包文化留给人们的不仅是可供欣赏的民间艺术品，还有丰富且深刻的文化内涵。

竹编：斫竹编青篮

原典

笙竹软可作细篾器，旧以充贡。

——清《东阳县志》

五架三间新草堂，石阶桂柱竹编墙。

——唐·白居易《香炉峰下新卜山居草堂初成偶题东壁》

斫竹编青篮，门前开蟹簖（duàn）。

——明·王叔承《雨后杂兴·野水平溪桥》

僧馆高闲事事幽，竹编茶灶瀹（yuè）清流。

——明·王绂《题真上人竹茶炉》

民俗探源

竹编是我国传统的手工艺，古老而悠久，远古人类用竹搭棚遮风避雨，用竹篱笆圈养剩余的猎物和幼禽，李冰用竹笼装卵石修筑都江堰，人民群众用竹编制成各种农具、日常用品，能工巧匠、民间艺人用竹篾编制成有形有态的艺术品，赋予了文化的内涵。有竹便有竹编。

竹编已渗透到社会生活的各个角落，可谓"宁可食无肉，不可居无竹"。

早在公元前二千年至五千年（即新石器时代），我们的祖先就已经"擅长于用竹片筐、篓等物"了。秦时李冰便采用竹络（贮石篓子）修堤护岸治水。社会发展的不同阶段生产生活的需要，竹编起着重要的作用。如遮障蔽类的篱、笆、帘、笠、簦，盛粮生产的箩、筐、笕、篮、笛、他筐、筅（biān）、算、畚、篑（kuì），包装储物的箱、篋、秀，坐卧息憩的桌、椅、床、凳、席、簀、筐，扬谷去糠的簸、筛、箅，炊厨用具的盖、筲箕，招风纳凉的扇、竹支人，捕鱼捞鱼的悉、虾扒，以及渡水的筏箔，运输的筱舆等。人们在没有发明桌前，饮食时均席地而坐，先铺延于地，再置席（肴馔）于延上而食。所以，"延"即是竹编的垫席。

四川省青神县乃蚕丛古乡，蚕桑的发展离不开竹编，韩愈诗中"春蚕看满箔"的"箔"就是竹编的蚕帘。

中国竹编以青神竹编为最佳，就文字记载大概可以追溯到明朝时期，开始探索向工艺型改进，出现了几何形或古装饰精线图案的日用品。到了清代已经崭露头角，现在沈阳故宫仍陈列的由青神袁姓艺人编织的"寿"字官扇即为佐证。抗日时期，青神人的斗笠罗湾乡的凉席，天庙乡的吨篾围垫，不仅于横竖数百里邻州府享有声誉，而且在斗笠、扇面上出现了"驱逐倭寇""还我河山"等时政文字。20世纪50年代，"军斗笠"和扇席之上进而有和平鸽与蝴蝶等图案的编织。60年代，有凭借氏等人，把线条画像引八扇面，从而引发了平面竹编的一系列革新尝试。70年代末，随着改革开放，涌现出了一大批具有文化艺术素养，立志革新竹编传统工艺的艺人，他们集中技术和智慧，精益求精，为竹编开了新的前景，把它推向了纯欣赏艺术的阶段。在立体编织类，着重予精、细、美和古色古香，富于民族风味。在平面编织类的突破则更大，他们采用国画、汉书、木刻的表现手法把名胜风物、名家手迹、名人书画移于竹编中堂、挂屏、横幅、楹联以及扇席之上，使中外为之瞩目。

随着社会文明的向前发展，竹编艺术也不断创新，从用竹编制生产生活用品，发展到用竹编制人物书画艺术品，用竹编制成高档竹工艺品、竹家具。由于编制水准的差异，竹编产品的价值成几何增长，五毛钱一节的竹子可以升值为几元、几百元、几千元、上万元，甚至百万元以上的产品。竹编已经作为我国特有的民族艺术奇葩而开放于世界艺术殿堂。

剪纸：二七、二八贴花花

原典

二四扫房屋，二七、二八贴花花。

——民谚

暖汤灌我足，翦纸招我魂。

——唐·杜甫《彭衙行》

镂金做胜传荆俗，翦彩为人起晋风。

——唐·李商隐《人日即事》

吴越践王于行吉日……城外百户。不张悬锦缎，皆用彩纸剪人马以代。

——五代《武林梵志》

向旧都天街，有剪诸色花样者，极精妙，随所欲而成……有少年能手于袖中剪字及花朵之类……"

——南宋·周密《志雅堂杂钞》

嘉靖中制夹纱灯，刻纸刻成花竹禽鸟之状。随轻浓罩色，熔蜡徐染，用轻绍夹之，映日则光明莹彻，芳菲翔舞，恍在轻烟之中，与真者莫辨。

——明《苏州府志》

民俗探源

我国是发明纸的国家，早在西汉时代已开始造纸。至此，利用纸便于剪刻镂空的性能符合民俗所需的剪纸艺术，随之在民众之中产生。然而，目前发现最早的剪纸实物，是新疆吐鲁番火焰山附近出土的北朝时期五幅团花剪纸。这几幅剪纸，采用重复折叠的方式和形象互不遮挡的处理手法，与今天的民间团花剪纸极其相似。

在汉、唐时代，民间妇女即有使用金银箔和彩帛剪成方胜、花鸟贴上鬓角为饰的风尚。后来逐步发展，在节日中，用色纸剪成各种花草、动物或人物故事，贴在窗户上（叫"窗花"）、门楣上（叫"门签"）作为装饰，也有作为礼品装饰或刺绣花样之用的。剪纸的工具，一般只用一把小剪刀，有的职业艺人则用一种特制的刻刀刻制，称为"刻纸"。

唐代以后的剪纸实物已属罕见。有皮革刻花冠饰和漏版印花图案可作佐证。宋代出现了行业性质的剪纸和用于工艺装饰的剪纸，其较为多见的例子是吉州窑宋代瓷器上的剪纸纹样。另外，宋代皮影盛行，也有用纸制作皮影的，称为"纸窗影子"。现在某些地区仍有类似皮影风格的剪纸，可见这两种相近似的艺术形式相互间的影响和汇流。明清剪纸传世作品有刺绣底样、扇面装饰、窗花等，风格趋向精细秀丽。俗中求雅。

所以，中国的剪纸起源于汉，至南北朝时期已相当精熟，然而真正繁盛却是在清朝中期以后。而在所有的剪纸中，窗花历史最为久远。

窗花已有上千年的历史，在宋朝、元朝逐渐流传，逐渐成形。如果在新春佳节到陕北、陕西、甘肃一带农村走走，您会发现千家万户老百姓家的窗户上，都贴着红红绿绿的剪纸。有的一张占一个窗格，有的几张相连组成一组占几个窗格。剪的都是老百姓熟悉的东西，有十二属相、花草虫鱼、水果蔬菜，还有戏曲传说人物等。这种剪纸因为大多是贴在窗户上的，所以，通常又叫"窗花"。

窗花是贴在窗纸或窗户玻璃上的剪纸。过去无论南方北方，春节期间都贴窗花。现在南方只结婚时才贴，春节一般不贴了。而北方贴窗花还盛行，在河北丰宁，春节期间若谁家未贴窗花，人们就会猜测这个家庭是否出了事。窗花的样式，一般比较自由，除了贴在四角的"角花"和折剪的"团花"之外，其外轮廓都没有什么限制。

中国各地尽管建筑形式各异，窗格不一，但在春节期间，都普遍流行着用窗花来装饰房舍的习俗。民谚道："二四扫房屋，二七、二八贴花花。"五颜六色的窗花给家家户户增加了节日的喜庆气氛。

窗花，无论在题材上，还是在创作手法上都是民间剪纸中最有代表性的门类之一。其剪刻形式多样化，单色剪纸、复色剪纸、浮雕剪纸皆有，以红色最多。窗花的造型受到多种多样窗棂形式的影响，变化非常丰富。常见的有方形、圆形、菱形、团花四角形、自由形等剪纸形式。有单幅的，也有多幅成套的。窗花的制作注重镂空后的效果。窗花剪纸的题材很广，飞禽走兽、花鸟虫鱼、吉祥图案、戏曲人物都有。常见的有"五谷丰登""连年有余""喜庆吉祥""人畜兴旺""辟邪五毒""老鼠

嫁女"以及《三国演义》《水浒传》《西游记》等民间戏曲故事。

由于剪纸只是应民情风俗的需要而存在，其材料又不易保存，所以，很少有真正代表不同历史时期面貌的作品传世。

泥塑：泥塑金涂各有神

原典

醉若山颓无旧侣，坐如泥塑有新功。

——宋·方回《初夏书事》

红墙半旧粉墙新，泥塑金涂各有神。僧道不须闲计较，等为和靖守坟人。

——宋·方回《望西太乙宫四圣观半为僧寺》

了知二法空无相，泥塑金装为佛像。日日香华夜夜灯，谁知在一毛头上。

——宋·释印肃《颂证道歌·证道歌》

泥塑岳侯铁铸桧，只令千载骂奸雄。

——明·张岱《岳王坟》

活脱世间泥塑样，痴贻江表陆沉羞。

——宋·董嗣杲《重叹》

文的胸、武的肚、老人的背脊、美女的腰。一印、二捏、三镶、四滚。

——俗语

道子画，惠之塑，夺得僧繇（yáo）神笔路。

——俗语

民俗探源

泥塑艺术是我国一种古老常见的民间艺术。它以泥土为原料，以手工捏制成形。或素或彩，以人物、动物为主。

我国泥塑艺术可上溯到距今 4000~10000 年前的新石器时期。史前文化地下考古就有多处发现。浙江河姆渡文化遗址出土的陶猪、陶羊时间约为 6000~7000 年前左右；河南新郑裴李岗文化遗址出土的古陶井及泥猪、泥羊头时间约为 7000 年前。可以确认是人类早期手工捏制的艺术品。

自新石器时代之后，中国泥塑艺术一直没有间断，发展到汉代已成为重要的艺术品种。考古工作者从两汉墓葬中发掘了大量汉代红陶猪的文物，其中有为数众多的陶俑、陶兽、陶马车、陶船等等。其中有手捏的，也有模制的。汉代先民认为亡灵如人生在世，同样有物质生活的需求。因此丧葬习俗中需要大量的陪葬品，这在客观上为泥塑的发展和演变起了推动作用。

两汉以后，随着道教的兴起和佛教的传入，以及多神化的奉祀活动，社会上的道观、佛寺、庙堂兴起，直接促进了泥塑偶像的需求和泥塑艺术的发展。到了唐代，泥塑艺术达到了顶峰。被誉为雕塑圣手的杨惠之就是唐代杰出的代表。他与吴道子同师张僧繇，道子学成，惠之不甘落后，毅然焚毁笔砚，奋发专攻塑，终成名家。为当世人称赞："道子画，惠之塑，夺得僧繇神笔路。"

泥塑艺术发展到宋代，不但宗教题材的大型佛像继续繁荣，小型泥塑玩具也发展起来。有许多人专门从事泥人制作，作为商泥塑菩萨头像品出售。北宋时东京著名的泥玩具"磨喝乐"在七月七日前后出售，不仅平民百姓买回去"乞巧"，达官贵人也要在七夕期间买回去供奉玩耍。

元代之后，历经明、清、民国，泥塑艺术品在社会上仍然流传不衰，尤其是小型泥塑，既可观赏陈设，又可让儿童玩耍。几乎全国各地都有生产，其中著名的产地有无锡惠山、天津"泥人张"、陕西凤翔、河北白沟、山东高密、河南浚县、淮阳以及北京。

中国民间面塑艺术真正始自何时已不可考，但早在汉代就已有文字记载，从新疆土鲁番阿斯塔那唐墓出土的面制人俑和小猪来推断，距今至少已有一千三百四十多年了。南宋《东京梦华录》中对捏面人也有记载："以油面糖蜜造如笑靥儿。"那时的面人都是能吃的，谓之为"果食"。另外，南宋《梦粱录》中曾记载着把面塑用在春节、中秋、端午以及结婚祝寿的喜庆日子。

经过几千年的传承和经营，中国面塑艺术可谓是历史源远流长，早已是中国文化和民间艺术的一部分。也是研究历史、考古、民俗、雕塑、美学不可忽视的实物资料。就捏制风格来说，黄河流域古朴、粗犷、豪放、深厚；长江流域却是细致、优美、精巧。

面塑又称面花、礼馍、花糕、捏面人。它以糯米面为主料，调成不同色彩，用手和简单工具，塑造各种栩栩如生的形象。山东面塑起源于菏泽，至今已有三百多年的历史。旧社会的面塑艺人"只为谋生故，含泪走四方"，挑担提盒，走乡串镇，做于街头，成于瞬间，深受群众喜爱，但他们的作品却被视为一种小玩意儿，是不能登上大雅之堂的。如今，面塑艺术作为珍贵的非物质文化遗产受到重视，小玩意儿也走入了艺术殿堂。

捏面艺人，根据所需随手取材，在手中几经捏、搓、揉、掀，用小竹刀灵巧地点、切、刻、划，塑成身、手、头面，披上发饰和衣裳，顷刻之间，栩栩如生的艺术形象便脱手而成。婀娜多姿、衣裙飘逸的美女，天真烂漫的儿童，以及各种神话故事、戏剧、历史人物，嵌入精致的玻璃框内，就成为人们喜爱的工艺美术品。

面塑艺术的特点是"一印、二捏、三镶、四滚"（泥塑的步骤），还有"文的胸、武的肚、老人的背脊、美女的腰"之说。

面塑实际上是在"馍"的基础上发展起来的，用糯米粉和面加彩后，捏成的各种小型人物。主要出现在嫁娶礼品、殡葬供品中，也用于寿辰生日、馈赠亲友、祈祷祭奠等方面。农家把已蒸好的各种面塑花摆在诸神前，其中猪头形面塑俗称"大供"，另外还有花馍、花果馍、礼馍、馍玩具等。制面馍的工具十分简单：白面、剪刀、菜刀、梳子、红枣、花椒等物，只要掌握好发面技术，按照式样进行捏制，那么一个鲜活的面馍形象就会脱颖而出。

第12章　丧葬礼俗篇

丧葬：事死如事生

生，事之以礼；死，葬之以礼，祭之以礼。事死如事生。丧尽礼，祭尽诚。

——春秋·孔子弟子及其再传弟子《论语》

殷汤（成汤）无葬处，文（周文王）、武（周武王）、周公葬于毕……皆无丘垄之处。

——汉·班固《汉书·楚元王传附刘向传》

棺椁（guǒ）必重，葬埋必厚，衣衾必多，文绣必繁丘垄必巨。

——战国·墨子《墨子·节葬下》

天子坟高三仞，树以松；诸侯半之，树以柏；大夫八尺，树以栾；士四尺，树以槐；庶人无坟，树以杨柳。

——汉·班固等《白虎通·崩薨》

提到丧葬时，有些人会感觉这是一个很忌讳的词，也是很晦气的词句。其实丧葬是一种传统文化，是一个民族传统文化的"集大成"。从远古时代到现在，每个朝代都有不同的丧葬礼仪，地域民族不同，丧葬礼仪也不同。

在古代王朝中，丧葬礼仪更多体现是一种孝道的礼仪，是生者对逝者礼节，于是形成一种礼节制度及道德上的规范。

古人丧葬理念是"墓而不坟"。《汉书·楚元王传附刘向传》载："殷汤（成汤）无葬处，文（周文王）、武（周武王）、周公葬于毕……皆无丘垅之处。"当时贵为天子、王侯的殷汤、周文王、周武王墓地不堆坟丘，这说明古代丧葬礼仪既节约了钱财物力，也节约了土地。这种丧葬礼仪是很文明的丧葬礼仪。西周丧葬，讲究"墓而不坟"。如："高坟乃昔贤所诫，厚葬实君子所非，古者墓而不坟，盖此道也。""墓而不坟"指的是埋葬死者有穴即"墓"，没有墓穴上的封土即"坟"。"墓而不坟"是殷商时期中原地区的墓葬特点，没有坟丘，像殷王、周王身份至尊的人也如此。古人不事张扬、节约土地的丧葬精神实在值得提倡。

据说，孔子母亲去世，孔子在榛莽草丛埋葬了母亲。后来担心"今丘也，东西南北之人也，不可弗识也"，自己远游回来不能找到母亲墓地，孔

子只好违背古礼与初愿，"于是封之，崇四尺"才给母亲的墓地堆了坟头。

春秋末期，坟丘开始出现。战国后，坟丘墓葬流行了。贵族、有钱人大肆营造坟墓，有的坟丘高达 10~15 米。当时习俗认为，坟丘越高越表示是孝子贤孙，于是，人们竞相攀比。这种厚葬陋习是丧葬观念的退步，也遭到了提倡节俭薄葬的墨子的激烈的抨击。《白虎通·崩薨》载："天子坟高三仞，树以松；诸侯半之，树以柏；大夫八尺，树以栾；士四尺，树以槐；庶人无坟，树以杨柳。"战国时，坟丘是在墓穴表面垒坟。这种做法是为辨识墓穴的位置，方便祭祀。但后来变成了显示墓主人身份地位的象征。并且国家明文规定了不同身份、不同等级的人坟堆的高低和种植的不同。逝者的爵位等级越高，排场越大。"丘墓""坟墓""冢墓"就是高低的区别。

丧葬体现了一种礼仪，也体现了一种文化，蕴含着丰富的文化内涵。

丧葬文化是孝义的延续，葬礼的内涵主要以孝为主题，丧礼为孝子贤孙提供了表示孝之心的机会。不能尽孝，就等于精神支柱的崩塌。千年礼仪之邦，对于人生的终结，十分重视"使民养生送死无憾"是孟子理想社会的图景。在丧葬传统中，生者不但不能与死者割断联系，而且要以各种方式保持和死者的联系。孝道观念中强调血脉延续的意义，所谓"不孝有三，无后为大"。

民间丧礼中的"圆坟"习俗，体现了孝义必有好报的观念。葬礼礼仪的目的在于与死者亡灵保持和建立一种特殊的密切关系。活人向亡灵祈求保佑，为了能长久地尽孝道，阐扬自己的孝心，完善自己的人格和品德，以求得心理和精神的平衡，满足、净化心灵。丧葬礼俗是寻求精神寄托和安慰的方式，通过丧礼行为弥补自己的过失，消除内心的不安，达到品格的升华。慎终追远，通过一定的仪式追念先人，生命因为孝义而延续。

　　丧葬文化实现了社会关系的重组。一个人的死亡绝不仅仅是个人的事，它对原有的社会关系和社会结构都会产生影响，对于活着的人同样会产生重大影响。他的家庭以及村庄中原有的人际之间的固定关系将失去某些平衡，特别是重要人物之死更是如此。活人重新调整各自的位置与角色。比如"摔盆"习俗，只有长子才能"摔盆"，独子家庭的女子不能"摔盆"，这些礼俗体现了香火观念的成分。"摔盆"重新厘定了新型的社会关系，确定了新的家庭秩序。长子作为家庭代表的身份得以体现，继承权也得到认同。在一定程度上，葬礼的主角是生者。在葬礼上，共食共餐，奏乐唱戏，体现了家属、亲戚朋友恢复正常状态的意义，也代表了生者的面子、体面与孝心。葬礼确定了新的家族秩序和社会秩序。

　　丧葬礼仪体现了人们对世俗生活的认同，死亡体现了人们对人生价值的思考。"未知生，焉知死"。古人对于死亡讳莫如深。"事死如事生，事亡如事存"说明葬礼作为礼仪体现了孝道。葬礼是在修补和重建一种社会秩序。民间习俗将死者生前使用过的器物用于陪葬，表明了一种朴素的人生价值观。"事死如事生"，传统葬礼习俗体现了人们对世俗生活的热爱。这是一种积极的生命导向，是古人通过丧礼对生命意义的体悟。传统葬礼不是立足于死人，而是立足于活人；不是立足于死后世界，而是立足于现实世界；一切传统丧仪、丧俗的功能不是要生者为死者服务，而是要死者无从拒绝地为生者服务。尽管葬礼是生者和死者的对话，但这种对话是单向的，完全是活人建构起来的话语系统。葬礼过程弥漫着哀痛之情，亲人由悲而泣。但这一过程也存在着表演的因素。这才是丧葬礼俗的根本功能。

挽歌：君子作歌，维以告哀

原典

薤（xiè）上露，何易晞。露晞明朝更复落，人死一去何时归！

——汉·李延年《薤露》

蒿里谁家地，聚敛魂魄无贤愚。鬼伯一何相催促，人命不得少踟蹰。

——西汉·佚名《蒿里》

君子作歌，维以告哀。

——《诗经·小雅·四月》

民俗探源

哭丧也是丧葬一大特色。女子是哭丧的主角，伴随着整个丧事始终。哭腔响亮，高音破空，悲从中来，且哭且唱，泣怨哀诉。一句唱完，是长长的拖腔，表示对逝者的追忆，对亡故的痛惜，对自己一生坎坷的哀叹。男子也哭，他们是扑倒在灵前，磕头捣地。起音最重最响，一声喊尽，后边是短促的"呵、呵"声。哭词简短，为呼亲声。尾音几断几连，眼闭口张、泪涎长吊。哭者要放悲声、有眼泪，响彻天地，否则被视为不孝。《庄子》之《至乐》记庄子妻死时，"庄子则方箕踞鼓盆而歌"。其《大宗师》亦记，子桑户死，他的两个好友孟子反、子琴张"或编曲，或鼓琴，相和而歌……"两段记载体现了亲人故去举办丧事、相和而歌、悲泣欲绝、号啕痛哭的情景。

丧葬礼仪是让死去的人安宁，让活着的人满意。整个丧葬的过程是生者与死者的对话。两者之间有着一个坚韧的结——念祖怀亲。这个结既是实体联系，也是精神联系。"相和而歌"的挽歌就是这种联系的纽带，但其中蕴含了丰富的情感。

《薤露》说："薤上露，何易晞。露晞明朝更复落，人死一去何时归！"《蒿里》说："蒿里谁家地，聚敛魂魄无贤愚。鬼伯一何相催促，人命不得少踟蹰。"这是很早的挽歌。汉初高祖召田横，田横不愿臣服，自杀。门人伤之，为之作悲歌，言人命奄忽如薤上之露，易晞灭也；言人死精魄归于蒿里。这首悲哀田横的挽歌，成为后世挽歌的先声。后来西汉乐府协律都尉李延年把《薤露歌》分为《薤露》《蒿里》两首，《薤露》是送王公贵人，《蒿里》是送士大夫庶人挽枢者的挽歌。

春秋战国时期，挽歌已经产生。最早挽歌起源于"为用人力以挽枢者所歌"，是来自民间的劳动之歌，悼亡之悲和劳逸之苦在挽歌调子中合二为一。俞曲园释《荀子·成相篇》曰："盖古人于劳役之事，必为歌讴以相劝勉，亦举大木者呼邪许之比，其乐曲即谓之相。'请成相'者，请成此曲也。"牵引灵枢（古代王侯的灵枢大而重）是"劳役之事"，挽歌自然也属于"劳役之歌"。挽歌既有悼亡之悲，也有劳役之苦。

《诗经》里的"颂"是庙堂文学，用以歌功颂德的，是统治者祭祀祖先的乐歌。"送葬歌曲，示必死"显示了挽歌的内容是悼念故人。《礼志中》载："汉魏大丧及大臣之丧，执绋者挽歌。"执绋是指拉着牵引灵枢的绳索，挽歌是由牵引灵车的人边行边唱。所以，挽歌是丧家之乐，执绋者相和之声也。挚虞认为："挽歌因倡和而为摧怆之声，衔枚所以全哀，此亦以感众。"虽非经典所载，是历代故事。《诗》称"君子作歌，惟以告哀"，以歌为名，亦无所嫌。宜定新礼如旧。后来唱挽歌成为朝廷规定的丧葬礼俗之一。《刘道规传》载："及长沙太妃檀氏、临川太妃曹氏后薨，祭皆给銮辂九旒，黄屋左纛（dào），辒辌车，挽歌一部，前后部羽葆、鼓吹，虎贲班剑百人。"这里的记载说明挽歌已经是当时规定的一种丧葬礼仪，且已相沿成俗了。刘敬叔《异苑》卷六曰："琅琊王骑之妻陈郡谢氏，生一男，小字奴子。经年后，王以妇婢招利为妾。谢元嘉八年病终。王之墓在会稽，假瘗建康东岗，既窆，反虞舆灵，入屋，凭几，忽于空中掷地便有嗔声，曰：'何不作挽歌？令我寂寂上道耶？'骑之云：'非为永葬，故不具仪耳'。"看来正式的丧葬，是必须唱挽歌的。

挽歌是一种民俗习俗，也是一种文化现象。诵读这些经典的挽歌，我们可以领悟到古代的挽歌情怀和挽歌文化。

报丧：丧不报孝不吊

原典

丧不报孝不吊，不烧纸钱不谢孝。喜鹊报喜，乌鸦报丧。

——俗语

民俗探源

所谓"丧不报孝不吊，不烧纸钱不谢孝"。意思是指在一段葬礼中，如果家里没有人前去报丧，那么亲戚朋友一概都不用去吊孝哭丧，更不用烧纸钱，而一旦有人报了丧，就必须拿慰问品去吊丧。

停枢一段时间之后，诸事准备就绪，就要选日子报丧。报丧可以说是人死后的第一种仪式了。报丧仪式早在周代的时候就已经形成了。它用发信号的方式把有人逝世的消息告诉亲友和村人，即使已经知道消息的亲友家，也要照例过去报丧。

像人出生时在家门挂出诞生标志一样，人死以后，丧家在门上也要挂出标志，称"挑钱"。所谓钱，也就是纸幡，有的地方叫"通大纸"；有的地方因为纸的张数要和亡人的岁数相等，所以也叫"岁数纸"。纸幡挂在院门口，男左女右。在浙江建德县的畲族，人死后要"门竖一幡，上书死者姓名"。满族人死后不挂纸钱，而是在门前挂红幡（满族贵白贱红，故送终用红），称"丹"，用木杆高悬，日出挂，日落取下放在棺材旁侧。近世满族民间多用红布制成，全长四米有余，红幡形状是将整幅红布分为四条，头和尾用墨布装饰。

小殓以后，丧家就要将死讯等报告亲朋好友，以便他们及时地赶在大殓前来。报丧的形式有口头的，也有持讣文的，后世还发展出来在报纸上登讣告报丧的，民间一般以口报为主，即孝子亲自前往报丧，对那些至戚以及关系特殊的尤其要如此，否则礼数不到；而对那些较为疏远的，则捎个口信即可。

报丧去的孝子要着孝服，或者戴顶孝帽，腰里扎条孝带子（麻）。到了别人家，不能进门，有人来接，无论长幼，都要叩首。毛南族的报丧有两次，第一次是孝男手中点支香，带一些纸钱、一斤酒、三斤黄豆，向舅家报丧，在舅家要吃一顿素饭，这叫"报素丧"；第二次是在出殡的当天清晨杀猪宰牛时候，先割下三五斤肉，再将内脏各取一些（如每宰牛，则多取一碗牛红，一节牛粉肠），外加一斤酒，带香纸，和第一次一样到舅家报丧，目的是向舅家禀明出殡的时辰，并请舅舅提早来主持祭丧仪式，这叫"报荤丧"。在广西大新县的壮族，则是人死后马上连放三响地炮，称"报时"，也就是报丧。此外，还有送"报丧条子"的。报丧条子上写"本家某老爷（或某大人，或本家夫人）恸于夏历某年某月某日某时寿终正寝（男日正寝，女日内寝）。谨择于某日某时大殓，某日接三。特此讣告"。下款写府第和禀报人，收口报人的姓名则用红纸条写了，贴在口报上端。由日报条子的内容可知，这还不是正式的讣闻。简单一些的报丧就要与讣闻合二而一，一次报丧。

正式的讣闻也叫讣告、赴告、告丧等。这一般是世家大族施行的仪俗，贫民百姓则仅是一次口报。讣闻一般为书礼形式的，有一套固定的文辞，大体如："不孝某某罪孽深重，弗自殒灭，祸延显考，某某公、讳某某、某府君恸于某年某月某日某时寿终正寝，距生于某年某月某日某时，享年几十有几。不孝某某随侍在侧，亲视含殓，遵礼成服。"最后写卜"叩在：戚、友、寅、学、乡、世"（红字）字样，结尾写"哀此讣"。在列上丧礼日程的下边，依次开列子孙的名单。

无论是至亲还是好友，接到讣告以后，都要及时地赶到丧家参加丧葬活动。

不同的地方有不同的报丧方式。在广西一带的地区，按照旧规矩，响三次火炮就表示报丧，这叫"报丧炮"，然后派人告诉给亲友。也有的地区在死了人的家中要拿白纸扎成旗帜立在门前作为报丧的信号。还有的地方，报丧的人到亲友家门不能径自入内，必须要等在门口喊屋里的人，等到他们拿一铲子火灰撒在门外之后，才可以进门报丧。这样做是为了辟邪。

也有地方报丧俗规非常严格，丧家如果死的是男人，必须由房族侄子到亲戚家报丧，死的如果是女人，必须由儿子、女儿给外婆家报丧。报丧的孝男孝女必须头上裹白布、戴斗笠，手上拿一条白布巾，跪在娘家或外婆家人的面前哭报丧事，哭报完之后马上回家。当外婆家里派人来奔丧，走到村头的时候，孝男孝女必须跪在村边路口哭迎，哭着述说丧亲的悲痛，哭谢奔丧亲人的一路辛劳，并且给每人递上一条白布，叫作"孝布"。

在东北一带，是用在门外悬挂纸条来报丧的。纸条数是以死者年龄的不同来确定的，一岁一条，另外加上两条，表示天和地。并且他们用死者性别的不同来决定悬挂纸条的位置，死者是男性则悬挂在门的左面，死者是女性则悬挂在门的右面，人们一看到门口的纸条就知道这家死了人，死者的寿数，是男是女，就一目了然了。

旧时有些广东地区的人常常骂那些行色匆匆赶路的人是"报死"，因为根据当地的报丧的习俗，报丧的人必须来去急速，不进人家的大门，只能在门外高声地喊叫，报过丧之后，讨一口水漱口，来驱除不祥，然后就马上回去。

在江浙一带，报丧习俗是用伞来暗示的。报丧的人带着一把伞去，把伞头朝上柄朝下，放在门外，来表示凶信。主人便要请报丧的人吃点心。然后，问清楚入殓的日期。最后，把报丧人用过的碗扔到门外，来表示驱邪避祸。在外地的亲人如果收到一封"焦头信"（信封的一角被烧焦），就可以知道这是报丧信。

旧时北京的丧葬讣文是比较严格的。人死了以后，亲属就要把消息告诉给亲友。报丧用的讣闻，一般只写亡人生前的官衔、品级，不写亡人的履历和生平事迹。

送葬：客送葬车千馀乘

葬者，藏也。古之葬者，厚衣之以薪，故人持弓会殹禽。

——东汉·许慎《说文解字》

齐侯使诸姜宗妇来送葬。

——春秋时期·左丘明《左传·襄公二年》

剧孟虽博徒，然母死，客送葬车千馀乘，此亦有过人者。

——西汉·司马迁《史记·袁盎晁错列传》

近来送葬人，亦去闻归声。

——唐·刘言史《北原情》

民俗探源

　　丧礼的前半部分，主要是通过小敛、大敛等方式，将遗体处理后装入棺柩。丧礼后半部分的主题则是将棺柩安葬。《说文解字》云："葬者，藏也。"葬的目的是掩藏尸体。远古时代没有墓葬制度，人们通常将亲人遗体弃置野外，再用薪草掩盖，《说文解字》说："古之葬者，厚衣之以薪，故人持弓会殹禽。"由于亲人的遗体每每为鸷禽猛兽撕咬，子女内心不忍，于是守在遗体旁，用弹弓驱赶鸟兽。相传到黄帝时开始使用棺椁，将遗体深埋，入土为安，体现了文明的演进。

送葬时一般是长子打幡在前，次子抱灵牌，次子以下的孝属们都持裹着白纸穗的"哭丧棒"，大儿媳妇抱"馅食罐"。等这一切准备妥当，就要起杠了。伴随起杠的还有两个仪俗。一个是把死者生前所用的枕头拆开，将里边的荞麦皮和枕头套一起烧掉。另一个仪俗是"摔盆"，即把灵前祭奠烧纸用的瓦盆摔碎。这盆叫"阴阳盆"，俗称"丧盆子"，也叫"吉祥盆"。摔盆的应该是死者的长子或长孙，即遗产的第一顺序继承人。如果无儿无孙，由别人来摔盆，这一仪俗就要把摔盆者和死者的关系陡然拉近，确立起财产继承关系来。摔盆讲究一次摔破，越碎越好。瓦盆一摔，就如一声号令，杠夫迅速起杠，摔盆者扛起引魂幡，驾灵而走。

关于具体的出殡行列，贫富相差极为悬殊，有的绵亘数公里之长，有的不足二三十米长。一般的都要包括鼓乐、松活、纸活、花圈、挽联、执事、僧道、孝属、执绋亲友、灵棺以及送殡的车轿。

传统丧礼出殡的路上，也还有几项仪式，如扬纸钱、摆茶桌、路祭。据说扬纸钱之俗始于晚清。纸钱即用白纸砸成的"铜"钱，出殡时由专人在孝子前头扬撒。起杠、遇有路祭时以及经过十字路口、河沿、桥梁、井台、祠庙、城门以及下葬时，都要把纸钱高高扬起。旧时北京的大殡有专门的扬钱者；简单些的则由打发"外祟"的人代劳——旧时无论大小殡仪，都雇一个人挎着放有烧纸、冥钞的筐子，手里拿着香火，逢过十字路口、井台、祠庙等处点纸，打发"外祟"。

茶桌和路祭棚多是丧家的亲朋等摆设，意在表示哀悼和慰问。茶桌供孝子和亲友们饮水，一般是得知丧家出殡日期和所经之路，届时摆出茶桌，设茶壶、茶碗、茶盘。等灵柩走近的时候，端给孝子，孝子无论喝与不喝，都要跪下叩谢，路祭则指在出殡队伍所经之路设供桌或祭棚，祭奠亡灵。

落葬：众生必死，死必归土

原典

逝者为大，入土为安。

——俗语

众生必死，死必归土。

——西周·周公旦《周礼》

人死曰鬼，鬼者归也，精气归于天，肉归于地。

——汉·韩婴《韩诗外传》

魂气归于天，形魄归于地。

——西汉·戴圣《礼记》

民俗探源

送葬的队伍到达墓地以后，先将墓坑再次整理，把随葬的馅食罐、长明灯放在墓坑壁上的龛内，扫去脚印，然后将棺木徐徐放下，再由阴阳先生用罗盘仪矫正方向，填土埋葬。

填土的时候要先由孝子进行，他们排成一行，沿着墓边，用手将土里一把外一把撒向墓坑和墓外，转一圈为止，俗称"圆坟"，接着才用铁锹填。墓坑填满后，要堆坟丘，然后用抬棺的杠子将坟丘滚圆。向南的一面要垒墓门，以后人们祭扫上坟，纸钱都在墓门口烧化，带来的祭品也放在此处。有些地方的风俗则是立墓碑，写明死者的姓名、身份等。引魂幡也要栽在墓中。

接下来是将带到墓地来的纸制明器烧掉。这些纸制明器也叫作"冥器"，俗称"社火""纸货"。它是上古随葬实物的变异，从宋代开始流行。其中有仿实物而造的，如盘盏碗碟、衣服鞋帽、被褥枕头、桌椅床铺、车马鞍鞯乃至书童婢女、住宅院落，也有想象中的象征性物品如聚宝盆、摇钱树等。随葬品是随同遗体一起埋入墓坑的，纸制明器则在下葬后烧掉，表示已经让死者带走了。满族此俗称"烧饭"。清朝清太宗曾经规定："和硕亲王以下，牛录章京以上者，只许烧夏衣、春秋

衣、冬衣各三件；平民只许各烧一件。"故此，一般平民只是焚烧枕头内的荞麦皮、谷物和纸制的祭奠品。

做七：每逢七天一祭

每逢七天一祭。

——俗语

从（南阳王）绰死后，每至七日及百日终，灵晖恒为绰请僧设斋。

——唐·李百药《北齐书·孙灵晖传》

按元魏时，道士寇谦之教盛行，而道家炼丹拜斗，率以七七四十九日为断，遂推其法于送终，而有此七七之制耳。"

——清·赵翼《陔余丛考》

民俗探源

按照古代的丧俗，灵柩最少要停三天以上。据说是希望死者还能复生。三天还不能复活，希望就彻底破灭了。实际上停柩的时间长，是由于当时丧礼繁缛复杂，尤其是过去的天子诸侯，需要浩大的陵墓和大量随葬品，需要耗费大量的人力和时间。

近代以后，举行"做七"，俗话说："每逢七天一祭，七七四十九天才结束。"事实上这主要是受佛教和道教的影响。

"做七"也叫"斋七",即人死后(或出殡后),于"头女"起即设立灵座,供木主,每日哭拜,早晚供餐,每隔七日做一次佛事,设斋祭奠,依次至"七七"四十九日除灵止。"做七"祭奠习俗的大致内容是:人死后,亲属每七天设斋会奠祭(或称追荐)一次,头七称"散七",可由外甥、侄辈来做;五七倍受重视,另有"回煞"仪式;六七由女儿备酒饭,无女则由侄女;七七称"断七",由丧家供奉酒菜祭奠,并诵经除灵。

居丧:旦夕哀临

秦燔(fán)书籍,率意而行,亢上抑下。……乃至率天下皆终重服,旦夕哀临,经罹寒暑,禁塞嫁娶饮酒食肉,制不称情。

——唐·房玄龄等人合著《晋书·礼志》

居丧之礼,头有创则沐,身有疡则浴,有疾则饮酒食肉,疾止复初。不胜丧,乃比于不慈不孝。五十不致毁,六十不毁,七十唯衰麻在身,饮酒食肉,处于内。

——西汉·戴圣《礼记·曲礼》

居丧而不哀,在戚而有嘉容,是谓不度。

——春秋时期·左丘明《左传·襄公三十一年》

居丧,未葬,读丧礼;既葬,读祭礼;丧复常,读乐章。

——西汉·戴圣《礼记·曲礼下》

女子二人，在室，虽皆幼，侍疾居丧如成人。

——唐·韩愈《马府君行状》

贾珍、贾蓉此时为理法所拘，不免在灵旁藉草枕苫，恨苦居丧。

——清·曹雪芹《红楼梦》

民俗探源

　　丧礼完成后，还要居丧。居丧的基础是孝道和感情。即孝子们在亲人去世后的一段时间内，要节制生活的许多方面，以表对亡人的哀悼、思念。过去传统的观念是：小孩子出生后三年不离父母亲的怀抱，时刻都要父母呵护、照料。因此，父母亲亡故后，儿子应该还报三年，即要守孝三年。

　　其实，出殡以后一直到三年居丧期满，又可以分出好多小环节来。古礼埋葬以后有反哭、虞礼、卒哭的仪注。"反哭"即指埋葬以后的哀悼。"虞礼"是安魂礼，要进行三次。三次虞礼之后行"卒哭"礼，即向灵位献供、举哀，之

后，早晚可以不再哭悼。卒哭次日即将新神主迎入祠堂，附于祖考或祖妣之旁，礼毕将新神主移回原处。丧后十三个月、十五个月举行"小祥""大祥"礼。

居丧三年，是对斩衰一服的孝子的要求。居丧也叫"丁忧""丁艰"，又叫"守孝"，是对父母孝心的最好体现，也是对儿女是否孝顺的考验。按照古礼，居丧的三年间不能外出做官应酬，也不能住在家里，而要在父母坟前搭个小棚子，"寝苫枕块"，即睡草席、枕砖头土块，而且要粗茶淡饭，不吃肉，不喝酒，不与妻妾同房，不听丝弦音乐，不洗澡，不剃头，不更衣。居丧期间出来做官，不仅官做不成，还要受到别人的耻笑、舆论的谴责。违礼者会自觉不安、内疚、自责。

不过，居丧的时候也还是可以有些权变的，《礼记·曲礼》明确规定说："居丧之礼，头有创则沐，身有疡则浴，有疾则饮酒食肉，疾止复初。不胜丧，乃比于不慈不孝。五十不致毁，六十不毁，七十唯衰麻在身，饮酒食肉，处于内。"也就是说，权变的杠杆有两个，一是是否有疾病，有则要随便一些，不必拘礼；二是年龄如何，若年迈也不必拘礼，七十岁的孝子甚至可以只是披麻戴孝，可以饮酒食肉，也不必到父母墓旁搭草棚寝苫枕块。此外，碰到家与国的冲突，家礼服从国事，孝子可以不拘居丧之礼，出来为国效力。

服丧期间必须遵行种种禁忌，连少数民族也普遍一致。比如壮族孝子守孝期间绝对禁止同房，不坐高凳，不赶圩，不剃发，不参加歌圩，停止一切社交活动，且每顿饭必须先祭亡灵。达斡尔族服孝期内不理发，不刮胡子，不出远门，不接受叩头礼，不剪指甲，女子不许戴头饰、耳环、手镯等，不和别人斗殴，不准婚嫁，不睡炕上，夫妇禁同房。此外，春联不用红纸用蓝纸，年节守灵不出外拜年。

　　苗族人禁止在服丧期间结婚，三年之内不举行含"狮子""龙船"等喜庆的娱乐活动。满族人在服丧期除遵守许多禁忌之外，服饰上有许多特别的仪规。清初，满族孝服有"男摘冠缨截发，女去妆饰剪发"之俗，后来相沿成宫廷习俗。在民间，男子腰系白布带，女戴包头。如果是一个老人去世，腰带、包头飘带为一长一短，二老双亡则一样长短，孙子辈在带子上加一红布条，重孙辈加两条，称"花孝"。没有过门的儿媳为公婆戴孝，白孝服内穿红孝服。妇女在服孝期间，鞋面上蒙浅灰色布面。服丧期间的这种服饰装扮，与未婚和已婚的服饰区别一样，具有浓烈的礼俗意义。